潜流

激荡、变局与趋势

吴晨 著

中国出版集团
中译出版社

图书在版编目（CIP）数据

潜流：激荡、变局与趋势 / 吴晨著. -- 北京：中译出版社，2022.10
ISBN 978-7-5001-7197-3

Ⅰ. ①潜… Ⅱ. ①吴… Ⅲ. ①社会发展－研究 Ⅳ. ①C91

中国版本图书馆CIP数据核字（2022）第175354号

潜流：激荡、变局与趋势
QIANLIU: JIDANG BIANJU YU QUSHI

出版发行	中译出版社
地　　址	北京市西城区新街口外大街28号普天德胜大厦主楼4层
电　　话	(010) 68359373, 68359827（发行部）68357328（编辑部）
邮　　编	100088
电子邮箱	book@ctph.com.cn
网　　址	http://www.ctph.com.cn
出 版 人	乔卫兵
策划编辑	郭宇佳　张　巨
责任编辑	邓　薇　张　巨
文字编辑	张　巨　邓　薇
营销编辑	张　晴
封面设计	潘　峰
排　　版	北京竹页文化传媒有限公司
印　　刷	北京中科印刷有限公司
经　　销	新华书店
规　　格	880毫米×1230毫米　1/32
印　　张	11.5
字　　数	187千字
版　　次	2022年10月第1版
印　　次	2022年10月第1次

ISBN 978-7-5001-7197-3　　定价：88.00元

版权所有　侵权必究
中 译 出 版 社

给冬冬和元元

· 引　　言 ·

激荡开新局

如何理解这个快速变化的世界？可以用两个词来形容——潜流涌动，改变非常。

为什么这么说？因为全世界正在发生三重大转型，而这三重转型所带来的潜流，其激荡融汇，将塑造21世纪20年代下半期的大趋势。

首先是全球宏观经济的大转型。欧美在后疫情时代面临高通胀和衰退的威胁，本质是过去十几年潜流涌动的结果。2008年金融危机之后，量化宽松的政策成为主流，资产价格增长的同时通胀温和甚至出现通缩的风险，这些都是表象。潜流则是欧美央行非主流政策释放的大量廉价资金涌动所带来的一系列变化，貌似繁荣，实则凶险。

这就给出潜流的第一层定义，即表面大趋势涌动下的暗流，而且不是一股，它们的相互作用，最终将塑造下一个时代的大趋势。

本书的第一部分着重分析了21世纪头10年的硅谷。拜智能手机和平台经济所赐，2015年之后又迎来人工智能和大数据的爆炸式繁荣，硅谷创业模式成为21世纪头10年的发展范本，也不断演绎着造富神话。但推动独角兽崛起的最主要的潜流是廉价资金托身于私募股权和风险投资，成为科技造富神话的最大金主。孙正义是最好的例子，他对优步和联合办公（WeWork）的豪赌几乎到了疯狂的境地，以至于硅谷担心的不再是饿死，而是"撑死"。盛极而衰，软银在后疫情时代的糟糕表现是潜流涌动塑造主流的一个例子。如果欧美世界的高通胀持续，宏观经济进入加息通道，资金成本高起，风险偏好逆转，创业者将面临漫长而暗淡的冬天。

第二重转型是地缘政治的大转型。这一转型所带来的改变可能更长期也更深远。一方面它将彻底影响全球化的走向，后"冷战"时代我们所熟悉的全球化的4个面相，资本的全球化、贸易的全球化、技术和思想的全球化以及人的全球化，都可能发生逆转。70年未经战火的欧洲深陷一场有可能变成持久战而且给全球能源供给和粮食安全造成巨大威胁的战争。中美贸易战非但没有平息的迹象，竞争反而会更加激烈。这些都需要我们重新思考经济发展外部环境的大势变化。

潜流的第二层定义是曾经的明流。地缘政治曾经是全球发展至关重要的因素,过去40年在全球化的高歌猛进中却沉潜下来,现在需要重新去理解和分析。

本书的第五部分用更长的历史视角来分析地缘政治变化背后的潜流。这需要我们上溯到后"冷战"开启的时代,默克尔这样一位传奇女总理在推动欧洲一体化、全球化过程中所扮演的重要角色值得仔细琢磨;需要我们上溯到"二战"之后的时代,理解英美的大国博弈在背后为全球化种下了哪些不稳定的种子;当然可能更需要我们上溯到1 000多年前北宋中后期的王安石变法,理解"大分流"背后深刻的历史原因。

当下我们所面临的地缘政治大转型的核心是中、美两个大国未来10年甚至更长时间的博弈。这时,拉长时间尺度的分析,知己知彼,变得非常重要。

第三重大转型是持续演进的数字化大转型。相对于今年才突显的宏观经济与地缘政治大转型,数字化大转型已经是常态。元宇宙和Web3.0是最新的显学,从高科技平台企业到创新者,都趋之若鹜。理解数字化大转型,需要从技术和制度的一明一暗的大潮如何交汇影响入手,技术的突飞猛进,往往受到制度滞后的制约,从工业革命开始的历次技术革命均是如此。当技术发展没有那么迅猛的时代，制度和组织变革几十年的滞后是常态，当下的数字化转型却不可能有等待的奢侈。打破路径依赖的制度变革和激发知识劳动者潜力的组织变革将是喷薄而出的潜流。

　　这就引出了潜流的第三层定义，即推动发展并与明流不断交织、相辅相成的无形资产。相对于镁光灯下技术的不断发展，支持或者制约技术运用的制度、管理和组织是潜流，需要不断迭代，更需要相互配合。本书第二部分聚焦制度、管理和组织变革，第四部分则着眼于元宇宙的发展。

　　梳理了三大转型，理解了潜流的三重定义之后，还需要强调潜流的最后一层定义，即理论和思想层面的碰撞与思考。剧变的时代，需要开放、包容的思想市场，鼓励各种思想的潮流相互碰撞，相互激发。大转型时代必然是不确定的时代，更需要我们有探索"未知的未知"的勇气和韧性。本书第三部分着墨于经济学领域的一系列思想激荡。

　　潜流激荡，有助于我们更好地理解变化的世界。理解变局为的是开新局，潜流融汇，才能理清未来的大趋势。

吴　晨

· 自　　序 ·

十 大 前 瞻

未来会有哪些变化？

首先，从宏观的角度看，2022年仍将延续21世纪20年代的主基调：不确定性，甚至是极端的不确定性。病毒变异与疫苗和治疗方法的赛跑，将决定全球经济回归正常的程度；全球应对疫情所采取的宽松货币政策和保障劳工的财政政策的退出，又可能与迅速抬头的通货膨胀叠加，给全球经济前景带来阴霾。病毒变异的不确定性、货币政策工具的捉襟见肘，都让全球经济滞胀的风险大增。

其次，新冠疫情加速了全球经济发展的一系列范式转移，涵盖3方面：技术跨界创新带来的不断突破和指数式发展；在向无形经济/知识经济的转移过程中，实体与虚拟的深入结合；气候经济带来的从技术到公共政策，到发展模式，到消费理念的深刻的变化。

再次，站在个人的视角，知识经济的发展让知识工作者变成更为重要的资产。一方面，在知识经济中，每个人都可以也需要成为知识富翁（Knowledge Billionaire）；另一方面，技术转型加速，经济变化加剧，也加快了经验折旧，遗忘不再适用的经验反而会变成稀缺的能力。当然，对工作意义的探讨也因此变得更为重要，这不仅仅是"Z世代"（1995—2009年出生的一代人）更加个性化和多元化的结果，也是继2019年关于"企业为何"大讨论的延续和扩展，将衡量经济和社会的发展从狭义的GDP（国内生产总值）数字，推广到对丰富而复杂的健康幸福（well-being）的衡量。

最后，这一系列变化，无论是不确定性的激增、发展范式的转移，或是知识富翁的兴起，都需要企业持续地转型和创新：在组织层面，网络组织将获得更多关注；在创新方面，万物互联所带来的大数据让即时经济变成管理创新最重要的抓手。

基于这一大的分析框架，下面具体分享一下我的十大前瞻性观点。

一、病毒变异的不确定性

尽管习惯了疫情带来的不确定性，乌卡（VUCA）的波动性、不确定性、复杂性与模糊性也成为人熟知的关键词，但奥密克戎病毒变异的出现仍然让全球绷紧了神经。病毒变异是2022年全球经济和发展的最大变数。

不过，如果放宽尺度来看人类与大流行病之间的斗争，我们仍然需要为过去两年的抗疫点赞。新技术，尤其是基因技术的应用，使人类在最短时间内研发出了有效的疫苗，而在正常情况下，疫苗的研发需要至少10年的周期。

应对病毒变异的不确定性，2023年需要关注3个要点。

首先，针对冠状病毒的疫苗研发是否能取得突破。已经有不少科学家基于2003年SARS病毒和过去两年新冠病毒的各种变异，研发适应面更广的冠状病毒疫苗，如果取得突破，这将彻底扭转与新冠病毒变异赛跑的格局。

其次，针对重症的抗病毒口服特效药能否普及。美国制药公司默克和辉瑞都各有一款临床试验不错的口服药，如果通过审核在全球推广，很可能大幅降低新冠病毒的致死率。此类药物的普及，加上更有效的疫苗，以及病毒变异过程中可能出现的毒性下降，都可能推动全球新冠防控模式从大流行病向季节流感的转型，助力全球经济开放和复苏。

最后，则是奥密克戎变异背后所暴露出的全球疫苗接种率不平均的问题。非洲因为接种率低，成为病毒变异的温床。全球要真正走出新冠的阴影，需要打破地区不均的差异，给落后国家更多帮助。

二、全球滞胀风险

2021年，美国11月CPI同比上涨6.8%，创近40年来新高。欧美经济会不会重演20世纪70年代的滞胀局面——经济发展停滞、通货膨胀高企——成为2022年最大的担心项。

关于滞胀的风险，经济学家的研判分为两大阵营。

一方认为，目前的通货膨胀主要由短期因素造成：欧美政府对劳动者的纾困到位，消费者并没有因为新冠肺炎疫情造成大规模失业而消费疲软，相反，在疫苗相对普及之后经济重开，报复式消费强劲；相形之下，供应链的瓶颈此起彼伏，从芯片到石油再到航运，凸显了企业对激增的需求准备不足。换句话说，通货膨胀是供求关系短期失衡的问题，经济整体增长并没有失去驱动力，不会陷入滞胀。他们还指出，目前欧美失业率低，甚至出现了寻求更好工作的大辞职潮（Great Resignation），劳动力市场紧绷，也是短期推高通货膨胀的因素。

反对者则提醒监管者，自20世纪70年代以来，欧美从未出现过工资和价格的螺旋式上升，通货膨胀之所以刹不住车，主要是因为它很容易成为自我实现的预言而愈演愈烈。相应的，消费增长可能疲软，因为各国都在回撤疫情期间保护就业的各种纾困政策。更严重的是，如果真出现滞胀，欧美央行可以采用的政策手段已经捉襟见肘：货币政策紧缩势在必行，应对通货膨胀加息也是大概率事件，但结果如果是经济引擎熄火、失业率激增，央行行长们很可能进退失据。

可以肯定的是，过去10年各国央行不断扩表，经济却保持低通货膨胀与稳增长的奇特发展阶段将一去不复返。

三、HIV 疫苗研制成功

采用 mRNA（信使核糖核酸）技术制造新冠病毒疫苗的制药公司莫德纳在 2022 年很可能推出首款 HIV（人类免疫缺陷病毒）疫苗，同样的技术也可能给定制化癌症治疗带来突破。

如果我们回溯全球应对艾滋病的历史，疫苗一直是一个遥不可及的目标。自从 20 世纪 90 年代鸡尾酒疗法将艾滋病变成了一种类慢性病之后，诊疗上再没有突破。

新冠如果有什么"乌云上的金边"的话，生化制药领域内的突破可能是最具代表性的，后新冠时代将是生化技术大爆炸的时代。基因科学在过去20年取得了惊人的发展，2007年读取人类基因组需要花费1 000万美元，现在人类基因测序只需不到1 000美元，时间也大为缩短，CRISPR（成簇的规律间隔的短回文重复序列）基因编辑技术的普及更给了科学家有效的创新工具。莫德纳之所以能在短期内取得如此重要的突破，与其在过去20年一直在RNA这一遗传物质领域耐心且默默无闻地研究有关。

生物科学也已成为下一个科学发展和商业应用的新边疆。更重要的是，抗击新冠病毒让医疗领域内的合作变得更为重要，也让这种合作回归到开源、协作、共享的道路。

HIV疫苗的成功研制只是解决长期困扰人类疾病的第一步。可以期待的是，疟疾疫苗或某种治疗癌症的疫苗，也可以使用与新冠疫苗相同的方式制造。这些领域的突破，意味着医疗将变得更有效也更个性化。此外，生化技术与人工智能的跨界合作会给定制化医疗和新药研发带来更多好消息。

四、元宇宙大爆炸

如果说2021年是元宇宙的元年，2022将是元宇宙大爆炸之年。无论是硅谷还是国内，投资者都认定元宇宙是值得下大注的"下一个重大创新"（the Next Big Thing）。

任何实质性的创新都伴随着泡沫和炒作。没有金融市场对当年美国铁路的炒作，很难想象美国能迅速地奠定跨越洲际的基础设施；同样，没有2001年的互联网泡沫，也很难推动互联网的飞速发展。

元宇宙也类似，万物必备，到了质变时刻。元宇宙之所以被誉为下一代人际互动的互联网，就是因为5G、区块链到AR/VR/XR（增强现实/虚拟现实/扩展现实）技术的成熟，以及非同质化代币（NFT）的流行，让构建一个更逼真的虚拟世界成为可能。这种虚拟世界很快将与现实世界高度融合，成为我们感知的一部分。疫情带来的在线教育、在线娱乐、在线工作的普及，也扫除了任何跨越到元宇宙可能面临的观念和习惯的障碍。

与其预测元宇宙大爆炸可能带来哪些具体的改变（如在线游戏），不如深入思考支持元宇宙大爆炸除了技术之外，还需要什么样的转型和创新，尤其是制度和规则领域内的创新。人们是不是完全在虚拟世界中复制现实世界中的规则就够了？这其实远远不够。元宇宙本质上是去中心化的，已经对既有现实世界的监管和治理构成了挑战，在金融领域内尤为突出。现实世界中与资产相关的确权、融资、交易、流通，在虚拟世界中会如何演进？虚拟资产与现实世界的关联又是如何？出现矛盾和冲突如何调解？这些将是元宇宙大爆炸催生更多投资机会的思考点。

五、推出碳标签，气候经济发展新模式

和元宇宙一样，气候经济将是未来 10 年值得持续关注的热点。气候经济涵盖发展模式转型、清洁能源创新、循环经济强化和全球协力合作 4 个层面，也创造出一系列投资机会。转型的一大标志就是碳标签的推出——在任何消费品和服务（如飞机票）上都会标明产品和服务的碳足迹，这有助于环保意识日益增强的消费者做出更优的选择。

中国确立"双碳"目标，尤其是在 2030 年碳达峰之后，只有短短 30 年完成碳中和，与欧美发达国家 70 多年的碳中和之路（大多数国家 20 世纪 70 年代碳达峰，宣布 2050 年碳中和）相比，时间更短，压力更大。不过这种加速转型也让清洁能源的各个领域，从可再生能源、电池、氢气到碳捕捉等都充满了投资机遇。

与清洁能源的技术创新相比，循环经济与个人消费观念的改变更隐形，却同样重要。例如，国内电动车市场的爆炸式增长，如果不发展电动车电池的回收和稀有金属的循环利用，甚至在电池组的设计制造前期就考虑未来循环利用时的便利度，就可能带来新的环境污染。同样，"双碳"目标的达成，离不开每个人的选择。年轻消费者在追求个性和定制的同时，也越来越多地强调分享和减少碳足迹。碳

标签的适时推出，将对未来的新消费潮流和商业模式产生潜移默化的影响。

气候经济也是全球最大公约数，要达到控制气候变暖的目标（虽然就 2021 年格拉斯哥气候大会的结果来看，达成 2015 年《巴黎气候协定》到 21 世纪末气温上升限定在 1.5℃之内的目标很渺茫），需要全球各国的协力，需要发达国家给发展中国家更多减排资金和技术的援助，也需要各国制定并实施更严格的减排政策和目标。

六、知识富翁新风尚

百富榜曾经是年轻人艳羡的目标，但时代的变化让做一名知识富翁成为新风尚。

什么是知识富翁呢？知识富翁并不以信息占有的多寡来区分，有点类似"学贯中西"。在全球化的世界中，如果无法进行跨文化交流，兼收并蓄中西文化之长，就很难进入全球精英的行列。知识富翁最重要的特征是"超级斜杠青年"，不仅局限于在某一方面是专家，不仅拥有解决某一特定问题的技能。他们不是照抄答案的好学生，而是解决未来复杂未知问题的能手。

从数据到信息到知识，是一个清理、整合再联结成体系和知识网络的过程。在从有形经济向无形经济的大转型中，知识工作者将成为最重要的财富。未来"人与机器"的协作中，人的优势恰恰在于人群之间知识的共享、交流、碰撞，跨界思考，触类旁通。

无论是后新冠时代的大转型，还是科技快速迭代带来的大转变，抑或是贫富差距不断拉大所带来的各种社会议题，应对起来都需要完备的知识储备、不断更新的知识体系、广博多元的视野以及基于思想碰撞的大胆实验。

要成为知识富翁，需要4方面的储备：拥有全球视野、善于跨界思考、拥抱长期主义和多元视角、保持好奇心。

好奇心是知识富翁最重要的标签。在剧变的时代，好奇心是唯一让知识富翁不落伍的因素。因为对新知好奇，因为对改变有兴趣，才能推动自己不断接触新理念、与时俱进，同时也能不断审视自己，能够反思。

七、遗忘是稀缺能力

大转型时代，要成为知识经济的弄潮儿，拥抱终身学习，还要学会遗忘。

什么是遗忘（unlearn）？遗忘就是尽快忘记那些已经被证明不适用的经验和观念，这样才有助于加速思想的"新陈代谢"。

技术和商业模式的迭代迅速，观念的迭代却很慢。不少人会沉迷于自己的固有认知，很可能跟不上时代的变化，有可能为自己之前的成功所拖累。过去成功的烙印，过去经验所得，给成功者印象深刻，但剧变时代给成功者最大的挑战恰在于此。我们必须知道，在变局面前，经验可能不再是资产，而可能是负债。在新技术呈指数级发展的时代，传统技能的根基正在被动摇，每个人技能的折旧也在加速。这时，学会遗忘就变得至关重要。

学会遗忘是终身学习的必修课。在终身学习的第一个层次，需要不断学习新事物，跟上技术的变化，不为时代所淘汰；终身学习的第二个层次则是能不断挑战自己的认知，不用执念而用科学方法来理解新事物和新观念，不断更新自己的认知。在外部环境发生剧烈变化、新知层出不穷的当下，理解终身学习的第一个层次——求新——不难，难在抛弃旧知识和旧观念。只有敢于去旧，才能更好地求新。

学会遗忘，也需要保持质疑的精神。不循规蹈矩，多问"如果……为何不……"敢于否定自己、否定过去的经验，是勇于创新的基础。

学会遗忘也是不断试错的结果。为了达到长远的目标，短期必须不断去尝试、试错、否定错误的假设、拥抱全新的方式。诺贝尔经济学奖得主卡尼曼有句名言："犯错是唯一使我确定自己学到新东西的方式，它点出了从错误中成长的要义。"

八、工作意义大讨论

如果说 2019 年开启了"企业为何"的大讨论——即企业除了股东利益最大化之外,还应该肩负哪些使命和责任,2021 年开启的则是工作意义的大讨论。2022 年,这一讨论将更热烈和深入。

新冠疫情给欧美劳动者的工作和生活带来持续的影响,在线工作和学习成为常态,这也催生了一系列混合办公的新模式。疫情带来的创痛也让许多欧美劳动者重新思考工作跟生活的平衡问题,尤其是年轻人对工作意义的追问,并由此催生出大辞职潮,增强了劳工与资本博弈的砝码。

在中国,工作意义的讨论以一轮轮新潮迭出为代表:从"躺平"到"糊弄学",再到最近常常听见的"摸鱼",给人的感觉是一种职场中过早的倦怠感和随波逐流。这种随波逐流又会因为年末"大厂"的裁员潮而引发一种深层次的思考,至少会涵盖几个方面:

1. 企业对员工的责任,尤其是企业对知识工作者的责任。
2. 怎么更好地去设计自己的职业和生活发展轨迹?在这种设计的过程中,如何增大每个人的主动性?既然作为消费者，能获得巨大的定制权；那么作为知识工作者，如何更好地去掌握自己的命运？
3. 这种工作意义的讨论，与未来企业组织与管理转型，以及工作的边界的讨论息息相关。

在国内，工作意义的讨论背后，明显还呈现出剧烈的代际差别与知识经济转型叠加而成的奇特景观。"Z世代"可以说是中国历史上在完全富足社会中成长出来的第一代，是移动互联网的原住民，又大多是知识工作者（或者服务从业者）。他们的认知、选择和喜好影响到方方面面，也需要管理者遗忘过去的经验，拥抱全新的组织协作模式。管理富足时代成长起来的个性化的聪明头脑不容易，这种模式归根结底就是，需要有"向下学"的态度。

九、向网络组织进化

向知识经济的转型，也会给企业的组织架构带来巨大的改变。就好像制造业的兴起奠定了泰勒制的流水线，也催生了管理工厂的办公室；计算机的广泛使用让丰田的"零库存管理"广为流行。新冠疫情加速了从有形经济向无形经济的转型，需要组织机构和制度创新的支持，迈向网络组织的进化已经启动。

什么是网络组织？网络组织是一种兼具联结性和灵活度的组织模式，鼓励各种正式和非正式的联结，致力于吸引人才，寻找突破性创新，还能确保技术进步速度和技能发展速度之间的平衡。

向网络组织进化的第一步是构建敏捷组织。敏捷组织强调小团队、模块化、多样性和自主性，是构建网络组织的基础。敏捷组织让组织架构变得扁平，创建更多模块化的小团队，解决涌现出来的复杂问题。而模块化的小团队如果要构建形成有效的网络组织，还需要做到两点：彻底的信息分享和给一线团队决策赋能。

彻底的信息分享需要在企业内部推进横向整合。享受数字红利，必须打破部门之间的隔膜，消除信息孤岛，加快信息流动的速度，实现价值创造。赋能一线团队，鼓励自主性，则需要创建"去中心化"的组织，推动思想碰撞，给知识工作者更大的创造空间。

构建网络组织也需要管理者转型。管理者需要兼具全局观和具体细致的观察力，着力挖掘栽培人才、创造赋能系统、提供实时考核和反馈、推动信息高速流动，同时打破内部边界以及任何可能产生的惰性，为发展扫除障碍，鼓励试错，让基层和一线成为创新的土壤。

十、即时经济新抓手

如果说从亚当·斯密到凯恩斯和弗里德曼，都在强调经济学研究的是市场和政府分别作为看不见和看得见的手如何推动发展的，2021年诺贝尔经济学奖3位得主的研究则强化了实证经济学的重要性。获奖人之一卡德采用自然实验的方式，来检验提高最低工资对地方就业的影响，让经济学更像实证科学。那么后新冠时代开启的将是即时经济的时代，因为大数据、人工智能、万物互联的发展，给了经济学家和企业决策者更多即时数据可以去分析。即时数据将成为管理的新抓手。

即时经济得益于实体世界与比特世界的交集，也就是实体世界的运行数据日益实时精确地在虚拟世界中被捕捉和分析。这一潮流在几年前就已经成为讨论的焦点，比如投资者很早就开始关注"另类数据"。随着小卫星发射变得越来越便宜，覆盖全球的观测小卫星网络可以捕捉沃尔玛停车场上车流的变化，或者一个港口船只出入港的频次，这让一些投资者可以赶在企业公布数据之前，推算零售业的指标或者航运物流的指数，从而选择买入还是抛出股票。万物互联将加速即时经济的发展，不仅给投资者提供更多分析企业运营数据的工具，也让企业的管理者拥有实时响应的管理工具。

  这种即时经济的管理模式需要基于网络组织，因为信息获取不再局限于少数人，信息快速流动变得至关重要。它也在改变消费市场，因为消费者也会更追求即时性，要求快速响应能力。这种即时性还将重塑产品和服务，因为互联互通的新产品可以在全生命周期中不断迭代改进、持续优化升级，就好像电动车的智能驾驶软件可以远程更新一样。

  可以说，即时经济会成为未来10年的时代标签。因为技术的指数级发展会一路向前，年轻世代对个性和自主性的追求会永不停歇，衔接真实世界与虚拟世界（有形经济和无形经济）的转型会日益深入，企业组织的变革和个人的发展也都会用知识浓度和思想活跃度来衡量，而元宇宙和气候经济又从虚、实两个维度给出了巨大的创新空间。

目　录

第一章 | 那十年的硅谷故事 /1
一、唯成长论的迷思 /2
二、解剖亚马逊 /14
三、"十分人才" /28
四、"平台与创新"的悖论 /40
五、《硅谷》的落幕 /53
六、硅谷的"青春狂躁" /60

第二章 | 管理新思维　转型新思考 /73
一、如何学会与不确定性共存？/74
二、如何构建高韧性的组织？/79
三、为什么决策需要"降噪"？/84
四、管理大师的天鹅之歌：人生长跑指南 /90
五、推动"巨轮"转型的领导力 /96
六、网络组织进化论 /108
七、达利欧的历史周期论 /118
八、疯狗浪来了，要懂得借势 /130
九、波音的堕落 /137

第三章 | 超越经济学 /147

一、叙事的力量 /148
二、经济学家的登堂入室 /158
三、放任经济学 /165
四、足球经济学英超与欧洲"超级联赛":
　　第一次是正剧,第二次是闹剧 /173
五、谁说贫穷限制了想象力 /182
六、通达的财富观 /189
七、半山之上奋攀登 /195
八、中美如何系统性竞争? /203

第四章 | 元宇宙开启的想象力 /211

一、理解元宇宙(Metaverse)的3个维度 /212
二、狗尾续貂的黑客帝国 /221
三、"失控玩家"开的3个脑洞 /227
四、数字化生存的想象与悖论 /233
五、数据分身与克隆自我的隐喻 /240

第五章 | 历史与他乡 /247

一、王安石变法得失辩——王安石诞辰
　　1000周年纪念 /248
二、平民默克尔 /263
三、英国人,全球资金管家 /275
四、烟草的4张面孔 /286
五、如何走出教育的"囚徒困境" /294
六、后工业时代与"Z世代":如何构建
　　"机会的基础设施" /308
七、美国是否会和平衰落 /320
八、全球化到了新的十字路口 /329

第一章 那十年的硅谷故事

一、唯成长论的迷思

21世纪的第二个10年，在英文世界中成为动词的公司名不少：优步（Uber）成了在线预约出行的代名词，就像滴滴一样；照片墙（Instagram），成了在线分享照片的代名词……而WeWork，虽然不是动词，但代表了共享办公的旋风，而且还体现了一种鲜明的年轻画风。

在这一连串"颠覆式"更替热潮中，有3大推动因素比较好地诠释了21世纪10年代的创新与创业。

第一是智能手机引发的移动互联网井喷，优秀的手机软件（APP）成为第一批收获用户的受益者。网络效应成为发展最重要的推动力，无论是纯粹在线的社交媒体和电商，还是尝试线上与线下结合（O2O）的优步、爱彼赢（Airbnb），都是其中的佼佼者。不过，它们的成功，也是与成千上万效仿者血拼之后的结果,是烧钱竞赛的惨胜者。

其次是共享经济与零工经济的勃兴。一方面,共享经济可以调动各种闲置的资源,如车辆、房屋、办公室,而这些资源也恰恰因为繁文缛节或者僵化过时的管理模式,亟待颠覆。另一方面,2008年全球金融危机之后职场的变化,也让零工经济兴起,开车可以赚外快、闲置的房子可以出租以贴补家用,自由职业者也能享受炫酷画风的共享办公室,这些都是移动互联网带来的红利。平台经济随之涌现。在拥趸眼中,平台经济基于移动互联网/APP平台,联结零工经济中的服务提供方和消费者,充分利用大数据和算法,推动匹配效率的提升。在批评者看来,平台经济却在不断制造困于算法牢笼的"人肉机器人"。

第三则是风险资本的推动力量。"一〇年代"可谓是风险资本独领风骚的时代。他们对年轻的创业者大胆下注,鼓励其想常人之不敢想,颠覆传统行业,成为新兴行业的统领者。找到下一个乔布斯和扎克伯格成为他们的目标,但在这一过程中,整个产业也发生了巨大的变化:追求高速成长成了唯一的目标,资本成了维持高速增长的火箭燃料,明星创始人日益突破财务纪律和公司治理规则的约束,"独角兽"的一片喧嚣之中,悲剧和闹剧的声量渐渐盖过了成功故事。

三大推动因素都是喜忧参半。如果把"一〇年代"按

潜流 激荡、变局与趋势

时间分成上半场和下半场的话，会发现下半场暴露出的问题越来越多。归根结底，问题出在了成长的迷思！让充满梦想却有着明显缺陷和盲点的创始人过度放飞自我，也让资本走到了它推动创新的反面，成为浪费和扼杀优秀公司的帮凶。

两家公司优步与WeWork的故事，有着几乎相同的情节，最具代表性。2017年优步创始人卡兰尼克（Travis Kalanick）遭废黜，两年后优步虽然上市，但市值一直徘徊不前；2019年WeWork的创始人纽曼（Adm Neumann）在上市前路演（Road Show）的最后一刻辞职，公司上市也因此终止，估值更是从高点的400多亿美元狂跌四分之三。

卡兰尼克和纽曼都是天生的秀客，是可以比肩乔布斯和扎克伯格（小扎）的创业公司灵魂人物，他们遭废黜的原因却是毫无约束的狂妄自大所导致的出格行为，毒化了公司的文化。

不是饿死，而是撑死

2016年12月的一天，孙正义在纽约特朗普大楼拜访了当选总统特朗普，然后马不停蹄抽空第一次去了WeWork的总部。WeWork的创始人纽曼为孙正义准备了两个小时的参访行程，不过以孙正义的风格，每个投资项目最多看

15分钟。果不其然,孙正义让纽曼等了很久,两小时的会议被压缩到了12分钟。纽曼特别强调WeWork的高科技风格,展示了一些高科技的想法,但在软银的随同人员看来,WeWork还是与高科技不沾边。之后孙正义邀请纽曼一起上车继续聊,纽曼的白色迈巴赫跟在后面。在车上,孙正义让纽曼把宣传材料放在一边,然后直接在平板电脑上起草了软银向WeWork投资40多亿美元的备忘录。

这之后,两个人在平板电脑上草签备忘录的打印版从WeWork高管中流出,成为坊间流传的奇谈。

显然,在2016年末的纽约,孙正义在纽曼身上看到了自己年轻时的影子。孙正义成立1000亿美元规模的愿景基金,其中450亿美元来自沙特王储MBS(穆罕默德·本·萨勒曼)。有报道说,孙正义和MBS见面只花了一个小时就敲定了投资450亿美元的协定。孙正义看了报道之后,立即纠正说:我搞定MBS哪需要一个小时,就花了45分钟,换句话说,每分钟募集10亿美元。同样,纽曼也对外宣称,自己搞定孙正义40亿美元的投资,也没超过一小时,只需半个多小时。2.0版本的孙正义,每分钟也融到了1亿美元的巨款。(当然,软银的这笔40亿美元投资最终并没有兑现,软银直到2021年2月底才跟纽曼和解,为WeWork被反向收购上市铺平道路。)

讲述纽曼创业故事的新书《十亿美元输家》中记录了

当年两人的一段对话，只能用疯狂一词来形容。

孙正义问纽曼："在一场争斗中，是聪明人会赢，还是疯狂的人赢？"

"疯狂的人。"纽曼回答。

"你答对了，"孙正义接着说，不过，他语调中透露出一丝担心，"你还不够疯狂。"

孙正义的绰号，资深的阿里人说是"翻十倍"，因为他习惯鼓励创始人在公司的发展目标后面再加上一个零。这也是著名硅谷投资人霍夫曼在《闪电式扩张》一书中特别提倡的，创新企业需要在风险投资（VC）雄厚资本的推动下飞速发展，资本则是火箭燃料。

类似的话，2017年接替卡兰尼克担任优步CEO（首席执行官）的科斯罗萨西也说过。同年，优步获得了孙正义40多亿美元的投资。在问及为什么要拿孙正义的钱时，科斯罗萨西说："我宁愿这笔钱是我的燃料，也不愿它成为射杀我的炮火。"

孙正义的这种资本堆积的"揠苗助长"，有一种"毒化"创始人的感觉，也是风投转向的代表。有投资人就评价说，类似WeWork和优步这样的产业并没有多深的护城河，资本，大量的便宜的风投资本就构成了他们的护城河，而这种护城河既昂贵又风险高。

类似的巨额资本推动成长的例子在硅谷越来越多，既然风投的钱很多，只有傻傻的创始人才会觉得拿钱烫手。不过，有时候资本的丰沛比寒冬更可怕。

当爱彼赢的创始人第一次向风险资本融资的时候，财务顾问对他们的项目计划书仅提出了一个修改建议：修改一下小目标，把目标营业额从3 000万美元修改到300亿美元［英文的计量单位与中文不同，把30个百万（30 million）改成30个10亿（30 billion）只需要修改一个字母］。

到了21世纪第二个10年，越来越多的人担心，不少创业企业并不是死于缺乏融资，而是因为钱太多了所带来的消化不良。《诡谷》就对硅谷的这种烧钱文化有近距离的观察，当二三十岁的创始人一下子融到了大量的金钱，又没有多少约束，只有尽可能快速增长的目标，那他花起钱来也只有一个姿势：大手大脚！

孙正义希望纽曼把成长的速度提升再提升。有了孙正义的投资之后，纽曼变得大手大脚起来，策略变成了豪赌般不计成本的"攻城略地"。在任何一个市场，他希望先跟既有的共享办公空间谈合作，如果对方不愿意合作，就采用各种方式挖客户。孙正义20年前在日本推广雅虎宽带（YBB）时，曾经采用雇用比基尼女郎在火车站外送网猫的策略。纽曼更激进，直接承诺"跳槽"过来的客户一年免租约，在极端情况下甚至可以给出两年的免费租约，同时给商业地产经纪的奖金竟也高达相当于一年的租约。换句话说，在很多新市场，WeWork 前两年的现金流为零，甚至是负数。

优步早期也曾经有烧钱谋求增长却导致造假和浪费的故事。早期优步为了扩大司机队伍，只要签约优步就送一台苹果 4S 手机。一个城市的总经理想到了一种方法，在优步审核司机资质通过之前就派发手机，甚至演化到只要申请做优步司机就派发手机，一下子把扩大司机队伍的速度拉了起来，成为公司的业务明星而获得嘉奖，却导致冒领免费手机的勾当泛滥。

但共享办公空间不是互联网，翻 10 倍的增长速度需要真金白银去租赁、装修、招商。同样，优步想要颠覆的出行行业想要快速扩张，也需要大量的资本投入。2018 年 WeWork 烧钱亏损了 20 亿美元，只有优步的烧钱记录与它相当。

| 早夭的主角

优步的创始人卡兰尼克是一个悲剧性的人物，在描述他从开创优步到被废黜的新书《热血野心》中，不难看出，他是一个有远见的创业者，不但能够而且也敢于想象优步作为一个利用数字平台进行各种联结，从出行服务一直发展到送餐和配送等各个领域的服务商。

因为要挑战传统行业，优步充满了打破一切的叛逆精神，在和传统经济的保守势力——无论是市政厅的交通规则还是出租车行和司机的既得利益，甚至还有传统盘根错节的黑社会势力——不断抗争的过程中也形成了独特的斗争哲学。卡兰尼克在优步把这种斗争哲学发挥到了极致，一方面挥金如土，为了达到目的无所不用其极；另一方面把任何竞争都视为零和游戏，你死我活，对竞争对手如此，对媒体也是如此，扒黑告密，作弊作秀，什么都做得出来。在唯成长论的竞争过程中，企业的价值观却日益堕落。

卡兰尼克是融资高手，很会包装公司、"讲故事"，也很了解自己公司的稀缺性，知道如何利用投资人的"社交控"（FOMO[①]，担心错过下一个脸书）赚钱。他和自己的拍档甚至开创了主场路演（Home Show）的先河。创业者融资，原本需要去拜访一家家投资机构、做路演，卡兰尼克却知道，因为优步所独特的创业故事——颠覆全球万亿美元的出行市场——他有资本去要求感兴趣的投资人到优步总部主场来谈投资。

因为钱多，所以疯狂，而且缺乏自制力，缺乏最基本的道德与法律约束，最终优步内部出现了吸毒和召妓等触犯法律的大问题。一系列丑闻的爆发，导致卡兰尼克被废黜，因为硅谷的投资人意识到，虽然卡兰尼克率领优步获

---

① Fear of missing out 的缩写。网络用语。——编者注

得了快速增长，但当他能够调动庞大的资源，却因没有足够的约束和制衡，导致公司形成一系列不良的文化时，可能带来巨大的危机。

纽曼与卡兰尼克一样，积极拥抱"努力工作，更放肆娱乐"的文化，不愿受到道德操守的约束，不断挑战法律的边界。纽曼在私人飞机上抽大麻，开会时喝龙舌兰酒，这些内部人很清楚的秘密，投资人在公司高速成长时选择视而不见，可是等到丑闻在 WeWork 于 2019 年上市前被媒体爆料之后，投资人突然感到纽曼已经成为公司上市和投资人获利退出的最大障碍。成也萧何，败也萧何。当孙正义等一班风投大佬意识到纽曼已经是公司上市的绊脚石时，他们不会有一丝悲悯。

WeWork 在重塑办公空间上，的确有其过人之处，也抓住了 2008 年金融危机之后全球兴起创业热潮的机遇，但如果说纽曼在创建一个实体的社交网络，或者说一个全球企业物业管理平台，还是过于夸张。卸去纽曼努力给公司涂抹的互联网和高科技的油彩之后，市场才真正意识到，WeWork 本质上仍然是金钱堆出的商业模式，一个长租短包的套利模式，虽然被包裹上层层外衣（创业者的家园、物理的社交网络），其骨子里仍然是风投大量资金催生出的一个管理不善的怪物。

纽曼和卡兰尼克两人的故事是资本创富的悲喜剧。两个人都既失败又成功了，虽然输掉了公司的控制权，却成功地跻身亿万富翁（WeWork 最新估值 100 亿美元，纽曼也可以从软银拿到 5 亿美元的 "分手费"）。

他们的悲剧是唯增长时代许多有缺陷的克里斯马型创始人的悲剧：无论是 WeWork 还是优步，都有可能成为伟大的公司，而纽曼和卡兰尼克作为有前瞻性的创业者，也有可能成为乔布斯、马斯克那样的传奇企业家。可叹的是，他们却在风投打造 "独角兽" 的造神过程中迷失了自己：有愿景，却没有使命，更在追逐成长的过程中丢失了价值观。

作为年轻的创业者，在企业快速成长的过程中并没有致力于建设一种健康的企业文化，反而在投资人无穷无尽的资金追捧下，醉心于唯我独尊，身边环绕着一群马屁精，在几乎没有道德操守和法律合规的限制下运作公司，最终成长为一个个小暴君，当风投自身上市套现受到威胁时，却又被弃之如敝屣，而他们所创建的公司过早失去了灵魂人物，也葬送了成为伟大公司的机会。

风投的 FOMO 病：为了找到下一个小扎？

纽曼和卡兰尼克的故事，也从侧面凸显了过去 5 年风投的危险转向。

传统的风险投资人在创业公司中扮演治理建构者和创

业导师的角色，他们不仅发掘有潜力的创业者，而且通过自己的关系帮助这些创业者提升其管理能力。硅谷著名投资人霍洛维茨就很愿意分享他的管理心得，从《创业维艰》到《你所做即你所是》，都在强调企业文化的重要性，一再谈及文化与领导者的契合度的问题，以及当外部环境发生变化之后，领导者要率先意识到改变文化的重要性。

过去5年中，风投过于追求爆炸式增长、烧钱式增长，用地毯式轰炸来挤压竞争对手，试图在一个行业中迅速形成垄断，全然不顾行业中最基本的金融规律，以及烧钱所带来的间接伤害。这种对"独角兽"的盲目崇拜，加上严重的赌博心态，把商场的颠覆推演成了摧毁式的闪电战，严重侵蚀了资本主义的根基。

烧钱本身就扭曲了市场。市场本该给诚实努力的人，而不是那些夸夸其谈的疯子以回报。风投提供规模越来越大的融资，扭曲了整个市场，并非让市场上管理最优秀、最有效率的企业茁壮成长，而是推动那些最能花钱、迅速在市场中扩张的企业获得成功。只要估值不断提升，风投并不介意有缺陷的创始人被包装成下一个乔布斯、下一个小扎，甚至可以说风投世界为找到下一个小扎而癫狂。

这种商业模式给行业带来了巨大的压力，很多原本健康成长的小公司在资本弹药充足的巨兽挤压下，不得不关张。从资源配置的角度来看，风投也因此带来了巨大的浪费，并没有创造多少价值，反而烧钱摧毁价值。

之前风投的商业模式是下注100个有潜力的创业者，期待5个能小有成功，1个能大获成功。现在则完全不同，人人都在赌谁能创造出下一个"独角兽"，这种赌博也变成了某种群体行为，甚至是表面增长包装出的庞氏骗局。

唯成长论的迷思，给风投行业带来的最大风险是短视：风投演变成一种与创始人利益的简单捆绑，积极参与创始人的造神神话，纵容创始人的独断专行，却忽略了保障公司长期发展最基本的治理建设。

在拥抱唯增长论的过程中，风投从创业导师到"纵火教唆犯"的角色转换，着实令人叹息！

二、解剖亚马逊

1998年，网飞的两位创始人伦道夫和哈斯廷斯造访亚马逊，与35岁的贝佐斯见面，双方接触的潜台词是尚处于起步阶段的电商平台有兴趣收购在线租售DVD（数字通用光碟）的网飞。当时的亚马逊仍然在西雅图一幢不起眼的由厂房改造的办公楼里，伦道夫留意到亚马逊节俭的工作态度：每个人的桌子都是再利用的门板加上4条腿。贝佐斯给他留下的第一印象则是大一号西装里露出的光头，仿佛一只大乌龟，换句话说，是一个不在乎形象的产品经理。

全球高科技平台如果论四处出击，亚马逊应该说是当仁不让，而这一切都与"超级产品经理"贝佐斯有着密切的关系。自2013年以来，仅仅8年，亚马逊的市值就增长了6倍之多，员工人数也从几十万人增加到了超过100万人，业务范围极度扩张：智能语音助理（Alexa）、亚马逊云科技（Amazon Web Services，AWS）与云计算、流媒体（Prime）与原创电影电视、线上线下融合的生鲜以及小型无人超市、在线广告业务，当然还有不大为人关注的来自中国的跨境电商。这还不包括贝佐斯私人投资的航天公司蓝色起源，以及对全美第三大报纸《华盛顿邮报》的收购。

这种扩张的背后是贝佐斯 20 年如一日的努力。贝佐斯在亚马逊的前 20 年,扮演的是一个有着超强自制力与关注度的超级产品经理的角色。恰恰是这种关注和"孤注一掷",让亚马逊即使变得组织臃肿的情况下,仍然能推出划时代的产品:在"零零年代",是 Kindle① 电子阅读器;在"一〇年代",则是 Alexa 智能语音助理。

但当一个企业从富可敌国变得势可敌国的时候,当家人也会发生变化。2019 年,贝佐斯突然变了。他频频出现在好莱坞酒会上,大家再也看不到节俭和一丝不苟、连西装大一码也不在意的创业者。贝佐斯成了一身搭配得当的中年男人,甚至他在一次发布会上的一套衣服,在社交媒体上爆火,被不少人效仿。2019 年离婚后,在新任女友(前好莱坞女明星)的陪伴下,贝佐斯越发注意健身,据说还练出了几块腹肌。

2021 年 7 月,贝佐斯在卸任亚马逊 CEO 之后,马上乘坐自己蓝色起源的火箭,选择阿波罗登月 50 周年的日子进入太空,从一丝不苟的超级产品经理,变成追逐梦想、享受生活的"梦享家"。当他从一个想象力丰富、敢于实验,又常常把团队压榨到极限的超级产品经理,转变成一个好

---

① 指电子阅读器"点燃"(kindle)。——编者注

奇心十足却似乎被财富宠坏了的放荡子，对亚马逊又意味着什么？

关于亚马逊的书籍很多，2021年就出版了好几本。《贝佐斯传》是美国商业记者布拉德·斯通自8年前出版亚马逊半官方传记《一网打尽》之后的又一本力作，记述了亚马逊进军多个全新领域的发展史。《贝佐斯致股东的信》梳理了亚马逊每年年报里贝佐斯的股东信，分析他在亚马逊构建的企业文化，以及这样的文化有多大的可借鉴性。《贝佐斯如何开会》则是亚马逊前日本高管佐藤将之撰写的介绍亚马逊开会文化的指南书，解构了被很多人称道的亚马逊"六页纸"备忘录的企业文化。

以贝佐斯半退休隐入幕后为契机，研究跨越四分之一个世纪亚马逊的发展史，以及创始人在塑造企业文化中所扮演的角色，2021年的确是一个比较好的时间点。

亚马逊的发展史中，至少有3个主要的问题值得企业的领导者思考：

1. 如何改变一个企业对创始人的过分依赖，尤其当创始人曾经极其自律、极其努力，又极其敏锐？

2. 移动互联网把企业从创新颠覆者变成在位老大的帝国的时间大大压缩，如何在企业快速扩张无法避免的官僚化与持续创新之间保持平衡？贝佐斯最推崇的莫过于长期主义，如何坚持长期主义？

3. 坊间所推崇的各种亚马逊特色文化，到底能否借鉴？又该如何借鉴？

再精明的老板也可能犯错

说贝佐斯是亚马逊的主心骨一点都不为过。虽然亚马逊并非苹果这样极其强调设计感的产品公司，但它推出的几款具有划时代意义的产品都源自贝佐斯的灵感。在最初10年，亚马逊的Kindle几乎成了电子书阅读器的代名词。在亚马逊的第二个10年，Alexa智能语音助理和Echo智能音箱成了亚马逊与苹果、谷歌抗衡的利器。

贝佐斯的确是最厉害的产品经理之一。Alexa源自贝佐斯的灵感，他希望Kindle有麦克风，想象着语音交互的未来，他和自己的技术顾问（Technical Advisor，既是贴身秘书，也是跟班学徒，更是贝佐斯塑造未来领袖的管理培训生，简称TA）一起协作，勾勒出Alexa的雏形（Alexa的名字则是他向人类最古老的图书馆之一——亚历山大图书馆致敬的方式）。

贝佐斯主导的臭鼬学院（Lab126）几乎成了亚马逊开创新项目的代名词，其中，项目A是Kindle；项目B是快速

潜流 激荡、变局与趋势

失败的 Fire 智能手机[①]，但贝佐斯一下子就看中了 Fire 手机的交互语音功能，并很快推动这一团队转向 Alexa 智能语音助理的开发；项目 C 没有披露；项目 D 则是 Echo 智能音箱和 Alexa 智能语音助理。亚马逊这种项目高度机密，为了招募志愿者来参与项目 A，给出面试时问的问题是，如何让盲人也能用 Kindle？

Alexa 的胜利，是贝佐斯直觉和执着的胜利，因为他觉得语音是下一个未来，为了补足亚马逊相较于苹果和谷歌用户大数据不足的短板，亚马逊甚至能够创造出各种真人实验去大幅度增加数据量。

不过套用亚马逊管理哲学中重要的一点，无论 Kindle 还是 Alexa，其诞生之时都是亚马逊和贝佐斯的高光时刻，但我们不能只看高光时刻，低光时刻（Low Light）同样能给出不少关于企业的洞察。

《亚马逊传》中就列举了不少这样的低光时刻。

一个最被人津津乐道的例子是单牛汉堡。汉堡肉饼中的肉一般都来自成百上千头牛，大批量采购的牛肉搅碎才能制出肉饼。某一天贝佐斯听说来自同一条牛的牛肉做成的牛肉饼更鲜美，一下子脑洞大开，认为亚马逊刚刚涉足的生鲜店（亚马逊 2017 年并购了全食连锁超市）如果能推出

[①] 指 Fire Phone（火火智能手机）。——编者注

肉味更鲜美的单牛汉堡，即牛肉饼的肉来自同一头牛，一定会一炮打响。

下属在听到老板的指示之后，和业内人士一合计，发现老板的异想天开根本有违行业规则，也会给牛肉加工企业带来巨大的混乱，几乎没有养牛场愿意接单。但亚马逊不会轻易说不，贝佐斯的TA还是在圣地亚哥找到了一个牧场，开始加工单牛肉饼，选择80%瘦肉配20%肥肉。

贝佐斯是第一个尝鲜的客户，他很快提出反馈：肉饼包装比较难撕开，而且在烤肉架上烤的时候肥肉太多，牛油掉下来容易着火。为了满足老板的需求，下属硬是又找了一家牧场，做出九成瘦肉一成肥肉的配方，还改变了包装。贝佐斯很满意，但市场反应平平。单牛汉堡不了了之。老板匪夷所思的想法也不一定能点石成金，可惜了"上面动动嘴，下面跑断腿"。

诗人奥登曾经说过："在一生中，名气大的诗人写出的烂诗要比名气小的诗人多得多。"显然贝佐斯也有看走眼的时候。问题是，在一个以他为中心的企业王国中，独裁带来的损失可能要大得多。

亚马逊搜寻第二总部的闹剧就凸显了这种独裁的危害。

亚马逊大张旗鼓地筛选可以建立第二总部的城市，引起北美（包括加拿大）上百个都市圈递交申请，成为2018年全球商业界的一道风景。筹备建立第二总部的决策没有问题,主要原因有二。

一是亚马逊总部所在的西雅图对亚马逊并不友好,而亚马逊的快速成长已经在挑战西雅图的极限——推高房价和租金。亚马逊并没有做出太多回馈社区的举动,西雅图则希望对亚马逊施以重税,两者之间矛盾激化让贝佐斯有了在其他地方建立第二总部的想法。

二是贝佐斯对马斯克羡慕嫉妒恨。马斯克在全美七八个州推销特斯拉的超级电池工厂,让各州之间对决,最终选择了税收政策和补贴最优厚的内华达州,上亿美元的减税和补贴让贝佐斯看得眼馋。他认为,自己的第二总部将创建几千个高薪职位,各地一定会趋之若鹜,给出各种优惠条件。

这种公开"选美",虽然为公众所非议,因为"选美的"征求议案书(RFP)中就毫不掩饰地表达了"税收优惠"是主要决定条件,但最终还是让120多个城市参与竞标,热闹非凡。

如果从推动经济发展的角度来讲,选择非两岸和大湖区的大城市建立第二总部,对美国经济和亚马逊而言都是双赢。但这场闹剧之所以成为闹剧,原因是随着事态的发展,贝佐斯自己的想法发生变化。

尽管亚马逊有不少优秀的企业文化,也能放手让一线员工去创新。但是在大事上,亚马逊还是注重自上而下的管理模式,贝佐斯的话,一句抵一万句。当贝佐斯的考虑从税收优惠，又转回到到底哪个城市已具备足够的人才储备上，"选美"成了浪费之举，因为拥有足够现存人才储备的都市并不多。

当然，这一案例背后最大的教训是：老板的独裁与企业扩大之后缺乏谦逊之心可能引发问题。讲谦逊，真正实施起来不容易。

复制的迷你贝佐斯能坚持长期主义吗？

贝佐斯在亚马逊试图塑造一种带着自己深厚烙印的文化。他不断提醒同事"第一天"的概念，像创业"第一天"那样做事，保持创业者的能动性和野心；他坚持开会不用PPT，每个领导者都要学会撰写6页纸的备忘录，因为具备讲故事的能力是推广新产品、开拓新市场的第一步。但最能体现他管理文化的莫过于在企业内部复制超级产品经理，复制迷你贝佐斯，而这都得益于他从英特尔学来的培养接班人和年轻骨干的做法——创建技术顾问的岗位。实际上，贝佐斯选定的CEO接班人贾西就是他的第一任TA。

TA很像中国组织体系中常见的秘书岗位，成天对老板鞍前马后。但贝佐斯的TA并不是助理，更像是特意栽培的管理培训生，每一任1—2年。TA整天跟老板形影不离，贝佐斯希望通过言传身教，让TA能学到自己的管理精髓。

当然，TA 也需要承担一些重要的职责，比如整理开会概要、撰写每年亚马逊年报的第一稿（恰如《贝佐斯致股东的信》中所梳理的，贝佐斯把年报作为自己管理经验和思考的全面展示）。

贝佐斯发现，TA 跟着自己一段时间之后，再派去公司其他岗位，大多数能颇有建树。比如接替贝佐斯担任 CEO 的贾西，几乎就是和贝佐斯一个模子刻出来的，两人无论是在做事方式上还是在思维方式上都没有太大区别。贝佐斯作为超级产品经理，很喜欢微观管理、搜集信息、提出特别具体的建议，而且常常是在半夜三更发出指令。贾西管理亚马逊云科技（AWS）与云计算业务的做法完全一样。当然，AWS 也是亚马逊平台内的隐形冠军，虽然直到 2016 年其销售额和利润才被单独披露，但是作为快速成长的一块业务，其实它在亚马逊内部早已与电商和其他业务分庭抗礼。

不过，要能真正成为小贝佐斯，就需要具备深入思考的能力，能挑战老板的想法。这也是 TA 训练的一部分。贾西几乎是亚马逊内部唯一能挑战贝佐斯的人，是能用贝佐斯式的缜密思考来指出贝佐斯盲点的人。贝佐斯在公司内部特别强调"想法不同但坚持执行"的法则，经过一番辩论输了的一方，可以仍然坚持自己的观点，但要全力执行通过的决定。贝佐斯常常是那个与贾西辩论输了却仍然要全力执行贾西想法的人。

TA 的另一项职责就是与贝佐斯一起创新。贝佐斯很喜欢和他的 TA 一起选定一个领域，一起充分参与研发的讨论，然后交给 TA 打造一个内部创业的团队，试图用最快的速度把未来的技术和贝佐斯自身的判断，当然也包括从用户身上倒推出来的洞察，结合成一款新产品。

这种范式创造了成功的 Alexa 智能语音助理，却也让 Fire 智能手机折戟。而亚马逊尝试无人智慧零售的模式是最新的一次尝试。贝佐斯试图改变线下零售，利用人脸识别和人工智能技术颠覆线下零售，就和 TA 一起孵化了亚马逊无人便利店（Amazon Go）线下智能零售店的项目。经过 5 年的发展，Amazon Go 仍然不温不火，其迭代模式却在亚马逊内部产生了不少非议。

这种研发迭代的方式，如果获得初步的成功，参与者基本上没有停下来喘口气的机会。亚马逊内部人总结为这是一种"获得冠军，登上领奖台的时候，就开始抱怨奖牌太轻"的心态。这就好像原本就是以人海战术、疲劳战术（每周 80 小时、全年无休）的拼命来追求成功，结果初步成功之后，获得的却是更快发展、更多想法、更费时间的再循环。在强势老板身边尝试不断创业，过早枯竭（burn out）的可能性也很高。

最近两年，TA 制度又走到了它的反面。当贝佐斯对亚马逊的业务开始心不在焉（心思更多用在好莱坞和太空探险上)时，TA训练的含金量暴跌，因为老板一周也见不了一两次，贴身学习的机会就少了很多，其结果是贝佐斯最近的几个TA纷纷离开公司。TA只有贴身学习一位专注的CEO才有用。CEO心猿意马，TA也就成了鸡肋。

当然，通过TA培养出一批小贝佐斯只是巩固亚马逊围绕"超级产品经理"运作的文化的第一步，贝佐斯灵光一现的想法和执着推进的能力却很难被继承。无论是Kindle还是Alexa，最初的概念和持续的推动执行都仰赖贝佐斯。没有贝佐斯的亚马逊还能推出同样具有革命性的产品吗？

拥抱长期主义，亚马逊的哪些文化可以借鉴？

贝佐斯开会特别有名，不用PPT，要求每个管理者都要学会讲故事，开会提案首先是一项"码字"工程，开会前全体默读6页纸备忘录，贝佐斯常常是读得最慢的一个，因为特别仔细……这些几乎可以称为传奇的"开会故事"到底背后需要怎样的一套管理方法和管理原则来支撑？这些管理方法和原则是否能在中国企业的语境中落地？

《亚马逊传》作者斯通就认为，亚马逊的企业文化基本上是围绕贝佐斯构建的，不一定适用于其他公司。6页纸的备忘录作为开会前的必读材料，就不能直接照抄，因为并没有多少企业家有耐性读完，更不用说利用叙事手法来讲故事了。

换句话说,学习亚马逊一些表面的做法,并不一定适合大多数企业,因为太过基于亚马逊的基因。亚马逊开会的做法倒是值得学习。恰如《贝佐斯如何开会》中提到的,企业管理者首先应该学会询问哪些会值得开;其次,对需要讨论的决策型的会议的内容了如指掌(这其实是写6页纸备忘录的初衷),从而让会议不用花费过多时间在可以用文字清晰表达的解释上,让讨论更容易聚焦。

亚马逊在做决策和决策执行过程中小步迭代的做法也很值得借鉴。该做法在亚马逊内部被总结为PDCA(Plan-Do-Check-Action)快速循环,即计划、实施、检查、行动,每周或每两周就循环一次。管理者和团队在这样的循环过程中得以不断提升。

还有一系列的管理实践都值得参考。比如亚马逊特别鼓励一线员工参与决策制订和广泛做实验,贝佐斯用单向门和双向门来比喻不同的决策。大多数决策是双向门,错了可以退回来,应该大力鼓励;只有如果出错会给公司带来巨大损失的战略性决策(单向门),才需要管理层斟酌。

鼓励实验,因为贝佐斯相信加倍实验就能有加倍的创新。当然,要做到这一点,就需要有包容失败和汲取经验的文化。亚马逊特别强调低光时刻的分享,不讳言失败,却需反思失败,分享失败的教训,只有这样才能在更广泛的企业组织中包容失败,鼓励实践。

当然，贝佐斯被人称赞最多的是他的长期主义。他愿意为保障一项他看中的事业的长期发展而舍弃短期利益，且对其发展有耐心。AWS 就是最好的例子。因为亚马逊迟迟未单独透露 AWS 的真实数据，所以外界根本不知道亚马逊的云计算业务竟然那么挣钱，这为 AWS 赢得了巨大的发展空间，等到谷歌和微软看到该行业机会并入局的时候，AWS 已经遥遥领先。但贝佐斯这么做其实承担了巨大的短期损失，因为投资者并不清楚 AWS 的价值，很长时间仍然认为亚马逊主要是赔本赚吆喝快速发展的电商平台，股价短期表现平平。

当然，学习亚马逊也不能学偏了。亚马逊内部有一系列的信条，优步的创始人卡兰尼克就非常欣赏亚马逊的信条，也有样学样地创建了优步的信条。但卡兰尼克本质上与贝佐斯不同，他不是纪律严明的超级产品经理，而是一个非常善于"画饼"的有着克里斯马性格的创始人。他的天马行空和无拘无束的个性，以及优步在打破传统出租车业面临各种围堵后产生的"受害者"形象，都反而让优步形成了一种负面文化。这就成了"画虎不成反类犬"。

进军好莱坞

峰回路转，在哈斯廷斯和伦道夫第一次拜访贝佐斯 20

年后,网飞与亚马逊再次成为直接竞争对手。

亚马逊进入流媒体,再进入原创内容领域,让亚马逊会员可以免费享受流媒体内容,贝佐斯给出的解释是这样会增加用户的黏性以及减少续费困难。但即使亚马逊自己内部的数据分析,也很难支持这一说法。换句话说,看片子与是否续费之间没有太大关联,即使没有免费内容,亚马逊 Prime 会员人数的增长势头仍然迅猛。贝佐斯的这一决策很大程度上是为了满足自己的虚荣心和好奇心。

而且一开始贝佐斯的数据化思维就在好莱坞碰了一鼻子灰。他希望把亚马逊电影公司打造成一个"科学工作坊",采取众包模式,人人都能提交剧本,然后让亚马逊的用户来投票选择拍摄哪部片子。贝佐斯的奇思妙想很快被证明不可行,艺术还是得由有品位的专业人士来确定。

但进军好莱坞再次证明贝佐斯对长期趋势性的判断:他准确看出在线内容创作正在发生巨变——但到底怎么变,其实他并不清楚,只知道其值得下注。几年之后,当主要竞争对手沃尔玛也推出了两天送货的福利之后,流媒体对亚马逊 Prime 会员而言,价值就相对更高了。

当然,只要有贝佐斯的关注,亚马逊电影公司一定会变得更大胆也更有野心。因为他们很清楚贝佐斯的心气:谁能给我带来"我的权力的游戏"?

三、"十分人才"

2005年,在斯坦福大学的一场酒会上,还在上大学的斯特罗姆见到了跟他同岁的硅谷"神童"扎克伯格(小扎)。因为创建了脸书而小有名气的小扎,酒还没喝几口就劝说斯特罗姆加入脸书。斯特罗姆在征询了一些人的意见之后,觉得辍学还是太冒险。这个在不久后创建了图片社交媒体Instagram的年轻人当时所不知道的是,创业之初,最难的就是吸引到优秀人才。几天后,他又在斯坦福的校园里看到小扎举着牌子招人。当时,草创的脸书跟谷歌这样的大牌相比,还是招人维艰。

斯特罗姆在创业一年半后选择接受小扎开出的10亿美元的价格,出售了只有13人的Instagram。这背后不为人知的原因之一就是招不到优秀人才。斯特罗姆心里很清楚,这个13人的团队能值10亿美金,看似是神话,实际上是公司有太多职位没有招到人,公司里的每个人都恨不得变身成两三个人来用。因为需要构建更大、更完善的团队,"嫁入豪门"在斯特罗姆看来是选择了一条容易走的路。他很清楚,谁会愿意放弃在一个大平台上的优厚薪水而选择一家前途莫名的公司呢？相反，被脸书收购也意味着可以从脸书几千人的人才库中吸引人才。

早期加入创业公司的人要么是机缘巧合碰到的人；要么是多面手，可以身兼数职，把小公司可能面临的各种问题都用自己的办法来搞定。可是创业公司在渡过生存难关、进入快速发展期时，这个临时搭起来的草台班子，这些并非"一流"人才的多面手，还能胜任吗？如果要吸引专业性更强的人才，该怎么做呢？美国流媒体公司网飞和私募股权巨头黑石提供了有趣的样本。

"狗屎三明治"

网飞在发展早期就经历过一次人才变局。在记述网飞草创经历的《复盘网飞》中，创始人伦道夫回忆了自己是如何在拼车通勤的路上和后来网飞天使投资人哈斯廷斯一起想出在线租售 DVD 的创意的。在这本复盘创业经历的书中，最精彩的片段莫过于伦道夫被哈斯廷斯"逼宫"的细节。

1998 年，当网飞发展到 40 人的规模，DVD 租售业务有了一定起色之后，公司大股东哈斯廷斯选择向 CEO 伦道夫摊牌，认为伦道夫不再适合单独带领网飞向前走，且希望加入公司，成立两人的管理团队，由哈斯廷斯担任 CEO，而伦道夫则专任二把手。

在一年半的创业经历中,伦道夫不仅帮网飞完成了"从0到1"、进入成长轨道,也帮企业塑造了特点鲜明的文化,其中之一就是后来被《网飞文化手册》总结为"残酷的坦诚"的文化。伦道夫希望员工之间都能坦诚相见,指出错误,共同成长。而哈斯廷斯的这次摊牌,也恰恰是残酷的坦诚的具体体现。

哈斯廷斯用伦道夫教给他的狗屎三明治(Shift Sandwitch)的方式来向他摊牌:先讲一些伦道夫的优点,然后一一列举他所犯的错误,主要是融资不利和缺乏战略方向,最后再加上一两句安慰的好话,强调未来还可以怎么一起合作。哈斯廷斯的坦诚,让伦道夫知道虽然自己面临的是一场"宫廷政变",将失去对公司的主导权,却又很清楚哈斯廷斯分析的正确性:网飞的后续发展,需要敏锐的战略方向感、强大的执行力,需要引入顶级的专业人才,需要持续融资的能力,这些都是已经创建并带领一家公司成功首次公开募股(IPO)并退出,自己也跻身近亿美元身家俱乐部的哈斯廷斯擅长做的事情;为了公司的未来,自己必须让贤。

伦道夫自认是优秀的人才,但是他很清楚,与哈斯廷斯相比,自己仍然差一大截。而且,创业公司的发展,尤其是在一个市场瞬息万变、风险投资期待指数级增长的时代,一个能融资、有战略头脑的CEO更重要。他清楚,如果说自己是帮网飞实现"从0到1"的那个人，但是如果要让网飞"从1到100"，哈斯廷斯的全身心参与的确会带来巨大改变，因为他是可以跟乔布斯、贝佐斯比肩的人。

伦道夫在书中对哈斯廷斯没有一句抱怨，他决定让位，因为他服膺《网飞文化手册》的另一条原则——一切决定把公司的利益放在第一位。而这一决定无疑被历史证明是正确的。

之后一段时间，伦道夫与哈斯廷斯分工明确，伦道夫负责前台、网站、营销、DVD的选择，而哈斯廷斯负责搭建确保公司快速发展所需要的中后台，包括财务、运营和IT（信息技术）系统。哈斯廷斯不断延揽有经验的专业人士进入公司：硬盘企业希捷公司的首席运营官（COO），半退休地加入网飞负责运营；资深的财务人员替代创业期间的财务主管，目标是加速企业上市的步伐；后来撰写出《网飞文化手册》的网飞前首席人力资源总监麦考德也在这一时期加入网飞，为网飞的企业文化注入了全新的元素。

几年之后网飞上市时，伦道夫已经只是一名普通员工，而一起创业的40多人这时已经没有一个人留在公司。但这并不妨碍伦道夫兴奋地参加敲钟仪式，因为网飞已经变成了一家大公司，且正在奔向伟大公司的路上，虽然这家公司已经不再是他理想中的公司了。

如何对待创业的老臣？

网飞用"残酷的坦诚"来解释创业老臣的凋零。不过，对大多数企业而言，这样的文化并不一定能学到，也并不一定实用。如此，这一问题可表述为：当企业成长壮大之后，跟着你一起创业的那班老臣，又该怎么办呢？

苏世民在自传《苏世民：我的经验与教训》中明确提出，发展壮大的企业要持续成长，必须吸引顶级人才，也就是他强调的"十分人才"。

什么是"十分人才"呢？"十分人才"就是无须得到指令，就能主动发现问题、设计解决方案，并将业务推向新的方向的人才。苏世民也特别提出，自己创建的私募股权公司黑石如果要开发新的业务条线，需要通过3项测试：必须具有为投资人带来巨大回报的潜力，必须可以增强黑石的智力资本，必须由一个"十分人才"作为负责人。

但是最早跟着创业者创业的老人一般不大可能是"十分人才"，该怎么对待这些人？苏世民的答案很冷酷：创始人要狠得下心，裁汰老人，为"十分人才"腾出位子来。

不少创业者可能觉得自己的任务就是连哄带骗，让略合格的员工将就着干活，凑合着解决问题，尤其当这些人还是跟自己"从0到1"的创业老人。这些略合格的人不少是

"六分"或"七分"的人才,也是创业者最有可能在创业早期招募到的人才。苏世明提醒,如果你因为恋旧或者没有变革的勇气而选择留下这些人,那么公司最终会无法正常运转,老板也得一个人完成所有的工作;能陪你熬夜加班、成就事业的人屈指可数。

摆在创业者面前的是两种选择:要么持续经营一家没有前途可言的公司,要么清除自己一手拉扯起来的平庸队伍,让公司获得重生。苏世明的建议很简单,如果你充满雄心壮志,就必须努力为公司招募"九分人才"和"十分人才",并委以重任。换句话说,如果公司想要获得成长,企业的人才结构也必须"腾笼换鸟",让跟着创业的老人挪位子,由更为专业和高效的人才来替代。

"打怪升级"的球队

我们常用"铁打的营盘流水的兵"来形容军营和士兵。类似的比喻也适用于企业与员工的关系,尤其是希望打造成为百年老店的企业。网飞这家有 20 多年历史的全球最大流媒体公司,对自己的员工也有类似的比喻。网飞的 CEO 哈斯廷斯在新书《不拘一格》中把公司与员工的关系比喻成球队和球员的关系,而网飞无疑是一支在不断"打怪升级"的球队。

企业创业之初，就好像一支业余的球队，每一个重要的位置上都不一定能找到最专业的人，甚至在很多情况下，最可能出现的是多面手，就好像墨西哥队曾经有花蝴蝶之喻的守门员，在球赛的最后时间也会客串一下前锋。

一家企业的发展壮大，就好像业余球队在竞争中脱颖而出，变成丙级队，接着打入乙级联赛，如果还能上市，就像球队可能会拿到进入甲级联赛的入场券。这时，球队还是那支球队，球员却可能要发生翻天覆地的变化。大球队最常见的调整，一方面是引入大牌球星；另一方面则是招聘大腕教练。这也是为什么许多硅谷创业公司在进入"青春期"之后，都会引入有经验的"成年人"的原因。脸书的小扎有年长其10岁的桑德伯格做公司的COO，为运营掌舵；谷歌的两位创始人也请来资深的管理者施密特作为CEO兼董事长长达10年之久。

飞速发展的企业，其内部人才淘汰是残酷的。在发展初期，它需要创业者构建能进入快速发展轨道的发射塔，当时大概也只有一帮业余人才帮企业快速进入轨道。但当企业有了基础之后，就能吸引到更优秀、更专业的人才，也需要吸引更优秀、更专业的人才，这时候的淘汰，不是优胜劣汰，而是合适的人替换掉已经"落伍"的人。这种落伍可能是无法契合新的领导者的要求，也可能是缺乏专业领域内的训练。

哈斯廷斯把网飞定位为不断"打怪升级"的球队，就是要刺破那层公司是一家人的温情脉脉。他认为，要让公司成为百年老店，或者说铁打的营盘，只能是专业球队一种打法。公司如家人的比喻不合适，原因也恰恰在此，因为不能用恋旧的情感来替代对每个人能力和适应性的考核。

在网飞，每个人都需要证明自己是场上最适合那个位子的人，每个人都需要团队协作来帮助公司赢。管理者应该根据情况的变化对球场上的位置做调整，球员仅仅付出努力是不够的。被替换下场的球员也没有什么值得羞愧的，为了公司能在打怪升级的路上走得更远，个人的荣耀根本不值得一提。当然网飞也愿意付4—9个月的工资，确保被替换的"球员"体面下场。

当然，公司与球队的唯一不同是，球场上的球员人数和位子都是固定的，公司未来却可能因为发展而创造出更多岗位。

用球队与球员来比喻公司与员工的关系，背后还有朴素的"木桶原理"作支撑。有效应对快速多变的商业环境，与团队的协作和努力分不开，而高效能的团队是不能容忍平庸的人存在的，因为决定团队效能的，是组成木桶的最短板。

《文化地图》的作者梅耶教授在搜索商学院文献时，也发现了类似的实验结果。当一群精英大学生被分成四人一组完成项目时，实验者故意安插了一些演员加入不同的团队。有的人扮演懒虫，专拣容易的活儿干；有的人扮演捣蛋鬼；有的人则扮演那种怨声载道的给整个团队带来负面情绪的人。实验证明，大学生很容易被各种负面情绪影响，也很容易有样学样地偷懒；只要团队中有庸人，效率就大打折扣。

哈斯廷斯的球队管理哲学因此强调：公司不能容许有庸人存在。聚合一群牛人在一起，他们之间的互动、鼓励和竞争本身就能提升公司的管理和效率，为此付出市场上最高的价格争夺人才是必要的。如果发现庸人，或者那些并不能做出最好成绩、工作状态一般的人，尽快用优厚的"分手费"礼送出门，才是最佳的选择。

为此网飞文化还特别强调"留人测验"：如果一个下属要离职，你会多努力把他留下来。如果你觉得他不值得留的话，直接就可以让他离开，腾出位子来找到更优秀的人才。

反思：牛人扎堆就好吗？

"一将功成万骨枯"，放在企业的发展史上，或许应该换成"一司功成万骨枯"。当然，这种追求"十分人才"的冷酷是否通用，"十分人才"是否真正强于创业阶段的多面手，尚无定论。多数人认同企业在不同的发展阶段需要更合适的人才，但当创业企业发展到一定阶段时，引入高效能的专业人士是否是让他们"下山摘桃子"？这也是值得进一步研究的人才议题。

在我们探讨网飞和黑石人才管理经验是否具有通用性时，必须强调两者的特点。

网飞整体而言仍然是一个被码农所主导的高科技企业，在最近10年流媒体转型过程中，好莱坞文化的成功嫁接又为之注入了全新活力。它所秉持的精英主义有其行业局限，这在黑石这样的华尔街金融公司身上就体现得更明显了。

此外，牛人扎堆也会带来一系列其他的问题。

第一，"十分人才"的概念是典型的精英主义标签，是不是会塑造出文化单一的企业人，让企业缺乏包容多样性的文化？毕竟，在一个充满变化的世界，多样性变得更重要。

第二，一帮牛人聚集在一起就真的最有战斗力吗？

在谷歌前CEO施密特撰写的《成就》一书中，就特别提出高管教练的重要性，硅谷最重要的高管教练坎贝尔在牛人扎堆的公司里，最重要的一项工作就是帮助强势的管理者相互协同。牛人扎堆的地方，每个管理者都很强势，但是如何确保优秀的人坐在一起作为一个团队能更好地协作？确保每个高效能人士都有清醒的自我认知？确保领导者不被自己的自大所误导，拥有大局观，以公司的长远利益为重？这一系列问题，需要高管教练这样的局外人来协调，也凸显了"十分人才"也有其弱点。

第三，即使是哈斯廷斯拿来比喻团队的体育赛事，也时常会爆出没有明星的黑马球队。英超2016年就曾经出现过一支名不见经传的小球队莱斯特城队夺得冠军，引发热议。很多人据此提出疑问：是不是每个位子上都是最牛的人，球队就能磨合成一支顶级球队？莱斯特城队至少证明了，的确有机会用一帮非明星的球员打造出一支可以与明星球队抗衡的球队。反驳的人会说，莱斯特城队的胜利并没能持续下去，如果从英超几十年的历史来分析，仍然是球星云集的大球队赢面要大得多。

运气之外，人才与企业的相互选择，最重要的或许应该是适合！有时候是风云际会，有时候是共同成长，有时候是专业的人解决专业的问题。

在《复盘网飞》的最后，伦道夫对自己的长项和短处都做了非常清醒的分析。他觉得自己和父亲一样，是善于帮助初创企业发现问题的人，是乐于解决新颖的复杂问题的人，是愿意解决"从0到1"问题的人；但是管理一个日益庞大的团队，管理一家成熟的公司，自己没有尝试过，也似乎并不向往。

伦道夫虽然不是哈斯廷斯那样的亿万富翁，但早在网飞上市就实现了财务自由，他也因此能超脱地去判断自己的价值。头衔和财富，到了一定程度之后，并不重要，重要的是两点：你到底喜欢做什么？你到底擅长做什么？如果未来的工作是这两点的交集，那恭喜你，这是你的"应许之地"，你会乐在其中，乐此不疲。

有趣的是，哈斯廷斯的继承人，现在已经被提升为网飞联席 CEO 的萨多斯，学历只有两年的社区大学，完全是自学成才的影视行业专家。尽管网飞注重引入"十分人才"，但这样的"十分"也完全可以由个人的奋斗和努力修炼而成。

四、"平台与创新"的悖论

2011年小扎出价10亿美元并购斯特罗姆的初创企业Instagram，开企业发展史的先河。当然，小扎也曾经坐在斯特罗姆同样的位置，几年前雅虎就给他开出10亿美元的价码收购脸书。所不同的是，小扎根本没有严肃考虑过雅虎的邀约，斯特罗姆却接受了脸书的提案。

虽然是同龄人，有着类似的创业经历，斯特罗姆和小扎却有着完全不同的做事风格。斯特罗姆是完美主义者，对任何事情都要打破砂锅问到底。父亲教他学棒球，他会先到图书馆去借书了解击球打法。小扎则是典型的实用主义者，为达目的不择手段。小扎也深谙互联网的竞争哲学：赢家通吃，零和游戏，支配力第一。

与小扎相比，斯特罗姆像乔布斯，有那种试图跨越艺术和技术十字路口的气质。他创建的Instagram就致力于把极简的设计（只做好照片分享一件事）、精致（最初就把滤镜与照片分享结合起来，让早期手机照出的模糊相片也能变得有质感与美感）和在线社交影响力融合在一起。

Instagram嫁接到脸书的故事能否成功？讲述斯特罗

姆创业历程的新书《解密 Instagram》的最大看点，恰恰是他在脸书内部继续创业，创建"国中之国"的故事。对 Instagram 和斯特罗姆而言，被扣上 10 亿美元的"金手铐"（Golden Handshake，很多高管在上任之初就有"金手铐"），才是创业真正的开始。《解密 Instagram》被《金融时报》和《经济学人》同时列为 2020 年度最重要的商业书籍，就是因为它一面彰显了创建美好公司的执着与难料，一面又凸显了商业世界的残酷和无奈。

2020 年底，脸书再次被推到了反垄断的风口浪尖。美国联邦贸易委员会认为，脸书 2012 年收购 Instagram 是滥用市场力量，虽然当年监管电信和互联网的美国联邦通信委员会（FCC）批准了这一并购。复盘 Instagram 在并购后的发展，也有助于更好地理解垄断与创新的关系、平台与创业的关系，以及在数字经济时代到底需要什么样的反垄断监管。

并购的"双赢"

斯特罗姆之所以愿意被收购，是因为小扎郑重承诺给予他完全的独立性，他觉得在脸书的羽翼下，Instagram 可以获得更快的发展。

的确，如果仍然能保持独立品牌和团队发展，那加入脸书益处多多。

首先，加入脸书可以让 Instagram 吸引到最优秀的人才，其中大多数可以直接从脸书转岗过来。在 2012 年的硅谷，脸书已经是响当当的品牌。Instagram 在被收购之前只有 13 名员工，这在外人看来可能是创业品牌的特质，其实根本原因是 Instagram 的两位创始人招人太慢了——不是因为没有钱（在接受当时的反垄断质询的时候，公司账上还有 500 万美元），而是因为确实很难找到合适的人。谁会愿意放弃在一个大平台的优厚薪水而去一家前途莫测的公司工作呢？

其次，相对成熟的脸书和草创的 Instagram 有很强的互补性。脸书的确提供了重要的 IT 基础设施和资金支持，让 Instagram 可以没有后顾之忧地快速成长。这也是小扎在谈判中强调的：创始人仍然有权做出创新决策，但保持公司发展所需的一些单调工作，比如各种支持功能，都可以由母公司来承担。换句话说，脸书可以成为 Instagram 谋求快速发展的发射平台，让斯特罗姆可以一门心思专注于发展、壮大用户规模。Instagram 也可以利用脸书现成的算法和中后台，很多开发工作只要基于脸书的算法做一些修改即可，还有一些工作完全可以与脸书共享。比如，图片审核，Instagram 就直接外包给了脸书。

第三，如果说前两个因素可以帮助 Instagram 获得更快发展的话，与脸书合并也让 Instagram 少了一个最主要的竞争对手，增加 Instagram 存活的可能性。当年 FCC 之所以批准脸书对 Instagram 的并购（尽管两者在图片社交分享领域已经存在竞争关系），一个主要原因是 FCC 很难确定 Instagram 这样一家小公司在竞争激烈且多变的互联网市场中能否存活。昙花一现的互联网企业数不胜数，如果一家公司的命运在未来几年内生死未卜，那还担心什么垄断呢？

第四，也是最重要的一点，小扎给斯特罗姆戴上了诱人的"金手铐"。小扎开出的 10 亿美元，斯特罗姆一个人就能独得 4 亿，一年半的创业，还不到 30 岁就能成为纸面上的"亿万富翁"，怎么能没有吸引力？况且当时脸书上市在即，仍处于高增长期，"股票+现金"的收购方式也能让斯特罗姆享受到脸书股票长期升值的收益。的确，6 年后斯特罗姆离开脸书的时候，他 4 亿美元收购对价中的股票增值了至少 10 倍。

对小扎而言，并购 Instagram 是构建脸书帝国迈出的第一步，同时成功地推动了脸书自身从互联网公司向移动互联网公司的转型。

在脸书的入职手册中，赫然写着这么一段文字："如果我们不去创造出能杀死脸书的产品，那么就有人会去做。互联网不是一个友善的所在。那些不能继续保持存在价值的东西根本不要奢望在互联网上留下遗迹，它们只可能绝迹。"

这段话袒露了小扎的心迹，他一直有一种忧患意识，甚至有一种对脸书可能没落的担心和偏执。雅虎、MSN[①]、MySpace[②]都是曾经大火却几乎绝迹或已经绝迹的互联网品牌,小扎生怕新生力量像脸书取代MySpace那样革了脸书的命。

这种偏执,让小扎对任何潜在的颠覆者都充满提防之心。他永远都在警惕下一个不知名的公司或者下一个可能颠覆自己的大创意。在新书《脸书,内幕故事》中,著名科技作家列维特别强调,小扎一旦嗅到威胁,一定会使出浑身解数把它挖出来。收购Instagram的首要原因就是小扎感受到了它的威胁。他并购的目的很明确:与其让别人颠覆自己,不如自己去收购潜在的颠覆者,而且一旦下定决心收购,就要不惜成本。

2011年,小扎也意识到,自己PC(个人计算机)时代的互联网思维一度跟不上整个市场在苹果智能手机和应用市场推出后,向移动互联网的迅速转型。他需要并购有纯粹移动互联网基因的公司,以使脸书在互联网从PC向手机的大转折中不落伍。

这也是为什么小扎承诺Instagram在并购完成后仍然保持独立,由斯特罗姆继续管理的原因。Instagram是2011年苹果应用市场上的爆款,是智能手机时代应运而生的新物

---

① MSN:指"微软网络服务"。全称Microsoft Service Network,是微软公司(Microsoft)旗下的门户网站。——编者注
② MySpace:成立于2003年,曾经是全球最大的社交网站。中文为"麦斯贝"。——编者注

种，有着完全不同的基因。

小扎也需要向世人展示斯特罗姆在脸书内部继续创业的成功，因为他很清楚，这绝不是脸书第一个重大并购。他希望用Instagram后续的成功来打动其他目标企业的创始人，帮助自己拓展脸书帝国。

机会很快就出现了。两年之后，为了赢得流行的即时通信软件WhatsApp[①]的两位创始人的青睐，小扎让斯特罗姆亲自出马当说客。不过，当小扎最终决定出价200亿美元并购WhatsApp，并让WhatsApp的一位创始人进入脸书董事会的时候，斯特罗姆还是遭遇了严酷的心灵拷问。WhatsApp的团队并不比两年前的Instagram大多少，估值却高了20倍。从好的方面说，斯特罗姆不用再去证明脸书花10亿美元并购Instagram这样的创业公司是否是正确的决策；从坏的方面说，他开始质疑，自己是不是卖早了。

"国中之国"难长久

除了互补性和双赢的驱动之外，确保Instagram在脸书帝国中"国中之国"的地位，也有很实际的原因：Instagram与脸书有明显的文化冲突。

---

① WhatApp：指"瓦次艾普"，一个免费、简单、安全以及可靠的通信应用程序。

Instagram强调极简的设计文化。斯特罗姆对产品有明确的要求,需要有设计感、倾听用户的声音、注重用户体验,希望通过人与人的互动,而不是机器的筛选和推荐来增加用户体验的亲密度。Instagram从推出伊始就强调社群,构建了一套自己的图片筛选和编辑推广文化,在年轻人心目中建立了非常好的口碑。

与Instagram强调艺术气质截然不同,脸书重视实用性,认为科技是用来解决复杂问题的,执着于搜集与分析数据。因此脸书的发展模式,是完全冷冰冰的数据驱动,搜集用户在平台上的行为信息,想办法鼓励用户在平台上花更多的时间,也留下更多"数字尾气"。脸书的内部考核机制鼓励产品经理做各种小实验和小微调来吸引用户的眼球,通过了解用户,然后向用户推荐喜欢的内容,增加用户黏性,同时也能更精准地帮广告商找到目标人群去投放广告。

脸书打扰客户的一系列做法,各式各样的推送与提醒,虽然提升了用户使用APP的频次,却降低了用户体验,这些都是Instagram试图去避免的情况。

从一开始,Instagram希望打造一个让每个人都愿意也能分享自己生活瞬间的社交媒体,它不允许被转发,这样也就使它不会像脸书和Twitter[①]那样,成为病毒式传播的平台。

---

① Twitter:指"推特",一家美国社交网络及微博客服务公司,致力于服务公众对话。——编者注

并购完成初期，小扎对 Instagram 充满耐心。部分原因是 Instagram 太小（收购 Instagram 当天，脸书庆祝自己拥有了 10 亿用户，Instagram 要达到这一水平需要再等 6 年），而小扎对社交媒体平台的发展有自己的判断：社交媒体平台早期最重要的考核目标是快速积累使用人数，等到用户达到一定规模之后，再植入广告的商业模式就水到渠成。并购后第一年斯特罗姆构想出一些商业模式，小扎的反馈是："先别急"，先扎扎实实地快速成长，用户积累到一定规模再做广告也不迟。

一方面，Instagram 保持一定的品牌独立性也有它的益处。随着脸书的扩张，越来越多的用户对脸书充满了不信任感，品牌的相对隔离，反而可以确保 Instagram 不会被殃及池鱼。

另一方面，至少在斯特罗姆看来，这让脸书可以对社交媒体的未来发展双头下注，虽然 Instagram 的用户还没有脸书的多，但是已经超越了另外两个竞品 SnapChat[①] 和 Twitter，在年轻人中的追捧度更高。

到了 2018 年，随着 Instagram 突破 10 亿用户大关，小扎对 Instagram 的态度发生了明显的变化。

---

① SnapChat：指"色拉布"。一款"阅后即焚"照片分享应用。利用该应用程序，用户可以拍照、录制视频、添加文字和图画。该应用最主要的功能便是所有照片都有 1—10 秒的生命期，然后可自动销毁。

一方面,斯特罗姆明显感觉到小扎对 Instagram 可能超越脸书 APP 有着强烈的不安全感。尽管按道理说他是两款应用的最终老板,谁发展更快他都是最终的受益者,但世人都看出了小扎对脸书 APP 的偏爱。有人戏言:脸书 APP 就好像是大姐姐,很花心思去打扮 Instagram 这个小妹妹,但有一个前提,一起参加舞会的时候,妹妹一定不能抢了姐姐的风头。

另一方面,小札觉得脸书给了 Instagram 自由发展的燃料,现在到实施一个大脸书战略的时候了。

最先出现冲突的是用户体验的质感。斯特罗姆并不反对在 Instagram 上加广告,他只是希望不要过度做广告,侵害用户体验。小扎却似乎有意增加 Instagram 上的广告,以减少在脸书 APP 上的广告,增加脸书 APP 的吸引力;同时美其名曰,过去是脸书帮助 Instagram 壮大,现在到了 Instagram 反哺脸书的时候了。

斯特罗姆希望,将来某一天 Instagram 能发展成为脸书帝国中的大哥。小扎却绝不可能容忍 Instagram 超过脸书 APP。他开始调整策略,扭转 Instagram 可能挑战脸书 APP 地位的趋势,确保 Instagram 最多也只能是帝国中环绕着脸书 APP 最大的卫星。

复盘脸书并购 Instagram 的对与错

经过在脸书内部构建"国中之国"的 6 年，Instagram 经历了蝶变的过程，从一个愿意分享精彩瞬间的图片爱好者社群，变成了一个全球拥有超过 10 亿用户、重新塑造视觉广告、打造体验经济，也影响年轻人的"唯美"社交生活的全球社交媒体。当然，令人扼腕的是，Instagram 获得巨大成功之日，也是斯特罗姆黯然谢幕之时。

如何评价这起并购？

从商业角度来说，脸书对 Instagram 的并购获得了巨大的成功，Instagram 为脸书帝国一年贡献了 200 亿美元的收入，占其年营收的四分之一。

从竞争格局来看，Instagram 帮脸书帝国形成全球最大的社交媒体平台矩阵，覆盖接近 30 亿用户。不过，如果就此断言脸书已经在欧美社交媒体市场获得垄断地位，还言之过早。至少 TikTok[①]在欧美的勃兴，已经对脸书构成了严峻挑战。

这恰恰是社交媒体的特征：每一代年轻人都试图找到自己的分享平台，而不愿意与上一代人共享"过气"了的

---

① TikTok：指"提拓哥"，字节跳动旗下短视频社交平台，于 2017 年 5 月上线，愿景是"激发创造，带来愉悦"。

社交媒体。流行与新潮总会赋予一些全新平台以爆炸式增长的机会，而资本和新技术提供的增长弹药，即使是富可敌国的脸书，也无法垄断。

小扎对担心被颠覆的偏执不无道理，因为竞争随时随地会展开，在很多时候，脸书的"糖衣炮弹"或者抄袭策略并不都能奏效。

阅后即焚的图片和短视频分享平台 SnapChat 带来的竞争就是很好的例子。2016 年，小扎看到被年轻人拥趸的 SnapChat 爆火，开出 30 亿美元收购被拒绝之后，随机推出了抄袭 SnapChat 功能的 APP。这款 APP 推出之后，因为有脸书的背书，第一天就冲上了苹果新品榜单前三名。可是，好景不长，其排名很快下滑，甚至反过来成了 SnapChat 的另类广告，因为很多原本并不知道 SnapChat 的年轻人，通过吐槽脸书的产品，反而增加了 SnapChat 的知名度。

在硅谷，抄袭无处不在。一个新产品是否能真正成为爆款，并不取决于谁是第一个吃螃蟹的人，而是取决于产品和服务以及与用户群的互动，是否恰到好处，能真正解决用户的痛点，又能被用户追捧。

脸书的文化基因是技术万能主义加实用主义，脸书 APP 上的各种功能都是各路产品经理为了增加用户使用频次而七拼八凑相互竞争的产物，这也是为什么脸书内部文化山寨出来的产品常常见光死的原因，因为"形似神不似"。

恰恰因为文化基因的不同，衡量 Instagram 并购是否成功，更应该看重的是，Instagram 的那种注重设计和体验的文化基因是否被传承下来，还是 Instagram 已经完全被脸书所整合，也被锻造成了一台由算法驱动的印钞机器？

Instagram 在脸书内部的成长，的确有被潜移默化而转变的历程。一开始它所强调的是真和美，让素人也能在平台上分享美丽时刻。但是，渐渐地，平台开始远离初心，发展成一个大的百货商店，成了名人带货的场域，也成了素人希冀一炮而红的名利场。脸书算法的引入，更让 Instagram 上的粉丝经济变成了和其他社交媒体一样的"猫和老鼠"的吸粉游戏。

也许这并不是文化基因的改变，而是一个平台达到一定规模之后利用大数据和算法商业化的必然。如此一来，脸书对 Instagram 的整合越彻底，给新兴平台颠覆的机会就越大。

那么，数字时代反垄断的核心问题到底应该是什么？

历史无法重来。与其重新探讨 2012 年 FCC 通过脸书并购 Instagram 是否明智，监管者真正需要关注的是，大平台是否有能力阻碍新生力量利用"网络效应"实现爆炸式增长。从 Instagram 的发展案例中，我们不难看出，它之所以在早期有如此强大的生命力，与借助脸书和 Twitter 快速获得大量用户，突破"网络效应"的临界点，有着莫大关系。当然脸书网站在 PC 时代的勃兴，也是通过授权进入用户邮箱的通信录，通过大量群发邮件取得的。

所以，数字时代的监管逻辑，应该是去审视平台是否已经强大到能垄断"网络效应"。禁止平台竖起各自领地的围墙，促使平台做到数据开放和用户开放，鼓励平台之间的互联互通，把反垄断的大棒变成促分享的胡萝卜，这是一条思路。

斯特罗姆也许会问，10亿美元出售创业公司，然后在脸书继续工作6年，到底值不值？下面这句话能更好地化解他的困惑："不愿意冒险的人总是会为愿意冒险的人打工。"斯特罗姆与小扎最大的区别，应该是风险偏好的不同，这或许也是艺术气质与实用主义的分野。

五、《硅谷》的落幕

即使到《硅谷》第六季的倒数第三集,你还会为硅谷充满奇迹而兴奋不已。拯救"魔笛手"的投资人鲁斯的全息身影,从仿佛"火人节"的沙漠派对上大到宛如阿拉丁神灯中冒出的巨人精灵,让飞越上空的 AT&T[①] 的经理人也大为吃惊,最终决定采用"魔笛手"的网络压缩技术,构建下一代移动互联网。一切似乎是走向完美结局。

然而,《硅谷》的主创肯定不会让这个火爆的剧集以通俗的大结局方式告终。或许《硅谷》的剧情设计就是为了给真实的硅谷注入一股"拜金"之外的理想,而为了实践这样的理想,会有一群人在虚拟的世界中与亿万金钱毅然分手。

现实中的硅谷的确问题重重。在第六季里,《硅谷》的主角,"魔笛手"的创始人理查德在国会接受质询的那番针对硅谷病灶慷慨激昂的陈词——无论是隐私保护荡然无存,还是"不做恶"的誓言被高高挂起——都让人想起脸书 CEO 小扎在 2020 年上半年接受国会质询时的闪烁其词。

---

① AT&T:美国电话电报公司,是一家美国电信公司,成立于 1877 年。

潜流 激荡、变局与趋势

在反映与反讽硅谷的现实上，《硅谷》的主创人员显然是紧跟时代的。

第六季里，这样的反讽还有很多处。之所以还给衰败了的 Hooli① 的老板加文留下不少戏份，一方面是因为 Hooli 本身就是对谷歌的隐射，尤其是对谷歌作为 IT 平台"赢家通吃"的批评；另一方面是借加文之口对另一个 IT 巨头亚马逊一次又一次"吐槽"。在《硅谷》主创的眼里，富可敌国的 IT 巨头是硅谷创投生态最大的影响者，创始人的个人喜好和偏见某种程度上左右了产业的发展，让硅谷距离互联网早期的去中心化和共享的理想越来越远。

接着被吐槽的是各路投资人。自嗨到极点的鲁斯不惜豪掷万金组织自己的"火人节"，宾客买个热狗都需要用他发行的虚拟货币支付（显然是在吐槽脸书的 Libra），而他自己则纠结于外表和服装，浑然不觉自己暴发户的铜臭味。几季之前，还是这个鲁斯一定要拥有一辆鸥翼门的跑车，因为这是身家够跻身 10 亿美元富翁（Billionaire）者的标配。鲁斯是深陷在金钱陷阱中迷失自我的代表。

另一位投资人劳丽在第六季成为"魔笛手"的竞争对手。在知道技不如人之后，她考虑的是如何把烫手的山芋丢给合作伙伴，以及自己收回投资成本之后还能有多少盈

---

① Hooli：一款专为中国赴国外留学的学生租房用的 APP。用户可通过 Hooli 选择自己想要去留学的国家和城市，对应找到自己留学的学校进而查看房源等信息。

余。这个劳丽自始至终以不苟言笑的面目出现,几季之前怀孕挺着大肚子忙得不可开交,还不忘向硅谷的另一位女性高管——雅虎的前 CEO 玛丽莎·梅耶尔致敬。不过,玛丽莎没能让雅虎凤凰涅槃,而她本人在她之前服务的谷歌的员工眼中也是一个搞办公室政治的高手。

《硅谷》六季贯穿了对硅谷创业文化和投身硅谷各色人等的勾勒。

在技术创业男主角理查德看来,硅谷是希望之地——年轻、新潮、非正统。创业者凭借自己的想法和热忱赢得投资人的投资,聚合更多的年轻人开创事业,不走传统的职业发展道路,甘冒巨大的风险,最终的成就以亿万的估值来衡量。但理查德并没有像很多硅谷大亨那样顺风顺水,而是一次又一次"踩坑",这一过程恐怕也是想要呈现硅谷文化、生态和价值观的"虚伪"。

《硅谷》甚至有一种对硅谷反乌托邦式的观察:硅谷代表了新一代的"掘金潮"。钱多,才会造就全新的商业模式:追求快速增长,根本不需要考虑盈利问题。只要能讲好成长故事并且不断高速成长,就会有人继续投资,哪怕骨子里这种成长是一种庞氏骗局,是持续的烧钱游戏,因为只要长久持续地成长,最初的投资人和创始人就能大举套现,成为镀金时代的新贵。可以说,掘金的贪婪是硅谷的巨大驱动力,而理查德与这种贪婪不断地斗争,也是他总也到不了彼岸的原因。

反乌托邦的另一半则是包装，把高科技公司包装成非常酷、对员工非常友好、能吸引足够多的年轻人的公司，而且有免费的咖啡和啤酒、免费的午餐和下午茶、每月都会来公司上门服务的按摩师……这是"魔笛手"在成长过程中遇到的各路竞争对手的戏路，甚至"魔笛手"自己在离开"孵化器"，经历了一轮又一轮投资壮大之后，也不能免俗。

受到批评的是《硅谷》对早期硅谷的致敬方式。它试图去讲述一个道理——并不是酷的公司就是高科技公司，而高科技公司也并不需要酷。理查德从不是一个酷的创始人，他只是一个有追求的码农而已，经历了六季的洗礼，他仍然不是一个在台上富有感染力且能讲好故事的人。让总是无法成功的理查德做主角，也是对2000年之前的硅谷创业者的一种缅怀。

2000年之后的互联网浪潮与之前的互联网泡沫不同。

之前硅谷的创业者以极客为主，强调书呆子气，而这种书呆子创业的经典案例，最早源自惠普，接着被微软和苹果承袭。在硅谷的这一波创业浪潮中，弄潮儿已经不再是技术男，而是那些本应该在华尔街做交易的希望挣快钱的人。被硅谷所追捧的也不再是真正的创业者、管理者、发明者，而是能讲故事的明星和慧眼识珠的投资人。如果把理查德和现实中硅谷的两个创业明星WeWork的纽曼和优步的创始人卡兰尼克放在一起对照，会发现他们明显不是一个世代的，也根本不是一路人。或许这也是比尔·盖茨会选择在《硅谷》第六季的最后一集亮相的原因所在：理查德演绎的硅谷创业是他所珍视的技术男的奋斗，而这种奋斗在当今的硅谷显然已经少了很多机会。

《硅谷》也在讲述另一个道理：金钱并不是万能的，执着是钱买不来的。大量资金催生"独角兽"文化，勾引出太多人的贪婪之心。在人们为了挣快钱而趋之若鹜的大环境下，理查德和他的创业者无疑是异类。他们一而再再而三地拒绝摆在眼前的财富，这些财富从几季前的1 000万美元，涨到了第六季的10亿美元。一方面，这当然是硅谷"钱潮"涌动的缩影；另一方面，这也凸显出在金钱诱惑面前坚持自己的原则和目标多么不容易。拱手交出自己的技术、换来亿万财富的同时，你是否会在意这样的技术被用于"偷窥"消费者的隐私，或者传播"假新闻"？

当然，最后一季的《硅谷》之所以真实，还因为它点出了移动互联网未来发展的两大问题：隐私和人工智能。2019年可谓是互联网隐私问题大爆发的一年。美国加州在2020年1月1日开始实施的《加州消费者隐私法案》（CCPA），与两年前欧洲保护数字隐私的《通用数据保护条例》（GDPR）类似，应该是美国第一次针对数字隐私的立法，也预示着美国在数字监管上的转向，即不再完全相信IT巨头平台的自我监管。对人工智能的担忧则具体表现在"黑匣子"问题上。"魔笛手"应用的人工智能聊天机器人可以以假乱真、可以编程,还能破解密码,只是当工程师意识到对它越来越难以控制,也无法理解人工智能如何去思考时,唯一可行的做法只能是彻底关机。这当然是对人工智能的黑色隐喻。

《硅谷》选择在2019年的第六季戛然而止,也正好为这一轮高科技企业发展的浪潮画上一个句号。第一季《硅谷》在2014年播出的时候,恰好是人工智能粉墨登场,全球IT巨头在资本市场上高歌猛进的时代;而到了第六季的2019年,硅谷已经发生了巨大的变化。

首先,越来越多的"独角兽"被质疑,无论是WeWork的首次公开募股(IPO)滑铁卢和创始人诺依曼被放逐,还是优步的股价大跌,都动摇了硅谷创业的根基,也暴露了硅谷金钱横流的腐蚀性。豪掷万金追求增长的时代即将完结,投资人运用自己的关系网打捞和打造一个个"独角兽"的造富神话也将一一终结。

其次,硅谷比任何时候都孤立。硅谷被人戏称为香蕉共和国(Banana Republic),亦即贫富悬殊巨大的地方,一边是一小撮富可敌国的精英,另一边则是庞大的底层劳动者,中间存在巨大的隔阂。过去10年,硅谷所在的旧金山贫富差距进一步拉大。各大IT公司吸引了大量精英炒高了房价,而因为土地建设分区管制(zoning,比如硅谷的很多地方只能建独立屋和联排屋，而不能建高层公寓住宅）的僵化和邻避现象的高涨，住房供给远跟不上需求的增长，导致"无家可归"的人数翻了几倍。不仅旧金山城区露宿街头的流浪汉增加，更多无家可归者其实是支付不起高额房租的普通人，包括大公司的清洁人员和餐厅服务员。硅谷的一些停车场不得不开放夜间停车位，让那些住得太远的普通人可以在自己的车里过夜。在硅谷，无论是教师还是消防员，每天单程通勤超过两小时的情况司空见惯。

第三，硅谷所呈现的科技理想主义在现实面前日益瓦解。早期硅谷的应用创新的确带来了更多的联结和更高的效率。但是，随着移动互联网红利的透支，其负面效应反而变得日益明显，无论是信息的碎片化、认知的圈层化，还是个体的原子化，都是全社会需要解决的大问题。以硅谷的财力和智慧，竟然解决不了住房短缺和无家可归者的问题，恰恰应验了"一屋不扫，何以扫天下"的古语。

当今的硅谷不再是一个创业者有想法就能在车库里倒腾出产品的黄金时代了，因为车库本身已经斗方万金，容不下有想法的穷孩子。

六、硅谷的"青春狂躁"

这个春天，3部以创业公司为蓝本的美剧扎堆上市。苹果TV+上线的《初创玩家》最为惹眼，讲述WeWork创始人纽曼的故事，而纽曼的太太，安妮·海瑟薇饰演的丽贝卡更是戏份十足；与HBO[①]齐名的Showtime[②]推出《超蓬勃》，记录了卡兰尼克创建优步的起起落落；流媒体平台Hulu[③]不甘示弱——《辍学生》把被誉为女"乔布斯"的伊丽莎白·福尔摩斯搬上银幕，剧集上映时间距离福尔摩斯被判欺诈投资人4项罪名成立不到两个月。

优步、WeWork和福尔摩斯创建的滴血检测公司Theranos[④]都是21世纪"一〇年代"美国最知名的"独角兽"公司。三家公司有不少共同点：都以"颠覆者"的面目示人，优步替代出租车、WeWork挑战传统办公室、Theranos变

---

① HBO：一般指HBO电视网，英文全称Home Box Office，总部位于美国纽约，是有线电视网络媒体公司。——编者注
② Showtime：指"作秀时间"，娱乐时间电视网，是美国一家付费有线电视网，中文译作娱乐时间电视网。——编者注
③ Hulu：指"葫芦"，美国的一个视频网站。——编者注
④ Theranos：一家血液检测公司。由治疗（therapy）和诊断（diagnosis）组成。暂无中译名。——编者注

革医疗检测行业；都是年轻人创业的典范；3 位创始人全是非常会讲故事的"秀客"。当然，毋庸讳言，它们都一度成为资本和大众媒体的宠儿，代表了"一〇年代"硅谷创业所鼓吹的一系列大趋势：互联网改变世界、共享经济改变工作、原本默默无闻的产业（比如诊疗行业）被颠覆后一夜爆火。

类似 100 多年前美国强盗大亨盛极一时的"镀金时代"，"一〇年代"又被称为"新镀金时代"，造富更快，炫富也更浮夸，而这 3 家公司的创业者也恰恰是"新镀金时代"浮躁与浮夸的典范。

如果说乔布斯和盖茨代表了 20 世纪 70 年代末极客创业者的特立独行，Meta[①]、Alphabet[②] 和亚马逊代表了 20 世纪最初 10 年互联网平台化的趋势；那么这 3 家企业则代表了"新镀金时代"资本揠苗助长式加速互联网泡沫化的包装式创新。画虎不成反类犬，尤其是 3 家公司都以某种"内爆"的形式遭遇挫折，3 位创始人都被扫地出门，而 Theranos 更是破产清盘，投资者的 9 亿美元血本无归，坐实了外界对硅谷创业"烧钱资本主义"的抨击。

---

① Meta：指"马塔"。由美国媒体平台 Facebook 部分品牌更名而来。Meta 是一个全新的、功能更多元的互联网社交媒体形式，即借助 VR 和 AR 技术及设备，吸引更多用户在这个 3D 的虚拟世界中，建立一种类似现实生活中一样可以进行的人机互动。——编者注
② Alphabet：谷歌重组后的"伞形公司"名字。——编者注

潜流 | 激荡、变局与趋势

有趣的是，这3部美剧又是"烧钱资本主义"带来的副产品。"独角兽"的创业者翻拍"从乞丐到富翁"的故事，速度更快，变化更剧烈，年轻人点石成金，一夜暴富，乘坐直升机成为亿万富翁，不断挑战人性；投资人鼓励创业者大手大脚花钱，青春躁动与金钱腐蚀制造出另一种纸醉金迷、挥霍无度的豪奢生活，满足观众的偷窥欲；为了保持控制权，创始人和投资人明争暗斗——堪比热映的法庭剧……当然还有堕落和毁灭的故事，这是彰显复杂人性的永恒主题，配上硅谷的青春狂躁，仿佛新时代的"伤仲永"，"眼见他起高楼……眼见他楼塌了"。

纽曼、卡兰尼克和福尔摩斯无法像乔布斯、贝佐斯和扎克伯格（小扎还年轻，也可能会出演堕落的剧情，谁知道呢）那样进入供奉硅谷成功者的万神殿，但这并不妨碍他们经由好莱坞的演绎成为家喻户晓的反面英雄。而且纽曼和卡兰尼克仍然跻身于亿万富翁之列，说不定还会出演"帝国反击战"，让好莱坞拍续集也未可知。

不要浪费任何一场危机！"新镀金时代"硅谷的烧钱游戏，整体而言是一种青春期的躁动：没有家长足够的呵护，却可以一掷千金的年轻人，在激增的金钱面前迅速腐化堕落，而在资本驱动下快速增长的压力，加速了人性的扭曲，让自我毁灭无法避免。

| 金钱的腐蚀

在福尔摩斯最终毁灭的过程中,福尔摩斯本人是缺席的。

《华尔街日报》的记者和主编与 Theranos 天价律师团的交锋是《辍学生》中很出彩的片段。记者一再希望揭露 Theranos 造假的报道早点刊发,主编却劝他要有耐心,不厌其烦地讲述了一个西西里渔夫的故事:在西西里,渔夫们会站在海里一动不动几个小时,等鱼习惯了他们的存在,不再感到威胁,聚拢起来的时候,再突然一起行动,舞动鱼叉,几分钟就收获颇丰。以静制动,是《华尔街日报》对抗已经被律师"武装到牙齿"的 Theranos 的方式——等待它自我毁灭。

《华尔街日报》有一个"无意外"(No Surprise)的政策:在报道任何公司的问题的时候,总会把自己知道的信息事先向被报道的公司求证,给他们回应的机会。募资超过 9 亿美元(包括《华尔街日报》老板默多克刚刚投入的 1 亿美元的 Theranos),弹药充足,聘请了强大的律师团队,带队的是曾经担任戈尔与小布什总统计票案诉讼的大律师。想不到,这场"大卫与歌利亚的战斗"仅仅持续了几个小时就偃旗息鼓,福尔摩斯撒的谎太多,破绽因此也太多,再精明的律师都很难全部圆回来,而《华尔街日报》只需要找到一个疏漏就一击全中。言多必失的律师团很快就给了记者报道Theranos造假并非空穴来风的证据。正是这篇报道把福尔摩斯拉下了神坛。

相比之下，卡兰尼克的自我毁灭完全是狂妄的作茧自缚。而纽曼的失败则一方面与妻子丽贝卡利欲熏心分不开，另一方面在于在孙正义的怂恿下盲目扩张，最终不可收拾。

当这些剧目在银幕上重现的时候，观众的直观感受是金钱的腐蚀力和烧钱的纸醉金迷。纽曼他们与前一代创业者最大的区别，就是他们的钱来得太容易、太快，也太多了。他们是投资人揠苗助长的结果，投资人渴望找到下一个谷歌，在唯恐踏空（FOMO）的心态下对那些把变革和颠覆挂在嘴上的秀客创始人趋之若鹜。

大二就辍学的福尔摩斯，其实没有机会像其他年轻人那样成长。她得到了金钱却需要放弃很多东西，比如文化修养、娱乐，甚至爱情。福尔摩斯陷入与大他十几岁印度裔美国人桑尼（Sunny）的恋情，把他安插进公司成为COO，却不公开俩人的恋情，突显了这种"早熟而不成熟"的扭曲。

他们也是一美遮百丑的典型。3人最大的优势是有想象力，执着于颠覆自己选定的赛道，而且他们都是天生的"秀客"——演讲讲得天花乱坠、脑洞大开、欲擒故纵，能够穿透别人心理，所以能得到资金的追捧。

他们都青春狂躁、早熟而不成熟。福尔摩斯在表演中迷失了自己。很多人选择在她澈蓝的大眼睛的凝视中相信她"救苦救难"的苦心，她却滥用普通人的善意，以一个又一个谎言来掩盖公司迟迟无法完成的滴血检测的技术突破。纽曼和卡兰尼克则把"硬干"（Hustle）挂在嘴上，疯狂工作、疯狂娱乐、打破规则、无视禁忌，企业在一路狂飙的过程中，也形成了负面文化。

他们都是包装大师，在无尽的金钱和迅速增长的压力下，包装自己的工作，希望速成，希望抄近路，放纵，或者特别纵容某种恶的发生。在这一过程中，他们的投资人扮演了纵容者的角色，希望找到"下一个重大创新"（NBT, the Next Big Thing），一起创建了"独角兽"的迷思，而最终却难以抵御金钱的腐蚀。

3部剧也从正面展示了硅谷文化与女权的对决。

福尔摩斯作为女权的代表，却滥用女权，滥用硅谷对一位女性创业者成功的期待，滥用政治正确带来的盲点，最终造假事发，反而让女性在硅谷更加举步维艰。WeWork这个对外倡导全新工作文化的企业，骨子里却是纽曼夫妇"任人唯亲"的夫妻店；有野心的丽贝卡非但不能帮被性骚扰的女性员工发声，反而表现出了一种刻板的女性形象——妒忌而偏执；优步的文化是最成问题的，完全将女性物化，完全忽略对女性的歧视和骚扰，鼓励"打倒一切"的态度，只看成绩,放任大多数男性管理者为所欲为。

这种被迅速放大的恶与硅谷所鼓吹的伟大形成巨大的反差。

|"淘金者"的纵容

2008年金融危机之后,类似Benchmark Capital①的风险投资和私募股权投资(PE)的投资基金开启了全新的硅谷"掘金潮",而这一掘金潮的背景是金融危机之后美联储量化宽松造成的市场上资金汹涌,长期的低利率也让各路资本为了追求高收益而选择VC和PE。

VC行业本身也在发生变化。他们塑造了硅谷和硅谷的两代创业者,已经积累了一些成功的法则。一方面,不遗余力地去挖掘成功创业的年轻人,制造从乔布斯到扎克伯格这样辍学创业的神话;另一方面,他们也很清楚年轻创业者的短板,习惯通过空降成熟高管来弥补年轻创始人的不足。施密特作为谷歌两位创始人的亲密伙伴,为推动谷歌的成长和成熟功不可没;比小扎大10岁的桑德伯格长期担任脸书的COO,也把小扎的创意与脸书的运营很好地结合起来。

---

① Benchmark Capital:美国旧金山的老牌风投,中文可译成标杆资本。

但进入"新镀金时代",汹涌的资金大潮,期待更快获得更大的收益,更多新资本的投入加剧 FOMO 情绪的发酵,这些都逐渐改变了投资人与创业者之间的关系。如果说之前的投资人像呵护备至的家长,支持创业者成长,为他们提供帮助,必要时也会及时警告和教训,现在他们更像是纵容的父母,只看成绩(增长和赚钱效应),不问其他。

VC 缺乏在董事会层面对创业公司的管理,尤其是那些聚集了大规模镁光灯的明星创业公司。WeWork 与优步是两个明显的例子,创始人可以"为所欲为"(这也是年轻人拥有了大量财富和支配权之后,很正常的表现),而只要能上市退出,赚取 100 倍以上的收益,VC 对创始人的缺点会选择性失明。

此外,资本投入的激增,也加速了资金的腐蚀力。通常 VC 投资以百万美元到千万美元计算,创业公司的成长资金主要依赖上市融资,上市也给了 VC 便捷的退出机制。"独角兽"的出现改写了之前的游戏规则。PE 的数量级一升再升,优步和 WeWork 都拿到了孙正义的软银超过 40 亿美元的投资,这可谓天文数字。上市的时间一推再推,缺乏公开市场对企业管理者的监督,"独角兽"公司里创业者一手遮天,治理也就岌岌可危。

资本成为决定市场竞争格局的"造王者",成为创业企业最终的"护城河",而这创造了烧钱资本主义的网络效应:

融资越多，烧钱越多，增长越快，就能募集更多的资金，烧更多的钱，碾压更多的竞争对手，最终在赛道中形成自己的支配地位（至少理论上如此）。

优步和 WeWork 都是烧钱资本主义的网络效应推动发展的例子，也是 VC"造神运动"的代表。只要你被选中，而且不断被投资人"输血"，你就很可能创造出"自我实现的预言"（Self-fulfilling Prophecy）。

资本因此与创始人的利益捆绑在一起，积极参与创始人的造神神话，直到创始人成了他们盈利的绊脚石。然后，他们通过"宫廷政变"和诉讼调查的方式，成为"国王杀手"。成也萧何，败也萧何。但无论"宫斗"还是诉讼，都提供了跌宕起伏所必需的"狗血剧情"。

| "记录泡沫的泡沫"

华尔街"触电"在好莱坞由来已久。《门口的野蛮人》是 PE 的登场首秀，展示出主导的并购力量之蛮横，也令人慨叹资本主义游戏规则的更新动能。《大空头》是 2008 年金融危机的写照，总有聪明人能找到做空美国房地产市场衍生交易品的门道，在"血流遍地"的华尔街独自赚钱。《亿万》则是对冲基金的发展侧记，在追寻"难以企及的优势"（Black Edge）的过程中不断挑战监管的底线。类似描写华尔街的电影还有小李子①出演的《华尔街之狼》。

到了20世纪的第二个10年,创新的重心已经从华尔街转向了硅谷,好莱坞的商业剧也找到了新宠。《乔布斯》和《社交网络》定格了硅谷创业者的码农形象,《硅谷》则是对硅谷的戏谑怒骂。

上文提及的3部美剧,应该说开启了一种媒体融合的时代。戏里戏外,都体现了一种全新的融合:资本催生的硅谷泡沫,本身又成为制造硅谷泡沫的素材。

财经记者记述硅谷创业公司的书在过去几年大卖。3部剧脱胎于3本书:讲述Theranos的《坏血》、记录优步的《热血野心》,以及追踪WeWork的《亿万输家》。描写商业内幕的书籍又催生了播客的火爆,好莱坞开始考虑将播客搬上银屏,名记者则积极参与剧本的写作,这些都是网飞开启的流媒体爆炸所带来的,也让被爆料的内容有了更多的市场。有意思的是,流媒体行业已经从网飞一家独大变成了巨大的泡沫,不止网飞、亚马逊和苹果在竞争,所有传统媒体都创建了自己的流媒体平台。

财经记者原本就是这个时代的记录者,福尔摩斯、纽曼和卡兰尼克都曾经是财经杂志封面光鲜照人的常客,而他们讲述的故事,无论是滴血检测的革命性,或者WeWork

---

① 指演员莱昂纳多·迪卡普里奥。——编者注

对职场的改变（包括他们为像摩根大通和亚马逊这样的大企业提供整栋楼包租服务的转型），或者优步从自动驾驶到送餐的每一步创新，都被财经媒体记录和讨论。

同样，那些花了很多时间揭露创业公司黑幕的记者，也是整个资本主义生态的一部分，他们的监督让生态变得更加健康。媒体融合开启了全新的变化，调查记者花上1年甚至更长时间挖出丑闻，在一个崇尚创新和融合的时代，这又可以"一鸭几吃"：报道新闻、出畅销书、录播客、拍电影和电视剧。原本，调查记者只扮演净化生态的崇高角色，但在全新的商机面前，他们也可能成为新的明星，在流媒体的火爆面前，他们也希望能跻身富翁和名流之列。毕竟，在资本主义中，谁会对金钱说"不"呢？

最擅长讲非虚构故事的《纽约客》已经专门设置了改编剧本的部门，以在剧本中加入新的淘金潮，并协助杂志及自有记者在与好莱坞和硅谷流媒体平台的博弈中争取更多收益。

十几年前，好莱坞不愿意改编商业故事，怕没有剧情波折，怕老百姓看不懂商业的故事；也担心剧情早已揭晓，观众没有兴趣看到最后。现在不同了，流媒体推波助澜，创业成功与失败的故事都折射出人性的灰度。而刺激的金钱游戏，无论是复制WeWork一掷千金的团队派对，还是记录优步董事会上没有硝烟的"宫斗"，都更容易满足大众的

"窥视欲"。

硅谷创业史一方面深化了匮乏,让普通大众可以见识自己不曾拥有的生活,恰如《亿万输家》书名所提示的,纽曼和卡兰尼克虽然失败了,但仍然是妥妥的亿万富翁,完成了他们的"美国梦";福尔摩斯虽然面临牢狱之灾,但她也算是曾经拥有过辉煌的生活,这些都是普通人可望不可即的。另一方面,这些戏剧也凸显了硅谷独有的奇观,向普通人展示了他们永远没机会经历的历程。

虽然留意财经新闻的观众都知道这些剧的结局,但从创业的冲动到失败的结果之间,仍然有足够多的素材可以营造出引人入胜的故事。在流媒体的战局中,从苹果、Hulu 到 Showtime 这样的二线团队都希望竞争格局中多一些吸引眼球的因素,又有哪些能与"快速实现美国梦"的创业故事相比呢?

有意思的是,当硅谷用一个泡沫来记录另一个泡沫的时候,或许距离泡沫破灭就不远了,因为最初吹起泡沫的量化宽松(QE)已经为美联储的量化紧缩(QT)所取代。

第二章 管理新思维 转型新思考

一、如何学会与不确定性共存？

相信很多人都对"风险",尤其是疫情带来的极端不确定的风险,有了深切的认知。疫情给各行各业带来了压力测试,也带来了诸多意想不到的结果。

二手车行业就是一个很好的例子。疫情最初的6个月,全球备受打击的莫过于与商旅和出行相关的行业,无论是航空公司、酒店还是租车公司,都面临史无前例的压力测试。当业务下降到1%、现金流几乎归零的时候,很少有企业能有充分的预案。全球排名第一的租车公司赫兹很快就申请了破产保护。因为租车公司是二手车行业最主要的供应商,租车公司的去库存和出行的暂停也大幅打压了二手车价。

谁也没有想到,一年之后,二手车行业会率先复苏,而且在美国取得双位数的价格上涨,成为加剧美国通货膨胀的主要因素之一。这恰恰说明经济在后疫情时代会如何复苏,没有人能有准确的判断。整车厂对私人驾车出行需求复苏预判失误,虚拟经济的繁荣——从火爆的电商到在线教育、在线娱乐、在线工作——极大地增加了对云计算等数字基础设施的需求,并进一步转化成对芯片的巨大需求,让整车厂因芯片的短缺而不得不限产、减产,在"与病毒共存"的世界,更多人选择私家车出行,这些都导致二手车市场的意外火爆。

二手车市场的过山车凸显了用"危+机"的视角去评判风险的重要性,这也是米歇尔·渥克新书《灰犀牛2》中解读风险所选择的视角之一。这本新书在全球走出疫情的当下,全方位、多视角地去解读风险,可谓是一本无所不包的风险应对指南。

渥克在新书中创造了一系列与风险相关的新概念,比如每个人的风险指纹以及组织和社会运作不可缺乏的风险同理心。尤为重要的是,她在书中呼吁每个人去正确理解风险:风险是现代化成功的信号,而不是失败的结果,与其片面追求短期的确定性,不如做好准备去拥抱长期的不确定性,学会在不确定性中茁壮成长。

渥克在书中引用社会学家津恩对三大类风险的分析,非常适合我们去理解后疫情时代的三种现象。

第一种风险,是把冒险本身当成一种目的,比如,飙车、蹦极追求肾上腺素飙升的快感，寻求刺激。如果我们回溯100年前的20世纪，在经历了同样一场全球性的疫情——西班牙大流感——之后，冒险精神爆棚。因为亲历了死亡，或者身边有朋友、亲人逝去，许多人对风险有了不同的认知，更加敢于冒险。2021年7月，两个亿万富翁争夺成为探索太空的私人航天第一人，在不到10天的跨度内先后成功乘坐火箭飞向距离地面80千米之外的太空，就是最好的例子。

第二种风险，可以用"可衡量的风险"（Calculated Risk）来描述，即把风险当成达到目的的手段——意识到并研判了面前的风险，认为这些风险值得承担后，积极利用它们来获得更大的社会利益。

与新冠疫情的短期冲击相比，长期而言，没有什么比全人类面临的气候变暖的风险更严峻。联合国2021年8月初发布的最新气候评估报告已经为气候变暖拉响了"红色警报"，如果各国政府、企业和所有老百姓再不改变对化石能源的依赖，气候变暖将不可逆，到2100年，全球可能相对1850年变暖2.5℃甚至3℃，给全球带来巨大灾难。在这一背景下，中国提出的2030年碳达峰、2060年碳中和的目标，致力于减排的气候经济充满发展潜力，恰恰是一种意识到了风险——碳减排可能成本高，可能短期让经济承压，可能面临技术突破的不确定性——却仍然为了追求更大的社会利益而坚持为之努力的表现。

第三种风险，则是把风险作为对某种脆弱性的回应，用一种冒险去摆脱另一种风险。随着美国在阿富汗突然撤军，塔利班于 2021 年 8 月初以摧枯拉朽之势几乎兵不血刃快速占领了喀布尔，许多在美国扶植政权的卵翼下生活了 20 年的阿富汗人，因为害怕塔利班之前（1996—2001）过度禁锢女性的残暴统治，或者担心为前政府或美国服务而被塔利班清算，选择冒险逃亡。这些选择冒险逃亡的阿富汗难民，恰恰是用一种冒险来应对另一种不确定性。

在外部环境充满不确定的时代，是活在当下，还是仍然能打开视野，从公共、全球和长远的视角去看待自身利益，是我们能否与高度不确定性共存的关键，这也非常契合最近一年针对短期主义和长期主义的大讨论。

在不确定性时代，人们会失去信心，缩小视野，变得只专注于"此时此地的我"，关注现在、当下、直接的问题，考虑的是当前状态的短期风险，希望事情尽可能具体和确定。问题是，人们越害怕风险，视野就变得越小，而他们所能感知和影响的世界就变得越小。换句话说，人们不可能仅仅在不断应对风险中获得真正的成长。面对不确定性，我们需要的是"风险能动性"，不仅关注马上、立刻的问题，还要能放眼长远，思考长期的、重要的问题。

相反，在繁荣和自信的时代，人们的视野会变得开阔，思考问题时所考虑的也变成了"永远的、无处不在的我们"。

人们的抽象思考能力增强,社会情绪和信心越高,人们感受到的确定性就越明显。

大多数人都不喜欢不确定性,都希望拥抱确定性。但要从不确定的环境中走出,重回繁荣而自信的时代,需要我们用长期主义的视角去拥抱不确定性。换句话说,如果我们要适应高度不确定的新环境,必须找到繁荣和自信时代的心态,必须培养一种"风险素养"。学会从不确定性中茁壮成长会让人更愿意去冒险,而冒险会让人更加适应不确定性。从公共、全球和长远的视角去看待当下的处境和自身利益,也能让我们更好地去应对当下和未来的风险。

在一个"唯一恒定的是变化"的世界,最大的风险,其实是停滞不前。

二、如何构建高韧性的组织？

社会、企业、组织和个人都需要拥有高韧性，因为我们身处在一个高度不确定且快速变化的世界，而我们面临的问题又越来越复杂，技术的迭代和新问题的层出不穷，让"经验主义"日益失灵，依赖过去的经验或者别人的最佳实践已经无法解决新难题；同样，伴随疫情而来的极端不确定性给社会、组织和个人都做了一次压力测试，在这场大考面前，很少有人能真正预见危机的到来及其导致的巨大灾难。成功走出危机，同样需要高韧性。

《高韧性社会》①，就是在新冠疫情对社会、组织和个人带来巨大冲击之下的一组系统性思考。她所提出的"高韧性"概念，很好地探讨了在潜在的危机和剧变面前，如何做到预测、抵御、适应、恢复乃至进化迭代。简言之，高韧性能帮我们抵御风险，走出危机，应对变化，创新迭代。

高韧性，其实是对过去社会、组织和个人对效率过度强调的一种纠偏。我们面临两种复杂的问题，一种是如何

---

① 作者周园：波士顿咨询公司（BCG）全球资深合伙人。——编者注

借鉴最佳实践，整合资源，提升效率；另一种则是如何集合多元智慧，实验试错，创造性地解决未知难题。新冠疫苗的生产和配送，与新冠疫苗的研发就凸显了两种问题的区别。解决疫苗研发问题，需要创新；解决疫苗的生产和配送则需要提升效率。

新冠疫苗的生产和配送虽然是一道难题，却有正确答案，有最佳实践，可以抄作业。换句话说，它可计划、可管理、可控制、可重复，有规律可循也可以预测。

新冠疫苗的研发，也是一道复杂的难题，却没有正确答案。对于这一全新的挑战，没有哪个研究机构拥有全面完备的信息，科学家都需要在未知领域中去探索，很小的改变就可能带来巨大的变化，很多决定都会带来意想不到的结果。但恰恰因为具备高韧性，一方面，社会上有像 mRNA 这样新技术的长期研发积累；另一方面，则有像美国政府推出的"曲速行动"（Operation Warp Speed）这种史无前例的疫苗投资，因此全球许多国家十几个团队都在短时间内取得了新冠疫苗的突破。

新冠疫情的应对凸显了解决后一种复杂问题的重要性，恰恰这种应对未知问题的能力和创造性解决问题的能力，是高韧性的核心。

高韧性的另一面是抗打击的能力。周园总结为两个词：分散，缓冲。分散的意思是组织由小模块组成，避免出现系统性崩溃；缓冲的意思则是有"备胎"。模块组织体现在功能和财务两个维度：小团队可以快速试错，灵活反应，一旦出现错误也不会危及组织整体；财务上则是我们经常讲的"现金为王"的概念，因为在危机中是否有足够的现金储备常常决定了企业的生死，同样危机也往往是低价并购优质资产的良机。

缓冲的概念还可以进一步阐发。我把它称之为战略冗余。战略冗余在自然界很常见，比如我们每个人都有两个肾脏，虽然拥有一个肾脏完全可以存活。为抵御黑天鹅风险，企业的管理者必须为企业增加"战略冗余"，而这种战略冗余在平时看来可能是一种浪费。

在企业管理中引入战略冗余，也被称为向"以防万一"（Just-in-case）的管理模式转变。制造型企业的一个常用概念，"零库存管理"（Just-in-time, JIT），体现了效率优先的原则。而以防万一的管理，用韧性有限替换了效率优先，强调应变能力和有充分的预案。

除了应变之外，战略冗余还强调在危机中建构的能力。这也是高韧性的体现，因为它体现了前瞻性和应对复杂未知问题的准备。

要对未来的各种可能性做好准备，需要多样性，需要各种尝试，需要跨界的团队，这就凸显了组织变革的重要性。高韧性应对复杂未知问题的创造性与抗打击能力的承受度，本质上都依赖于学习型组织的建设。

什么是学习型组织？

首先，学习型组织是多元的组织，能包容不同的文化，鼓励思想碰撞，提升整体学习和创新能力。在一个学习型组织中，正确的打开方式应该是让每个人都去思考自己不懂的是什么，对现有的许多做法不断去审视，同时保持开放的心态去尝试一些新的方法来挑战既有的做法。保持质疑的精神，不循规蹈矩，多问"如果……为何不……"，敢于否定自己、否定过去的经验，这些都是勇于创新的基础，也是学习型组织拥有高韧性的前提。

其次，学习型组织必须有一个明确坚定的目标，但同时又能允许各种不同的尝试。换句话说，好的学习型组织是自上而下和自下而上的统一。在学习型组织中，组织制定统一目标，提供最简框架，鼓励个体充分创新，鼓励有限框架内的无限自由。周园在书中就举了爵士乐的例子，其最明显的特质是创作的去中心化，简明的框架为乐团的创作指引了方向，在此基础上创作完全可以自由发挥。

第三，学习型组织要成为责任感与安全感的统一。网飞与字节跳动都拥抱"语境而非控制"（Context, not Control）的文化，旨在发动员工自驱力，而自驱力的前提是给每个尝试实验的人以心理安全感，但同时也需要每个人都肩负起责任。只有心理安全感，没有对流程负责，人们往往不会主动突破自己的舒适区；对结果负责，却没有心理安全感，很多人又往往对看到的问题选择视而不见或者并不能畅所欲言。两者对组织的发展都是有害的。

最后，学习型组织需要坚持长期主义，变短视为前瞻。后疫情时代，为所有利益相关方而不仅仅是股东创造价值，坚持可持续发展与环保理念，努力达成碳中和的大目标，这些都将是长期主义的目标。

《高韧性社会》不仅从组织层面强调了学习型组织对提升韧性的帮助，也给每个人提供了一份重要的行动指南。要成为高韧性的个体，成为学习型组织中有效的一员，成为具有前瞻性的领导者，需要保持外部多元视角和终身学习能力。这就需要每个人善于倾听，尤其是倾听与自己背景不同、行业和专业不同、圈层不同人的声音；有开放的心态和好奇心，重视外部视角和危机信号，能捕捉到新威胁和新机遇的微弱信号；善于协作，心理强韧，能迅速应对危机；快速学习、持续不断地学习，不断自我修正；能够不断挑战认知，挑战权威，质疑现状，突破常规；还能在数字化时代构建数字化视野，建立"基于数据"的思考方法。

知易行难，相信经历了此次全球新冠危机，我们每个人都会加快脚下的步伐，塑造自己的"高韧性"！

三、为什么决策需要"降噪"?[①]

在帮决策者理解了偏见的重要性之后,跨界心理学和经济学、2002年获得诺贝尔奖的经济学家卡尼曼又把关注点投到噪声上。选择噪声作为切入点,不仅因为它是仅次于偏见的导致决策偏颇甚至失误的又一主要原因,也因为考虑到在"人+机器"的时代,人工智能与大数据为降低噪声、提升决策清晰度,提供了更多有效的工具。

什么是干扰决策的噪声? 大致可以分为两类。

一类是针对同类型的问题,给出的答案却波动性非常大。保险是常见的例子,如果类似案例在受理过程中估算的保费却有很大的波动,就可能是因为噪声的存在。另一个例子是法庭审案子,类似案件,法官在量刑时给出的判决差别很大,也可能是因为存在噪声。这类问题的出现,一方面,有违公正性,法律面前人人平等,犯类似的错误,惩罚也应该相当;另一方面,则有可能给公司带来巨大的财务和商誉风险,保费应该对未来风险有一个比较科学的评估,如果保

[①] 本文为《噪声》书评。《噪声》是卡尼曼在2012年出版的畅销书《思考,快与慢》之后的又一巨著。——编者注

费忽上忽下，过高的保费显然有压榨客户的嫌疑，过低的保费则可能带来亏损。

另一类则体现在对同一个人或者事物未来的预测上，不同的人的评判有很大的波动性。如何考核一个人的工作？如何评价一个候选人的能力？不同的人对同一位同事、不同的人对同一个候选人给出差别很大的考核或者评价，很大原因是因为噪声的干扰。同样，医生诊断过程中也可能存在噪声。病人被诊断出患重病，通常都会找另一个医生再看一次，如果两个医生给出不同的诊断，至少一位医生是错的。

考核一个人的工作、评价一个候选人的能力，其实是在对未来做预测。员工是否称职甚至值得提拔，候选人是否适合特定岗位，可以为未来发展助力，对这些所做的判断在未来会被检验。同样，诊断的准确度在未来也会被验证。问题是，如果噪声导致最初的判断有偏差甚至失误，可能导致职业发展脱轨、任用非人，甚至病人有性命之虞，那我们该如何应对。

到底什么会导致噪声？

卡尼曼这本书的一个重要的意义就是让我们去审视一些我们经常忽略的问题，即人在做出判断的时候，常常会有很大的自由裁量的空间。

　　自由裁量本身没有好或坏。但是如果不同的人对自由裁量规则的理解和尺度的把握不同，那他们自由裁量的结果之间就可能产生偏差。同样，人在做出判断的时候，也容易被先入为主的观念影响或者被不相干的信息误导，可能受到外部环境的影响，甚至受到心情的左右。一个人在过度劳累的情况下也可能判断失准。大多数人通常不愿意承认类似问题的存在。卡尼曼和他的合作者恰恰在本书中点出了这些问题，而且一再强调，这样的问题貌似琐碎，却可能对决策带来巨大的扰动。

　　既然找到了问题，就得提出解决方案。《噪声》这本书本质上是一本研究如何让决策更科学的书。如何降噪，这本书提出了中肯的建议。

　　书中一大亮点就是提出了"决策卫生"的概念，然后基于此概念给出了一系列非常具体又实用的降噪建议。

　　把复杂的问题分解成几组相对简单的问题，然后再去行使个人判断力，就是很实用的增强"决策卫生"、降低噪声的方法。医院衡量一个新生儿是否健康，在分解问题之前，完全取决于医生的整体判断，这就存在一定的误判率。当儿科医生把衡量新生儿健康的问题分解为5大因素（涵盖心率、体表颜色、反射程度、灵活度和呼吸）时，就把判断健康的问题拆解了。其中一些因素是可以直接用数据来衡量的，比如心率，从而使另一些主观判断也更简单客观。用单项打分加总后的总分数来评价新生儿是否健康，既容易又准确，因为这么做给出了西化的规则，降低了医生的自由裁量权，却仍然依赖医生对具体因素的判断。

另一个比较简单有效的降噪方法是把不同评价人的打分评价加总后平均。当然这么做的前提是要确保多位判断者能够各自独立地形成判断，而不是相互干扰。这对给出明确的决策指引和规则也很重要。面对同样的问题，每个人内心判断的尺度不同，有的人打分很松，另外一些人打分比较紧。因此，明确的指引能有效降低打分的偏差。

体育赛事中体操和跳水项目的打分就贯彻了降噪的原则，把对运动员表现的评价拆解成不同的部分。难度系数、动作连接和完成质量，都有具体的指引，分别让裁判打分，之后再加总，这样就可能尽量减少每个裁判做决策时的噪声。同时在计算运动员总分的时候，通常要去掉一个最高分，去掉一个最低分，然后再平均，这样又把不同裁判打分过程中可能的偏见（偏袒某个运动员）和噪声进一步减少。

大数据和人工智能也能规避人类受情绪影响导致决策波动的问题。许多研究都证明，机器模型比人的判断更准确，而人工智能又优于机器模型，因为人工智能的数据量更大，更能从海量数据中找出相关性。

有些时候保留一点噪声是有益的

在大多数情况下，限制人的自由裁量权，引入流程和机器，甚至用人工智能替代人类做决策，的确能提高决策的科学度。但也有例外。

人类社会永远存在一组矛盾：规则的准确、高效和人情的模糊、变通之间的矛盾。明确的规则会尽可能压缩人的自由裁量权。但是给人变通的空间少了，一方面会让人觉得缺乏人情味，对特定案例没有融通的空间；在另一些场合下，甚至会让人觉得自己就是流水线上的螺丝钉，没有任何创新的空间，压抑人的价值。人情给了人更大的自由裁量空间，也会让人觉得决策是有温度的，是被尊重的，出了问题总能找人去评评理，面对的也不是冷冰冰执行规则的机器人。但在人情的参与下，做出判断可能费事费力，也可能带来不公，甚至引发"走后门"这样的猫腻。

不过，在一些情况下，的确可以保留一定的自由裁量权，让规则变得模糊一点，留下人为判断的空间。

强调标准而不是具体的规则，可以避免使人钻空子。比如在学校强调禁止学生抄袭的原则，但并不明确规定哪些行为属于抄袭行为，由老师来判断具体事件是否涉嫌抄袭，反而更会增加一分震慑力。

归根结底，有无噪声恰恰是混乱与秩序的差别。在一个行止有序的世界里，一切都按部就班，会让人觉得机械乏味；而一个相对混乱的世界，虽然充斥着噪声，却也给了人更大的创造性和试错的空间。

人的洞察力和灵活度是机器所不具备的。在当下这样快速变化、不断迭代的世界里，保持一定的模糊性，在做决策过程中仍然保留人的判断非常重要。毕竟，很多因素仍然无法量化，比如价值观和潮流的变化飞速，如果不依赖人的直觉去判断就很可能"落伍"。

当然，这并不意味着人的判断力不需要训练。恰恰相反，降噪是避免坏的流程、环境和情绪引发的噪声干扰我们的决策的过程，但好的决策力取决于决策者是否有开放的心态，是否能放下执念，是否在新的事实面前勇于否定昨天的自己，是否能吸纳新的信息之后更新自己的认知，是否能终身学习、快速学习。

在剧变的时代，不但能考虑那些与自己的观念有冲突的事实，而且更愿意倾听反对自己的人的观点，和"决策卫生"一样，都有助于我们更好地前瞻未来，拥抱改变。

四、管理大师的天鹅之歌：人生长跑指南[①]

管理大师汉迪（Handy）的《成长第二曲线》是对自己百岁人生的总结，也是一本充满人生智慧的书，饱含了对"Z世代"的谆谆教诲，同时也是为科技高歌猛进的数字时代开出的一剂解药。它提醒后人，千万不要在数字世界中迷失了自我。这本书堪称一本人生长跑指南，只有拉长了时间的跨度，才能真正理解工作、学习和生活的意义。

年轻人习惯把人生看成一场又一场的锦标赛。竞争日益激烈的社会也在不断推销零和游戏的观念，鼓吹为了获胜，可以不择手段。汉迪却认为，人生是一场马拉松，而不是短跑比赛，重在参与和坚持，不应用竞赛的视角去看待人生，也不应用简单的输赢来衡量人生的结果，因为如果这样的话，赢家太少而输家众多。

人生长跑，是一场自己与自己的较量，是一场不断挑战自我的比赛，也是一段可以和很多伙伴一同前行共同体验的

---

① 本文为《成长第二曲线》书评。——编者注

经历，更可能是在不同时期由不同人引领的比赛，就像环法自行车赛一样。被城市化和数字化裹挟的人类，需要从原子化的陌生社会回归群体，重新拥抱社区和社群，才能找到人生的意义和目标。这也是为什么军队里一个班、一个排的战友最亲密，而同一个村子的熟人社会最知根知底。

同样，如果用马拉松的长期视角来看待一个人的职业发展，那么赛制的规划和赛道的转换就变得特别重要，每个人都应慷慨地投资自己，也要学会在人生变得无趣之前及时转换赛道。

汉迪在《成长第二曲线》中将企业的发展轨迹描绘成躺倒的S形，个人的职业发展轨迹也类似于S形：一开始是一段下坡，因为需要投资，需要努力，之后是长长的上坡，这恰恰是出成绩、有成长的阶段。问题是很少有人能在爬坡时望见顶峰，或者确切地知道顶峰在哪里。大多数人都只有后见之明，直到越过顶峰开始走下坡路的时候才发现，原来事业的顶峰已过。

汉迪建议那些希望活出精彩的人在抵达事业顶峰之前就着手筹划新的赛道。筹划的方式多种多样，比如可以多培养一些兴趣爱好，在社群中贡献自己的价值，也可以选择在人生赛道的中点停下来，放慢脚步休整一下，重新审视自己的工作和生活，找寻下一段的方向。

在技术加速迭代让"996"日益流行的时候，恰恰需要厘清工作与生活的区隔,而不是用工作替代生活,需要多花些时间陪家人,有时间去娱乐,也有时间去思考。

汉迪在自己的职业生涯中就走出了3条首尾相连却精彩不同的赛道:一开始在壳牌公司做到高管;然后成为伦敦商学院的创始人之一;半退休之后又以管理大师和作家闻名于世。每次赛道转换都是恰到好处。

谈到学习,汉迪强调尊重每个人的多样性,同时比较早地去践行"知行合一",扭转因为过度注重分数竞争而制造的精英暴力。

在竞争激烈的社会,我们常常会忽略人与人之间的差异,在数字经济时代仍然试图沿用工业时代的单一模子来衡量每个人。古代西哲早就对人的多样化有深刻的洞见。亚里士多德就说过人有3种不同的聪慧,分别是学业上的、技能上的(匠人精神)或者现实生活待人接物中的。每个人的才智其实都是这3种智慧的综合,总会有的多一些,有的少一些,并不是每个人都能在学业上有所成就,现实中的成功也一定不会为学业精英所独揽,往往多种多样。当下教育的最大盲点恰恰忽略了这种多样性,用学业的分数以偏概全,加剧了过度竞争。

未来充满了不确定性,应试教育和分数主义却过度强调刷题,鼓励学生抄作业走捷径,缺乏面对真实世界复杂未知问题的探索与试错。汉迪建议,未来的学习要让孩子们较早就参与到社区和商业中去,让学生组成小组解决现实世界中复杂的问题,并在这种训练过程中学习和锻炼处理未来未知世界难题的方法。

当下的教育还忽略了许多工作中最基本的技能的培养,比如不迟到、团队协作、为自己的决策承担责任等,这些能力需要"言传身教",也需要每个人在实际工作中去体会和感悟。人生长跑,仅仅是学业上的精进远远不够,身体力行的实践与待人处事的历练是人生长跑中同样重要的软实力。

汉迪也花了不少笔墨分享他对婚姻这一对每个人而言都至为重要的主题的理解。

汉迪自称有3段婚姻,但其对象都是同一个女人。之所以有3段婚姻,是因为他在人生的不同阶段,签署了不同的婚姻契约。随着人生的发展,每个人的关注点、工作、生活的重心都会发生变化,在人生的长跑中,当工作和生活发生巨大变化的时候,比如孩子长大离开家了,又比如孙辈出生了,都需要重新修订婚姻的契约,这样才能真正做到地久天长。

能与同一个女人一生长跑是汉迪的幸运。当看到一个又一个首富与结发多年的妻子离婚,有些人因此丧失了对爱情的幻想。汉迪却用事实告诉我们婚姻的真谛:一成不变而白头偕老的婚姻只存在灰姑娘和白雪公主的童话中,如果说变是唯一不变的人生道理,婚姻也是如此,也需要应变。有些人能因为变化而相应地修订婚姻契约，才算真正做到了长相厮守；另一些人因为变化而无法弥合相互的分歧，进而违约，和平分手其实是最好的选择，这也是人生的自由。

虽然崇尚自由，但汉迪仍然给我们勾勒出了什么是理想的婚姻生活。汉迪的妻子总能在关键时刻推动他去做"痛苦"但事后被证明是正确的改变，也能"牺牲"自己来成就他的事业，但这种牺牲并不是那种只付出不求索取的奉献，而是坚守两个人婚姻原则的契约，真正践行了"取和予"的伴侣真谛。

早年，汉迪的妻子牺牲自己的工作成就丈夫、培养孩子，但是她并没有放弃对摄影的爱好。等孩子们都长大出门上学工作，生活发生了新的变化，汉迪也从商学院"退休"之后，妻子成了他的演讲经纪人。再往后，两个人都上了年纪，汉迪也被奉为管理学的大师，两个人的生活安排因此又做出了新的调整。汉迪的妻子开了一个小小的个人摄影工作坊，春天到初秋时节，两人以妻子的工作为重心，汉迪安心在家写书——写作在汉迪看来比靠演讲挣钱重要得多——晚秋和冬天则是汉迪演讲的季节，妻子辅助他工作。

汉迪的妻子是这本书的背后推手，但在写这本书的过程中，陪伴汉迪超过半个世纪生命长跑的伴侣去世了。汉迪在书中强调为什么有终身相伴的爱侣是一个人的幸运,也在书中向自己的妻子致敬,因为在汉迪眼里,幸福人生并不复杂,就是有事做,有人爱,有期许。

潜流 | 激荡、变局与趋势

五、推动"巨轮"转型的领导力

2002年，高德威接任CEO时，全球跨行业制造企业霍尼韦尔几乎可以说是一个烂摊子：耗时持久的通用电气（GE）并购案因为反垄断审查而夭折，严重打击了士气；此前的几次并购缺乏整合，公司内部不同文化对立明显；更严重的是公司长期缺乏方向感，满足于粉饰报表达成短期目标，管理流于形式，不求改变……问题愈演愈烈，却一直被遮掩着，如果不是内部人，很难知晓危险的程度。

2008年，李思拓作为独立董事加入诺基亚董事会时，恰逢"微风起于青蘋之末"。虽然诺基亚仍然如日中天，占据全球手机超过一半的市场份额，但长期的成功也让管理团队充满了自满和盲点。大船掉头难，面临外部大环境陡变的冲击——2008年全球金融危机带来的消费跳水、智能手机领域苹果作为全新竞争对手的迅速崛起，当然还有后续面世的安卓手机的普及——诺基亚一直没有走出疲于应对的"头疼医头、脚疼医脚"怪圈。

李思拓作为"乘客"全程见证了作为手机巨头诺基亚的溃败：

面对剧变，公司战略上没有足够的重视，没有对全新竞争对手推动的大变局做好前景分析，没有能力回答最关键的问题，即如果苹果主打的触摸屏是未来，诺基亚应该如何安排产品和研发？过去10年的顺风顺水也让诺基亚的管理者在战术上无法适应逆境，疲于应对，缺乏主动性。而对"瘦死的骆驼比马大"的盲目自信，也让管理层缺乏足够的危机感，认为公司仍然有丰沛的现金流、深广的市场渠道布局，挺过一两个季度，情况就能反转；长期的胜利也让公司形成掩盖坏消息的企业文化——内部每个人都可能看到一两个失败的点，但因为没有足够多横向的联系，没有整体思维，缺乏外部人的视角，管理层无人能把这些失败点联系起来，无人意识到溃败就在眼前。

大公司掉头难，无论是长期经营不善的霍尼韦尔，还是面对剧变应对失据的诺基亚。但我们今天之所以还能记得这两家公司的名字，恰恰是因为高德威和李思拓成功推动了巨轮的转向。

高德威在16年的CEO生涯中，使霍尼韦尔这艘已是百年老店的工业巨头成功掉头，股价翻了几番，帮助公司塑造了打上他烙印的"一个霍尼韦尔"的文化，梳理了工作流程，还总结出一套行之有效的并购经验。李思拓同样临危受命，2010年成为诺基亚董事长并短期代理CEO，抓住短暂的机遇窗口，果断出售手机业务（微软成了接盘侠）和手机地图业务 HERE，同时并购诺基亚西门子网络和阿尔卡特朗讯，推动诺基亚浴火重生为一家 5G 时代排名前 3 的全球电信设备供应商。

两人分别在自传《长期主义：关注短期业绩，更要投资长期增长》（下简称《长期主义》）和《偏执乐观：诺基亚转型的创业式领导力》中记述了各自推动公司转型的经历，至少有 3 点共通之处可圈可点。

首先是偏执乐观，即能同时有效处理两个貌似矛盾的问题。两人之所以能成功应对危机，都源于他们在"救火"时能做好各种预案，努力挖掘造成危机的深层原因，同时又不忘放眼未来。

其次是对长期主义的坚持。如果没有对未来有长期的判断并敢于投资，他们也许能挽救公司于溃败，却很难重振和发展公司。

第三则是拥有外部视角和整体审视问题的能力。两人都受益于具备外部视角，都是危机到来时才接受使命。他们也比内部人更具备整体去审视公司所处的行业正在发生的剧变和公司需要应对之策的能力。

| 偏执乐观与独立思考

高德威在自传中把推动公司转型的领导者的特质总结

为长期主义，其核心是能有效地平衡短期和长期目标，在取得短期业绩、应对短期困难，甚至应对危机的同时，能够放眼长期，有能力做长期规划，为实现长期目标投资。这种长期主义的基石是独立思考的能力。

什么是独立思考的能力？首先是不从众；其次是看到同样的信息，能给出不同的想法，面对同样的问题，能提出不同的对策；第三是面对困境、灾难、危险的时候，并不惧怕，不会手足无措，相反能从容应对，能镇定思考，懂得一步一步化解难题。

有独立思考能力，就能把一些貌似对立的问题——短期和长期在很多管理者眼中就是"鱼和熊掌不可得兼"的一对矛盾——统一起来思考。通货膨胀来袭，到底是该涨价来确保利润率（但可能导致大量客户流失），还是应维持价格以保有客户？一个岗位出现空缺，到底是迅速补上，还是多花些时间去找比较合适的人？这些短期和长期的矛盾，领导者时常遇到，要想兼顾，需要动脑筋、改流程。比如应对第二个问题，可以先迅速招到人，然后用3个月和12个月的时候考核一下招聘的结果，反思流程如何改进。

李思拓同样有将两个看似矛盾但实际上可以统一的问题一并思考的能力。他在自传中把这种能力总结为偏执乐观，尤其面对逆境、希望推动转型时，更需要这种矛盾统一的思维。偏执，就是要做好最坏的打算，只有对挑战有充分的预期,对危险充满警惕,才能真正能对未来的前景保持乐观。

李思拓的这种管理思路其实也是从诺基亚手机业务大溃败中总结出来的。凭借此前的成功,诺基亚的管理层在危险信号迭出的情况下,仍然没有对变局有清醒的认识,根本没有对最坏的情况——诺基亚已经到了破产的边缘——做出预案,管理层在大转型期的乐观都是"自欺欺人"的。

之所以能偏执乐观,也因为李思拓从一开始就具备外部人的整体视角。作为诺基亚董事会的成员,他仔细观察了因为成功而盲目自信,反而失去了敏锐觉察外部环境变化能力的诺基亚管理层,梳理出一系列值得警惕的病症:

首先,董事会上听不到坏消息了。一旦重要信息流出现了梗阻,企业必须有所警惕。

其次,管理层自满。如果管理层对许多小问题不去主动刨根问底、挖掘信息,主动了解可能存在的深层次问题,对下属的解释听之任之,那么隐藏的问题会越滚越大,从而产生失控的风险。

第三,决策经常被推迟,甚至不了了之。管理者最重要的责任是做出决策并确保决策的执行,面对危机,尤其如此。出了问题,迟迟无法做决策,显然是管理层缺乏主动性和责任心的表现。

最后,在危机时孤注一掷,没有预案,是导致诺基亚手机业务最终崩塌的原因。面对危局，好的管理者应该准备不同的预案，不能只有一种选择，而没有备选方案。在苹果和安卓快速崛起为智能手机的两大主流平台时，诺基亚的管理者选择与微软合作推出 Windows 手机，一心想鼎足而立，却没有考虑任何其他选择——比如开发安卓手机。这种笃定，希望传递的是确定性、是信心，却根本经不起推敲。剧变时代，未来充满不确定性，如果市场上根本不给第三个手机系统平台以机会呢？诺基亚选择背水一战，结果满盘皆输。

如何获取准确的信息，鼓励信息在机构内快速流动，以及获得不受干扰的信息，是所有大公司决策者都需要应对的难题，也是挖掘问题根源、高效做出决策的基础。高德威很清楚，在自己希望获取一手资料时，下属很容易"上有政策，下有对策"地串通起来糊弄领导，这个时候就特别需要花时间走基层，了解各地的情况，跟经销商、跟客户一起沟通，主动获取一手信息。

很多下属不愿意领导"微服私访"，接待领导时心情忐忑，这是人之常情。但是，如果有一个比较得力的下属，那么高德威的造访就会使大家很坦然，这就等于多了一双审视业务的眼睛，多了一些外部视角：领导来就是为了帮助我们把工作做得更好，而且轻车简从，没什么好怕的。当然，高德威自有一套与员工拉近距离的本事，开会时很会破冰，大家都能放开地畅所欲言，他自然能获取更多的信息。

转型管理心法

高德威和李思拓两人在自传中对转型期管理的思考，很值得企业管理者借鉴。

李思拓把转型成功归功于企业家精神：首先就是学习能力，把任何一次挫折，面对的任何一个大问题，都当作学习的机会，以提高自身的能力；此外灵活度、信任、肩负责任，都是企业家精神的要素。他也特别强调建立信任的重要性，认为以诚意和开放的心态待人是管理者的必修课，因为信任是管理的润滑剂，也是团队共同努力的黏合剂。

同时，李思拓把情景规划的能力放在一个很高的位置，因为能答出备选项是什么，才能真正发挥领导者的能动力——"如果只有一个选择，你就是乘客；如果有多项选择，你才是司机。"诺基亚能在恰当的时机将手机主业卖给微软，获得难能可贵的转型资本，凸显了灵活度和预案的重要性。外人可能说，没有了手机业务，诺基亚还是诺基亚吗？的确，现在的诺基亚中已经基本没有手机时代的员工了，但诺基亚作为企业和品牌延续了下来，迭代重生，达成了决策者最重要的目标。同样，如果无法知己知彼，没有对多变的未来做好预案，诺基亚手机业务可能以破产告终（被微软收购几年后被整体关闭)。

矛盾统一的心态也是应对危机和推动转型最重要的思维模式。李思拓把深陷危机的企业比喻成受困于龙卷风的老鹰,这时最糟糕的事莫过于只想着怎么应对灾难本身,但是不管多困难,都需要想方设法思考龙卷风过后的世界,并做好准备。

高德威也有类似的思考,强调企业需要在衰退期播撒复苏的种子。2008 年,当霍尼韦尔的管理层都忙着如何应对全球金融危机,把生存放在第一位的时候,高德威提出需要备战经济复苏,尤其对后危机时代可能出现的供应链瓶颈要做好预期,敦促在危机中预先与供应商签订未来合作合同。高德威承认,在衰退期同时处理短期和长期问题是最严峻的挑战,短期问题让人抓狂,没有一件事情容易处理,但如果因为短期问题而意识不到放眼长期一定会来的复苏机会,并未做好准备,就会错失良机。

在《长期主义》中,高德威总结了 3 条转型管理的心法:

首先,领导者要勤于思考,而且要激励团队去深入思考问题。高德威自己的习惯是每年会准备一个蓝色笔记本,来记录自己的所思所想,绝不偷懒。每年年初就在日历本上画出几个日子,不安排任何会议,供自己思考,也空出时间来对之前的思考进行反思。同时他特别强调领导者要学会开会,提醒管理者千万不要成为开会时最聪明的人,盲目地用开会来证明自己的睿智,而是要努力提升开会中思考和讨论的质量,把会议变成富有启发性的辩论,让每个人都有发言的机会,不要让阶层的权威限制了人的分享。

其次,领导者要会激励、能把握方向、勇于执行,并确保三者并举。他提醒管理者,找到好的决策以及能否有效执行,至关重要。至于是谁想出的好点子,却没有那么重要。决策质量最重要,如果结果不好,花再大力气也是徒劳无功。

第三,领导者的职责所在,需要有反思、有回顾、有监督。化繁为简,用平常人能听懂的话把战略和决策讲清楚,这本身也是领导者下决策、推动执行、衡量结果能力的体现。

什么是好的接班模式

在快速变化的时代,每个人都需要不断去迭代。即使每年的变化只有5%,10年下来也会有累积超过50%的变化。如果一个人10年不变,他面对的将会是革命般的浪潮。高德威特别认同迭代的想法,应对未来的变化,需要每个人不断进化,他把这一思路贯彻到对继承人的选择和培养上。

很多企业在筛选继承人时,希望找到适应未来挑战,最好已经具备解决未来问题的能力的人。这其实是不切实际的想法。"授人以鱼,不如授人以渔",这句话对培养后备干部而言至关重要。在剧变的时代，预测未来是一件非常难的事情，但是培养一个人的适应能力、应变能力、从各个方面搜取信息的能力，并据此做出决策，且高效地执行、真正地做到，是完全可实现的。

高德威是 GE 人才培养机制中培养出来的管理者，也一度入围通用电气前 CEO 韦尔奇接班人的梯队，但提前出局。对此，他认为并非坏事，因为这让他有机会在更宽广的世界中去尝试和探索。

韦尔奇创建的继承人赛马机制，的确筛选出了一批人才，不过那算是企业王朝政治时代的终结。如果以结果论，韦尔奇选定的接班人伊美尔特并不是最佳人选。

韦尔奇选择继承人有两方面的盲点。一方面，基于个人好恶，他最看中伊美尔特的特点是其跟年少自己的相似。用自己年轻的模板来套用未来的接班人，显然没有为未来的变局做好充分考量，反而体现出一种对自己过去经验和经历的笃定。另一方面，韦尔奇的筛选机制只用单一的业绩 KPI（关键绩效指标）来考核，让潜在的继承人都为了创造纸面上的佳绩而努力，不惜使出借助会计造假的手段。一美遮百丑的衡量方式，可能为未来种出苦果。

基于对剧变时代、对未来人才需求和对 GE 培养继承人机制的反思，高德威很早就建立了潜在的继承人梯队，强调多维度对继承人进行考核。在对候选人考察时，他很喜欢在沟通中衡量一个人独立思考的能力。他最常问的问题是：有什么其他选项？他期待的候选人是具备外部视角的内部人。

高德威总结出具备 CEO 潜质者的 5 大特征：

首先，对胜利拥有强烈渴望。这当然是决策者与参谋的最大区别。更重要的是，领导者绝不应该是一个善于为失败找借口的人，而是逆境中也能取胜的人。

其次，智识水平很高，聪明好学，善于分析，具备逻辑思维能力；对复杂的环境有清醒的认知，能避开麻烦。同样，他必须具备智识严谨度，具备独立思考的能力，不是随波逐流者，或者马屁精。

第三，有勇气，能大胆做出决定，也敢于在事后检验自己的决策，做错了敢于承认错误。

第四，具备好奇心。这一点，与其他很多筛选接班人的管理者的要求一致。剧变时代，好奇心是唯一让管理者不落伍的因素。因为对新知好奇，因为对改变有兴趣，才能推动自己不断接触新理念、与时俱进，同时也能不断审视自己，能够反思。

最后，具备团队领导力，尤其是激励团队的能力和建立强大企业文化的能力。

李思拓更强调如何在董事会层面推动企业的转型。作为董事长，他的管理思路是能善用资源，包括知人善任。

在诺基亚最艰难的时刻，他曾经"客串"了 8 个月的 CEO，但是虽然他自认可以胜任这一角色（作为一家五百强企业的 CEO，不仅薪酬优渥，而且有不少隐形福利），他仍然决定花时间寻找更优秀的 CEO 来领导诺基亚的转型。

完成转型，顺利交班，两位资深企业家有闲暇著书立说，未尝不是另一种对后辈的提携。

六、网络组织进化论

后新冠时代,企业和个人都有了很强的危机意识,理解了韧性之重要,懂得了需要构建适应快速变化世界的能力。后新冠时代数字化的加速转型,更增强了这种转变的急迫性。如果说新冠是分水岭的话,新冠之前的世界是一个效率优先的世界,后新冠时代则是一个应对变化、找寻机会重于效率的世界,需要不同的组织架构和管理方式。《棋盘与网络:网络时代的大战略》[①]为这一从旧有的秩序向新秩序的转型,提供了思考的空间。

棋盘是旧有秩序的比喻,大国博弈,巨头竞争,无论是零和游戏还是正和游戏,目标都很明确——赢。棋盘的组织阶层分明,竞争依赖实力,遵循现实主义的原则,且信息充分,输赢规则清晰。

网络则是新秩序、自发的秩序、"90后"所拥抱的那种多元而非整齐划一的秩序的比喻。网络可以是去中心化的,也可能是多中心的,服膺马太效应——强者恒强、适应者暴富。网络并不强调输赢,网络的优势在于联结,网络中

---

① 作者为安妮-玛丽·斯劳特。——编者注

节点的数量、节点联结的密度、节点之间的紧密程度，决定了网络的效能。在网络世界，没有全知全能的权威，没有人能掌握全部的信息，也没有清晰的输赢规则。

如果说棋盘强调的是经济人的理性和算计，当然也包括了一种你死我活零和游戏的世界观，网络则强调了一种社会人所强调的关系和联结。棋盘加上网络会让我们对这个复杂世界有更多维度的理解，就好像历史上并不只有王侯将相，历史也绝不只是为大人物所主导，普罗大众和商业、艺术、文化等多个领域之间的互动交流，同样是推动历史前行的重要动力。

棋盘与网络是一种隐喻，是一种联结了历史和未来的观察视角。这样的观察不是非此即彼的二元论或两分法，而是"你中有我，我中有你"的共存和相互影响。

《棋盘与网络》是一本描述社交媒体时代、数字化转型时代，以及大国博弈应该如何进化的书。书中不断提及的跨界思考与创新思维，同样也适用于组织架构和管理的转型。从网络的视角来观察组织和管理转型，带来的启发是赋能与联结：怎么去发挥每一个网络参与者的能动性？怎么组织更加扁平同时有着更丰富强联结和弱联结的网络，让组织能够更高效地传递信息，更快捷地应对外部环境的挑战，更创新地去解决涌现出来的新问题？

《棋盘与网络》也是过去几年跨学科研究组织转型的著

作中的一本。美国历史学家弗格森的《广场与高塔》从历史的视角梳理市场（广场）与阶层组织（国家、公司、军队）之间的互动，分析了网络经济发展的轨迹。斯涅克的《无限的游戏》则基于封闭与开放的视角分析，强调有限思维与可能性为敌，它会消灭可能性带来的纷乱，寻求效率和秩序，追求输赢，追求零和游戏；而无限思维则与可能性为伍，激发可能性而释放红利。

后新冠时代加速了过去经验的折旧，因为我们所处的复杂多变的环境中，新问题和新机遇层出不穷，需要依靠全新的组织架构和管理模式来应对。开放、多元、连接，韧性、冗余、创新，这一系列关键词有助于我们去理解迈向网络组织的转型。

| 构建网络组织是数字化转型的必需

新冠加速的数字化转型有3大特点。

首先是从有形经济向无形经济转型，无形资产比有形资产更有价值。无形资产有不少独特性。以大数据为例，它的复制和使用的边际成本几乎为零，可以无限重复使用；它遵循网络效应原则，数据越多，使用的人越多，单位价值也就越高。此外，它充满可能性，未来会涌现什么新的应用场景，我们现在并不知晓。

这就引发了数字化转型的第二个特点——知识经济的兴起。从数据到信息，再到知识，是一个清理、整合，再联结成为体系和知识网络的过程。因为无形资产的特性，知识用之不竭，天生具备共享属性，在交换和碰撞过程中不仅没有损耗，还可能迸发出创新思想。未来"人与机器"的协作中，人的优势恰恰在于人群之间知识的共享、交流、碰撞，跨界思考，触类旁通。知识工作者也因此是知识经济中最重要的财富。聚合知识工作者的组织需要全新的管理模式。

第三，数字化转型表面上是大数据、人工智能等高科技的应用，但跟人类历史上任何一次技术转型一样，高科技的推广和广泛使用必须辅之以相应的管理和组织变革，对组织创新的投资与对技术的投资同样重要。比如从蒸汽动力向电力的转型，需要工厂的管理和组织发生巨大变化，因此也耗时超过半个世纪。关键科技带来的变革需要时间去消化、去推广，改变社会习惯、改变管理方式、改变认知都需要时间。新冠如果说有什么"乌云的金边"的话，那就是它加速了数字科技的推广，也加速了习惯和认知的改变。远程虚拟办公、在线协作，这些技术早已成熟，却迟迟无法推广，直到新冠作为触媒才遍地开花。

网络是未来组织变革的基础材料。数字化转型所需的组织变革，需要从阶层组织转向网络组织，首先要构建敏捷组织。敏捷组织强调小团队、模块化、多样性和自主性，是构建网络组织的基础。敏捷组织让组织架构变得扁平。创建更多模块化的小团队，才能解决不断涌现的复杂问题。而模块化的小团队如果要构建新成有效的网络组织，还需要做到两点：彻底的信息分享和给一线团队决策赋能。

亚马逊研发智能语音助理 Alexa 广泛应用场景的组织就是一个很好的范例，所依靠的是扁平模块化的众多敏捷小团队。这种小团队贯彻两个比萨饼原则（即两块大比萨饼就能解决一个 10 人以下团队的一顿午饭）；都是一根筋团队（One Thread），即可以模块化的快速实验；只有唯一目标，每个团队都直接向负责人汇报，关注 Alexa 的一个特定方面的应用。这种管理方式让 Alexa 可以迅速铺开，在智能家居、语音购物、在线问答等各个领域迅速发展，也让支持 Alexa 的应用版图迅速扩张。

在组织变革上，亚马逊做到了多样性、模块化和一线团队的决策赋能，决策链条下沉，在围绕为智能语音助理 Alexa 找到更多全新应用场景的大目标下，让每个团队行使自己的判断力。团队众多、研究问题的方向也就五花八门；小团队模块化，降低了试错成本；决策下沉，让小团队能够搜集本地特定信息，积极寻找问题和机会。

但小团队的发展模式也有明显的短板——缺乏小团队之间横向的信息共享。模块众多，相互之间的协调却不是优先选项，Alexa 整个语音的界面并不友好，亚马逊也未能打造像苹果或者安卓那样成功的第三方语音 APP 平台。组织的短板变成了 Alexa 的短板。

网络组织需要充分发挥网络联结的效能。亚马逊 Alexa 拥有众多小团队，但这些小团队都只与负责人联结，形成的依然是一个自上而下集中式的网络，每个小团队缺乏横向节点的联结。要充分发挥小团队的优势，需要重构组织架构，形成去中心的网络，鼓励网络各个节点之间产生自发的联系，并使之既是信息沟通的管道，也是推动相互合作和协同的纽带。

前驻扎伊拉克美军指挥官麦克里斯特尔将军在应对伊拉克"非典型战争"，即恐怖分子的游击战争时，就试图构建非典型的美军部署——多中心的小团队协同。

"每个人都认识每个团队的一些人，这样当他们考虑不得不寻求与隔壁单位或华盛顿（中心）情报同行合作时，他们的脑海中会浮现出一个友善的面孔而非竞争对手。"麦克里斯特尔的这句话，非常准确地描述了从阶层组织转型为网络组织的要点。

网络组织具有 3 点优势：高效可靠的信息传递、适应性和可扩展性。

即使在阶层组织内，非正式网络仍然是信息传递最有效的渠道，最有用的信息很少是从一个组织正式的命令链中获得的，小道消息通常不仅传播速度快，信息量也更大。

经历了挑战者号和哥伦比亚号两次航天飞机事故之后,美国国家航空航天局(NASA)对网络组织有了明确的认知:要推动信息自由流动的非正式网络,让基层工程师能将自己观察到的问题有效分享和传递给大多数人,绝不能让信息流受制于正式的指挥体系。

适应性则体现在网络是建立在成员之间的相互信任之上的。网络联结基于互惠和交换,信任累积有助于应对快速变化的世界。

可扩展性更不必说,网络本质上就是可以大规模复制和快速延展的。

其实每个组织都有非正式网络和正式结构之间持续的相互作用。阶层组织转变成网络组织,并不是让中心节点联结更多小团队,而是鼓励小团队之间的节点产生各种非正式的联结。这样就能发挥网络快速扩张的规模效应:有更多小团队在更多领域去实验和试错,同时保持一定的等级架构,确保网络能够实现快速、一致和协调的行动。

网络组织要构建全新的领导力

网络组织的转型也需要构建全新的领导力。知识经济时代,企业管理的核心是如何让知识工作者更好地协作创新,创造更多价值。网络组织的领导力体现在以下两方面。

首先，发现和留住人才。这就需要领导者能与知识工作者有效沟通，跨界思考与保持好奇心就显得特别重要。

其次，领导者需要深刻理解多元、开放、包容、鼓励分享、推动信息流动等知识经济的基本运行法则。领导者要鼓励网络组织内部各个维度的信息分享，鼓励知识工作者之间偶然的碰撞和自发的联结，激发其自主性，构建实验和创新的空间。

在棋盘思维主导的阶层组织中，领导力主要体现在命令加激励上。如果想要改变一个人的行为，领导者往往自上而下发布指令，辅之以激励或惩罚的手段。在网络组织中，领导力则体现在影响力上，如果想要推广一种创新或行为，领导者需要花时间去改变知识工作者之间的联系，重塑组织架构。

《棋盘与网络》中提出领导者应该像指挥乐队一样指挥一个网络组织。书中所分析的多元领导力的5C原则，很值得面向未来的领导者仔细思考。5C分别是：明确（Clarification）、策划（Curation）、联结（Connection）、培育（Cultivation）和催化（Catalysis）。其中，策划、联结和培育特别重要，涵盖面也从网络组织内部的领导力拓展到了跨网络的领导力，契合知识经济打破边界的深层逻辑。

乐队的指挥是很好的策划。不少人把网络组织比喻成爵士乐队，整个团队有一个基本的基调，但每一个参与者都可以且需要即兴发挥，因为相互之间的熟悉和信任，总是能做到步调一致、相互配合。

其实爵士乐的比喻突出了网络组织的一方面：如果能建立深度联系（就好像乐队成员之间强的关联），就可以创造信任又灵活的合作环境。

但一个网络组织还需要建立更广度的联系（弱关联），需要领导者撒下一张捕捉新事物的大网，把新的想法和信息流带入创新过程。资源集中和大规模分布的结合是网络力量的本质，也是伟大策划的秘密。

联结更是网络组织的本质。网络组织的领导者应是好的联结者，他不但能发掘协作的机会，而且能鼓励内部知识的分享和信息的碰撞。联结者如果能看到企业内部网络的脱节点，并且填补进来，就会带来巨大的价值。

更重要的是，因为网络组织的边界变得更加模糊，创新往往来自自有网络之外。两个没有太多联结的网络之间交叉之后产生的张力，恰恰是创新和创造的源泉。推动创新的领导者应该能跨界挖掘不同网络之间的联结机会。

黑石老板苏世民大学毕业时就立志要成为"电话交换机"，无师自通地领悟到了网络组织领导者所必备的能力——在不同的网络中经营联结。苏世民很清楚，商业世界中最重要的资产就是信息，你联结的人越多，你掌握的信息也越多，拥有的视角也越广泛。因为联结而建立起来的信息交换优势，一般人很难比拟。

　　培育则强调网络组织的领导者要像园丁一样进行领导，不指挥，却能创造好的环境。与园丁对应的是工程师。工程师强调计划、有蓝图，园丁则完全不同，他遵循自然进化的规律，强调试点、试错、筛选、推广。园丁应很清楚地意识到在多变的环境中预测的难度，与其制定严密的规划，不如学会因势利导，学会助推。

　　网络组织的使命是应对加速的数字化转型和快速变化的世界的进化，数字化转型给出了更多更新奇的联结工具，快速变化的世界更需要团队合作，以发挥多样性思考和群体智慧。网络组织也需要不断进化，从合作网络，到协作网络，再上升到创新网络。

　　在合作网络中，每个人按规定方式共同完成规定任务，有共识、有规则、有明确目标且目标不会轻易改变；进化到协作网络，大家共同找到最佳方案去完成预先设定的任务，且任务也会随环境变化而演变，在合作的基础上有了探索最佳方案的努力，增加了团队内部的互动，而目标的演变也更适应复杂多变系统的要求；进阶到创新网络，每个人都为设定好的总体目标服务，提出新想法、流程或者产品，在协作的基础上增加了对每个人的赋能，决策权进一步下沉，也会涌现更多碰撞绽放出的创新机会。

　　后新冠时代，这种进化的速度只会更快。

七、达利欧的历史周期论

如果从 1945 年"二战"之后,美国建立全球政治经济新秩序算起,百年周期已经走到了尾声。美联储从应对 2008 年金融危机开启的量化宽松——被美联储前主席伯南克誉为"直升机撒钱"战术——到 2020 年应对新冠危机时演变成央行加速扩表(包括购买公司债券)叠加针对老百姓的直接纾困,这一举措也终于在两年后引发了强烈的通货膨胀担忧。美国最新通货膨胀超过 7%,创 40 年来最高。

如何解局? 达利欧在新书《原则:应对变化中的世界秩序》中针对全球金融市场面临的挑战,给出了两则重要判断:

第一,货币政策是央行刺激经济的主要手段,降息、增加货币供给,到非常规的量化宽松,本质而言都是印钞的某种形式。印钞本身并不一定就是坏事,比如欧美过去两年通过量化宽松结合财政刺激的方式,为普通消费者纾困,保障劳动者不会因为失业而陷入困境,确保了欧美社会应对疫情的相对平稳,也为后疫情时代经济的反弹及劳动力市场供不应求的火爆奠定了基础。但很显然,这样的刺激政策虽然短期内能取得一定成效，但长期的风险很大。

任何货币刺激政策的副作用都是在侵蚀货币的信任，尤其在一个百年大周期的尾端，一旦人们普遍意识到货币和债务资产不再是良好的财务贮藏手段，长期债务周期就走到了尽头。结合达利欧对美国的衰落和美元作为全球储备货币的衰落这两大前景的预测，我认为未来全球金融市场一定会面临结构性的重组。

第二，央行货币政策之所以会出现这种情况，也跟政策制定和执行者的"短视"有关。这种短视本身就是一种宿命，因为很少有决策者会用百年周期的框架去分析当下面临的急迫问题，因为在百年长期债务周期中，决策者只能经历其中的一小段，很难具备全局视野。局部最优的选择，放在百年周期中，可能就不一定是最优。

达利欧在这本新书中，尝试勾勒出一套观察和分析大问题的框架，同时试图找出大问题之间的关联。本质上，全球政治经济的演变涉及权力和财富的创造、权力与财富的关系、谁拥有权力谁享有财富，以及拥有权力和财富之后又应该如何作为的一系列大问题。作为全球著名对冲基金桥水的创办人，达利欧引入了进化和长周期这两个重要视角来分析这一系列大问题。

用进化的视角去看待人类组织的变化，无论是社群、公司还是政府，不难发现，谁都逃不出生老病死、新陈代谢的规律,有生机勃勃的新进者,有如日中天的霸主,也有日暮西山的衰败者。如何从历史中吸取教训,让在不同发展阶段的组织能少犯些错误、不走弯路、做好预案,同时不做无谓的挣扎,意义非凡。

长周期则强调要拥抱长期主义,提醒每个人都要配置自己人生阅历之外的视角,时刻提醒自己"不识庐山真面目,只缘身在此山中",不囿于自己或者同时代人的固有认知,训练如何超前地察觉变革的来临,从而更好地趋利避害。

在书中,达利欧试图总结和梳理大国兴衰的大逻辑和大国博弈的可能性,一家之言值得参照。他对中美博弈相对态势的分析,对美国现状的深刻批评,以及尝试换位思考来理解中国,颇有见地。当然,这本书并非尽善尽美,不少问题避而不谈,也暴露出一些思考的盲点,值得进一步探讨。

| 认清定位

每个国家的发展都有其兴衰的周期,全球政治经济秩序的变化则决定于大国兴衰的更迭,以及这种更迭所创造的大周期。达利欧试图帮助我们判断中美在各自大国兴衰的周期中的相应位置,以及全球因为正在发生的中美大国兴衰的更迭,处在全球秩序大周期的什么阶段。

美国在走向衰落，所以美国的首要工作是维持和平发展，避免走向崩溃；中国正在崛起，所以中国的首要工作是持续繁荣和发展。这两个论断不难理解，而且都直指当下非常容易混淆，却至关重要的议题：中美面临最大的挑战，不是相互之间的竞争，而是做好自己，解决自己面临的矛盾和挑战。

美国应尽可能解决既有矛盾，延续自己的和平发展，而不是衰落到崩溃的边缘。

作为近距离观察到中国改革开放变化的投资人，达利欧认为，中国的发展建立在外部和内部两大基础之上：截至 2008 年，就外部而言，世界仍处于大周期的和平和繁荣时期，好的外部环境促进了中国经济的飞速发展，也催生了"中美国"[①]的特殊共生关系，全球化和市场经济是被广泛接受的通往美好世界的道路；在内部则是 30 年的改革开放所取得的巨大进步，令中国市场经济焕发出巨大的活力和增长动力。

但当下，外部环境已经发生了本质性的变化。和平、繁荣和全球化受到挑战，各国国内贫富矛盾激化，中美大国博弈的时代已经开启。

中国需要持续的繁荣和发展，就需要直面大国博弈的

---

① 指"中美共同体"或"中美经济联合体"等。——编者注

挑战。但中国应对大国博弈的方法仍然需要向内求：怎么确保整体财富规模持续增加，财富分配范围扩大（即改善普通人的经济和健康状况）并扫除阻拦两者发展的障碍？这也恰恰是"共同富裕"政策的题中之义。

| 知己知彼

达利欧对美国的批评是深刻的，这能帮我们更好地去理解美国。

用他所构建的国家内部秩序和混乱周期的指数来衡量，美国的确应该被归为进入衰退期的大国。在分析中，他明显套用了明斯基的论断。明斯基对资本市场盛衰周期的理论同样适用于企业和国家，其核心就是在繁荣中种下危机的种子，因为繁荣导致过度扩张和骄傲自满；而衰败又给下一轮兴盛积累土壤中的养料。

美国显然已经走过了帝国繁荣的顶点，并表现出一系列衰落的特征：过度扩张，拜登断然选择从阿富汗撤军就是对这种军事上过度扩张的一种回撤；贫富差距进一步拉大，新冠显然加剧了知识工作者与蓝领工人和服务业工作人员之间的贫富差距；两极化明显，中间派被进一步挤压。

在书中，达利欧也举了不少案例来凸显美国面临诸多问题却束手无策。

首先，政策失灵，一些明显有益的事情也无法完成。

教育的分化就是最好的例子。康涅狄格州是美国最富裕的州，1980年开启的股市大跃进、金融创新，带来了巨额的财富，达利欧、苏世民这样的富豪都在该州安家，这里也是许多大基金和投资公司的总部所在地。吊诡的是，该州同时是美国贫富差距最大的州，也是道路等基础设施老旧失修最严重的州。因为贫富差距悬殊，该州贫民区的公立学校辍学率和失联率都居高不下。

之所以"朱门酒肉臭，路有冻死骨"——这也是为什么历史总是一再重复的原因——是因为美国教育有其固有的逻辑，联邦（中央）政府并不负责教育投资，教育资金主要依赖房产税，这就导致富裕社区资源多、学校好，贫穷社区资源少、学校差，而且两极分化愈演愈烈。

美国精英认清这一问题不难，却无法变更制度让联邦政府承担起教育投资的责任。这是美国政治陷入泥潭而失灵的明显例子（虽然实际情况要更复杂一些）。

其次，假新闻泛滥。作为华尔街著名的投资人，达利欧的政治倾向显然偏右，所以他批评假新闻泛滥，强调眼球经济对整个媒体的侵蚀，包括《华尔街日报》和《纽约时报》这样的传统媒体。他认为，媒体的生态出了大问题："哗众取宠、商业主义和操纵人们观点的政治欲望，已经取代了新闻的准确性和诚实性。"

相应的，他也援引一些精英表态，在一个媒体不断给人贴标签的时代，"成为一个备受关注、直言不讳、为真相和正义而战的人是很危险的，尤其是不能得罪那些喜欢利用媒体进行斗争的人"。

第三，他认为美国人缺乏诚实地面对挑战的能力。

这又有两方面的原因。其一是大多数美国人缺乏思考的历史纵深。美国历史短暂，不到250年，美国人对于建国前的独立战争已经缺乏真实的记忆，上一次可能动摇国本的战争——美国内战南北战争——也已经过去了160年，这让大多数美国人无法想象自己的国家也可能陷入内战或革命的深渊。

其二则是全民弥漫着"打肿脸充胖子"而不自知的错觉。国民和国家已经不再富裕，而国民仍然认为自己很富裕，寅吃卯粮，透支消费，这是美国经济最大的特点。基于这一大的论断，可以推导出美国经济全民繁荣期已经过去，美国在经济、贸易和全球金融体系的主导权已经是强弩之末。

达利欧对中国的观察也有其独特的视角。他认为中国现在的问题很可能是，国民和国家已经富裕，而国民仍然认为自己不富裕。当然这个判断也有它的小瑕疵——比如如何定义富裕——但总体很恰当地表达了一种现实与认知之间的脱节。换句话说，中国需要更加自信，也需要向外投射更多的自信。

当然，中国正在成长起来的"Z世代"，已经超越了这一论断，他们认同国家已经富裕，而自己也很富裕，这就给予了他们极大的自信心，也让他们展示出更多的自主性和多样性。

同样，达利欧在改革开放之初对中国的观察放在当下仍意义非凡。他1984年第一次访问中国时就意识到，与其他欠发达国家"仍处在20世纪"不同，封闭是中国落后的原因，坚持开放和拥抱全球化也因此是中国必须坚持的，是推动中国未来经济发展最主要的引擎。

值得追问的问题

达利欧基于长时间历史跨度分析得出的大国兴衰规律，的确有一种化繁为简的作用，让人对未来的可能性，尤其是中国取代美国成为全球第一大国，并且有机会塑造全新的全球秩序，充满期待。但这种大历史的叙事最大的盲点可能恰恰在于对重要细节的忽略或者一带而过。

试举几个值得讨论的问题。

首先，达利欧对中美潜在的大博弈做了细致的分析，但对如何化解中美竞争并没有提出特别好的建议。他把中美的矛盾主要归咎于文化的差异，甚至有某种宿命论的观点，很难令人信服。从他对全球博弈现实主义的论断中，很容易推导出即使中美之间不存在文化冲突（比如类似美国与英国的关系），大国博弈仍然无法避免。

其次，他对全球储备货币的作用着墨颇多。储备货币不仅能延续大国的霸权，比如美国正不断行使的美元霸权，大国也可以享受发钞国的超额红利，当然更可以利用这种发钞红利通过大开印钞机将自己的债务货币化，从而让世界各国承担衰落的成本。无论是荷兰盾、英镑还是美元，在大国博弈的早期都有明显的崛起势头。如果历史具备相似性的话，人民币的发展轨迹也应如此。但即使中国已经位居全球贸易老大的地位，经济体量也已经名列第二，人民币使用量仅占全球贸易结算量的2%，远远低于美元的60%。对于人民币尚未成为全球储备货币与中国经济和贸易在全球主导地位之间的不对称，达利欧并没有给出更深入的解读和建议，只是轻描淡写了一句"中国最好的举措是增强人民币"。

第三，他没有充分阐释当下技术和创新带来的推动力。与历史不同的是，当下技术对经济发展的推动以及技术带来的变革，比之前任何大周期都要深远得多，尤其是加速的数字化转型，会带来一系列根本性的颠覆，比如加密货币和去中心化金融很可能给传统央行货币体系带来根本性的冲击，但这些在书中几乎没有涉及。

新书《指数效应》很好地总结了当下的另一组全球都亟须解决的矛盾，即指数鸿沟：一方面，技术突飞猛进，以乘数级别增长；另一方面，人的习惯、组织的惯性、制度的更新和变革，却无法及时跟上。指数鸿沟所推动的组织和制度的变革，与大国博弈对全球组织和制度安排带来的挑战，孰轻孰重，值得我们去思考。

第四，与之相应的是，中美博弈的核心点很可能是科技战。

《原则：应对变化中的世界秩序》中用历史上任何崛起的大国和守成的大国之间，都会发生的科技间谍战来对科技战做简单的类比显然是不充分的，需要仔细去思考一系列具体的问题。比如，美国是否能长期对中国在核心技术领域持续封锁？中国的教育和科研体系是否能支撑本土创新在核心技术领域内的攻坚克难？如果能的话，以芯片为例，时间表又会如何？全球化不仅有两个大国在博弈，仍然会有欧洲、日韩、俄罗斯等国家参与，在技术战领域，又会呈现出哪些合纵连横的空间？即使上一次美国超越英国的全方位大国博弈，参与竞争者也不只是英美两方，历史能提供哪些借鉴？

第五，如果科技竞争是影响未来全球发展的一个重要维度，也需要追问，民族国家/帝国在未来仍然会是唯一的权力和财富的载体吗？要知道，直到1648年威斯特伐利亚体系才确立了国家的概念。

苹果在2022年1月初市值超过3万亿美元，成为全球市值第一的公司。如果我们简单地把市值等同于 GDP 的话，苹果的市值已经超越了全球第七大国英国的 GDP。苹果不仅富可敌国，也势可敌国，其产品和服务影响着全球亿万人。如此庞大体量的公司会在未来全球发展过程中扮演什么样的角色？它是否会成为和国家竞争的另一种未来财富和权力的载体？它又会对财富和权力的游戏规则、对贫富分化的世界带来什么影响？当然，国家是否是最好理解大博弈的标签？在一个全球贫富分化都在加剧的世界，国家的属性与阶层的属性，哪个更具决定性？1% 的富人是不是会没有祖国，只在乎财富和利益？

最后，达利欧经常引用《星球大战》中一句话的变体——愿进化的力量与你常在！（May the force of evolution be with you!）——作为总结。但如果从进化的视角来看，没有绝对意义上最好的制度和规则，只有适合环境发展的制度和规则。换言之，世界运行的规则一定不是机械的、唯一的，需要深刻去思考制度差异背后的深层次原因。另一方面，当全球化越来越缩短距离，令跨国交流越来越频密，全球相互依赖越来越紧密的时候，制度和规则的相互影响会更多样化，更潜移默化，进化意味着需要以更开放的心态去拥抱经事实检验后有效的制度和规则的创新。

在几年前出版的《国家兴衰》中，摩根士丹利全球战略师夏尔马就提醒，基于某段时间的快速发展而类推一国经济未来 50 年甚至 100 年的发展，很难靠谱。这可以看作对达利欧提出的长周期模型的挑战，一个国家在崛起的轨迹上，是否仅仅依靠历史的惯性就能确保崛起？我们需要怎么做去避免失序和脱轨？同样，如果一国已堕入衰落之路，是否注定无可救药？

同样，达利欧在书中也承认，从历史的视角来看，一个国家的财富和权力与国民的幸福几乎没有关联。从以人为本的发展视角来看，国民幸福应该是发展追求的终极目标，而因此带来的大国崛起只是结果，所以为大国崛起扫除障碍的大国博弈才会成为必需，因果关系不能倒置。

世界的演变如果真如达利欧所说的那样，遵循普遍恒定的规律周期循环，当然万事大吉。现实要复杂得多，所有人对大势，尤其是即将来临的改变，都可能是盲人摸象，并没有谁能全知全能。当世界变得日益复杂，与预测相比，及时对变化做出预判变得更为重要。达利欧的历史周期论给出了一种有意思的思维框架。

八、疯狗浪来了,要懂得借势

雷军曾经用"风口的猪"来比喻借势的重要性,风来了,猪也能被吹上天。弄潮儿,冲浪要面向大海,挺立潮头,时机选择起决定性作用。风口、大潮,其实是正在涌现的新动能,在商场中,如果能借助几种动能融合求发展,则事半功倍。借势是极佳的战略。

在日益复杂的外部环境和快速迭代的商业大潮中,多元趋势以不可预测的方式汇聚而成的风险被形象地比喻成"疯狗浪"。在新书《疯狗浪》[①]中,作者提出,面对扑面而来的大浪,决策者不仅要懂得如何规避,更要理解怎样借势而为。逆向思考,疯狗浪也是让猪能飞起来的大风口,弄潮儿是那些能预判风口并做好准备的组织。如果说在相对平稳的世界,效率带来的渐进改变是推动企业发展的主要动能,在剧变的时代,指数级增长则是成功企业需要拥抱的主线,借势成了关键。疯狗浪恰恰蕴含着巨大的势能,如何借势,变得至关重要。

---

① 指乔纳森·布里尔的书《疯狗浪——如何应对突如其来的剧变》。——编者注

二阶效应

要借势,首先要理解什么是二阶效应。

二阶效应是商业发展中所呈现出的多维度可能性。因为商业的复杂,任何技术的突破带来的涟漪都层层叠叠,两三股潜流叠加或者相互作用,能出现完全意想不到的结果。

举一个例子,2007—2017年,为什么美国口香糖销量下降了15%? 在这期间美国并没有出台任何类似公共场所禁烟那样限制口香糖消费的新法律,消费者对口香糖的喜好度也没有发生任何改变。唯一显著的变化是2007年乔布斯推出了苹果智能手机。

一般人很难把苹果手机的推出与口香糖的销量直接联系起来,直到你去超市的收银台转一圈才可能恍然大悟:超市收银台两边的陈列柜是口香糖最主要的展示空间,在排队付款的时候,为了打发时间,消费者很可能挑选一两包口香糖。智能手机的出现一下子占据了人们所有的碎片时间,包括排队付款的时间——更不用说移动支付催生的无人自助收银系统让收银变得更便利快捷——这时候消费者不再需要东张西望买点什么小商品了。商业场景的缺失扼杀了口香糖的销量。

类似的,巴萨主席曾经说过一句很有名的话,这家西甲豪门球队的竞争对手已不再局限于西班牙乃至欧洲的足球强队，他们的竞争对手涵盖了游戏和网飞这样的在线流媒体平台，因为大家都在争夺年轻人的眼球和时间。

美国著名的天文学家和科幻作家卡尔·萨根（Carl Sagan）曾经说过，汽车发明之后，很容易就能预测到高速公路的发展，然而，预测沃尔玛的发展则要难得多。讲的恰恰就是二阶效应。

二阶效应给企业战略带来三大提醒。

首先，未来的竞争对手来自赛道之外，甚至是现在还没有出现的产品和服务。这时，一味地持续提高效率，迭代产品和服务，却忽略了产业之外可能出现的新产品，就可能是捡了芝麻丢了西瓜。黑莓在智能手机大战中失利，因为它一味追求它所认为的专业人群在意的安全性和包括长时间待机在内的易用性，却忽略了苹果手机触摸屏和海量应用所带来的革命性的进步，这是忽视二阶效应的经典案例。

其次，如果保持一阶思维，只关注能体察到的因素，而忽略无法预测的因素，本质上是鸵鸟思维，对潜在风险视而不见，希望那些不太可预测的部分不会对结果产生太大影响；或者期待一切按照计划，奇迹恰到好处地发生。

当然，还可能出现"给你一个锤子，看什么都是钉子"的一根筋行为。这是同时存在可衡量和不可衡量因素的时候，只选择可衡量因素的结果，当然也是大多数人需要克服的人性中倾向于找到简单的因果关系的因素使然。

第三,因为二阶效应的存在,系统崩溃往往在崩溃真正发生之前就有苗头。换句话说,这有助于我们理解治标和治本的区别。如果我们只看到表面的问题,体察不到深层次的根源问题,就无法预测危机,更遑论化解危机。因为系统中存在各种传导机制和延迟,很多深层次的危机并不会马上爆发,所以就会出现很多人坐在火山口上还不知道危机迫在眉睫的情况。

如何借势

理解了二阶效应,就能更清晰地意识到借势的重要性。

关键技术和基础设施的发展,可能推动大风口和大潮的形成。

1843年,美国铺设了全球第一条从巴尔的摩到华盛顿的电报线。电报的出现,改变了世人对信息传播的认知。

电报被证明其快速传递信息的功能后,一下子就推动了诸多产业的发展。比如新闻业,1846年爆发的美墨战争是第一场通过电报被"实时"报道的战争,由此不但推动了报纸的普及,也催生了合众新闻社这样依赖电报传播的新闻通讯社。又比如证券业,电报的迅捷传递可以让交易员在不同市场的价格差异中找到套利的机会,近几年才出现的高频交易的原理也是如此。

再比如铁路业。电报出现之前,铁路在英国和美国都已经铺设了一定里程,但缺乏一套好的管理方式,其表现就是铁路的物流管理没有章法可循,因为信息传递最快的就是铁路。但是电报改变了这一切,它可以让铁路管理者及时了解线路上列车的运行情况,以便更好地规划,形成一套完善的物流和客运的管理体系。

当然,电报还推动了银行业的发展。康奈尔(康奈尔大学以他的名字命名)和威尔斯合作,投资了许多家电报公司,这些电报公司最终合成了西联汇款。到19世纪末,西联汇款有超过100万英里[①]的电报里程,每天传送20万条电报。威尔斯自己则创建了两家现在仍然存在的企业——美国运通和富国银行。

类似弄潮儿的例子比比皆是。"二战"之后,美国总统艾森豪威尔主导建设了连通全美的洲际公路网。这一关键技术和基础设施的发展,叠加美国汽车行业的飞速发展以及战后大城市郊区的兴起,颠覆了传统都市圈的布局,也重塑了商业模式,催生了沃尔玛这种设立在郊区的大型超商,以及麦当劳这种依托高速公路快速发展的连锁餐饮行业。

借势,需要捕捉到"疯狗浪"所带来的重要势能,如

---

① 1英里 ≈ 1.6千米。——编者注

果能抓住触发点，就能取得指数级的增长。

利用触发点来发挥优势的是弄潮儿。最成功的企业不是从头开始创建整个行业的企业，也不是单枪匹马与老牌领军企业对抗的企业，而是能看到被压抑的力量，并为驾驭它们所释放的浪潮做好准备的企业。当一个市场快进入触发点的时候，针对它的相关认知已经非常成熟，在这时，从自己的核心延伸出去，就可能起到事半功倍的效果。

通过卫星网络提供全球通话和资讯服务，并不是马斯克这一代人才有的梦想，20世纪90年代末美国铱星公司发射了66颗用于手机全球通信的人造卫星，希望构建覆盖全球的卫星电话网络。铱星公司的构想宏大，其卫星电话的确让身处边远地区的人有机会享受电话服务，但其高昂的价格意味着根本没有商业发展的空间。2000年铱星公司宣布破产。

20年后，马斯克创建的星链公司，准备在全球部署几千颗小卫星，以提供覆盖全球的高速互联网服务，成为投资人的新宠。原因很简单，星链公司很会借势。马斯克创建的SpaceX把火箭发射的价格削减了至少9成。拜手机元器件之类的精密电子的发展，小卫星可以直接采用各种零部件，体积更小，造价要便宜得多。站在技术迭代成本大幅削减的大潮的潮头，星链的成功要容易得多。

从这个意义上来讲，借势的战略，充分挖掘二阶效应，需要企业的管理者对外部环境,尤其是更大系统的大趋势有清晰的理解,能识别并预测多种重要因素,并对它们相互交织可能产生的全新可能性做好准备和预案,懂得区别风险和机会。

善用二阶效应,需要做先知先觉的人,做好一切准备等风来,这时"疯狗浪"一点都不可怕,反而是弄潮儿求之不得的机遇。

九、波音的堕落

2018年和2019年的两次空难事故,把波音推向了风口浪尖。两次事故都涉及刚刚服役不久的波音737MAX最新机型。此次东航空难事故的737-800机型算是前一代,服役时间也接近7年。737MAX事故的调查结果很清楚,直接原因是人为设计问题,而背后深层次的原因却是波音整体的文化和管理的堕落。这些都被彭博社记者罗比森在新书《盲飞》中抽丝剥茧般梳理出来。

整体而言,波音的问题根子在于文化。30年前波音收购了美国竞争对手麦道之后,麦道的企业文化反而反客为主。这种迎合华尔街追求短期利润的文化从内部瓦解了波音几十年积累起来的工程师精益求精的文化。短期股价翻番,一片欣欣向荣,却种下了波音长期堕落的种子。737MAX的设计问题被暴露出来之后,波音最新的双通道机型787梦想客机制造过程中掩盖的各种问题也被接连曝光。

梳理下来,波音堕落有四宗罪:用管理沃尔玛的方式造飞机;因为短视而忽视战略问题;"监管俘获",自己给自己开绿灯;股东利益最大化扭曲成"自肥"的资本主义。

这些教训都特别值得大型企业的管理者引以为戒。

用管理沃尔玛的方式造飞机，迟早要出问题

波音与麦道合并之后，新一代的管理者都是空降兵，比如20世纪90年代之后，波音前后两任CEO都是来自GE的空降兵，而不再是浸润着工程师文化从波音内部成长起来的管理者。GE的管理文化着眼于管理者的通用性，强调成本管理，追求效率，认为管理一家高端制造公司跟管理沃尔玛这样的大型超市没有本质区别。而麦道迎合华尔街的管理模式在30年前也变得更加流行，追求短期利益，强调股价管理，尤其是用公司自有资金回购股票这种让股东和拥有股权激励的管理层双赢的做法，其代价是牺牲了企业的未来发展。

追求短期效率和利益的文化与波音常年积累下来的工程师文化的冲突，体现在用沃尔玛的方式造飞机上。明星CEO都是成本管控的高手，30年前开始逐渐普及的外包文化也渗透进了波音的供应链。成本管控、大规模外包（全球采购）、压榨供应商，这些沃尔玛的成功要素也被波音的管理者拿来实践。

用沃尔玛的方式造车的确能提升效率，汽车虽然也是大型装备制造，但产量足够大，而复杂程度远远低于客机

项目，安全要求也远没有航空业那么严苛。然而，用同样的思维去造大飞机就会出问题，因为大飞机属于单价高、产量低的高端制造。麦道曾经犯过错误，而波音在立项新一代双通道客机787的时候，又犯了相同的错误。为了达到核定的削减成本目标，即希望研发成本是前一代客机波音777的一半，波音大规模增加了供应商的使用，其中很多并不熟悉；为了增加净资产收益率（RONA），波音出售了大量的资产和辅助工厂。这些都是短期行为，导致787在生产制造过程中暴露出大量问题，其结果是787非但没能省钱，反而大幅度超出预算，下线时间一再推迟。

波音787的案例证明，因为成本管控而强调外包，短期的确能节约成本，长期来看却得不偿失。类似客机这样的大项目，一定程度的垂直整合非常必要，因为工程师在从设计到制造的过程中，遇到任何新问题的解决和创新，都需要同步和协调。公司内的同步和协调只需沟通即可，体系外与供应商的同步和协调则需要修改合同并让法务审核，耗时耗力。恰如一位资深工程师所言：每一个客机开发项目都可能有两万多个意想不到的问题，遇到问题一定不能藏着掖着。可是在节约成本、按计划完成的强大压力下，工程师的意见被压制，短期看来似乎一切正常，时间长了被掩盖的问题总要爆发。

缺乏长期主义的管理者很容易犯战略错误

波音为什么在双通道客机的研发上投入重金？波音对757、777、787，不断推出新款，在单通道737客机机型上却选择修修补补，其背后的教训是短视的管理者很容易忽略重要的长期战略问题。

选择投资双通道客机看起来很明智，因为双通道客机的利润率更高。相比之下，737这样的中短程客机，基本上靠走量，利润率要低一些。打一个不恰当的比喻，前者是豪华车，后者是家用车；豪华车的推陈出新有助于维持高利润，家用车的修修补补用户也不太计较。

但从长期来看，显然波音犯了重要的战略失误，尤其当面临空客的同类机型——空客320的竞争日益激烈之后。

波音737的问题是先天不足，在60年前设计之初，设计师希望它能适应全球各地各种小机场，所以它的离地间隙比较小。因为从未做过整体设计的修改，所以波音737每次更新换代的方法都是换上新一代马力更强劲、燃油效率更高的引擎。这样一来，引擎就从原本挂在机翼之下的雪茄形，一路演变成了保持离地间隙而把底端削平的圆筒形，之后则是把更大的发动机向机翼前方挪。到了737MAX的阶段，大了近两倍的发动机几乎是顶在机翼前面，故前轮不得不加高8英寸，飞机的整个重心也因此发生转移。波音用软件模式来解决飞机仰角过高导致失速的问题，却不对飞行员进行大规模培训，这直接导致了两起事故的发生。

战略上的失误也导致战术上的混乱。超期服役的波音737在与空客320，尤其是装载最新最高效引擎的空客320neo竞争过程中，不断居于下风。为了确保市场份额，波音只能选择打价格战。价格战迫使波音737推出简装版本，把许多空客320飞机上的标准件都变成了选装件，在强调安全第一的航空业，这些做法此前都是难以想象的。比如客舱后端的备用灭火器作价8万美元，而美国联邦航空管理局（FAA）并没有强制要求客舱有备用灭火器，这也是导致737MAX事故的另一个原因。此外，一个传感器失灵引发了软件的"暴走"。备用传感器也是波音额外装置列表之一，而失事的两家航空公司，印尼航空和埃塞俄比亚航空都是廉价航空公司，为了节约成本，它们都没有在客机上安装备用传感器。

其实波音与空客的双头竞争背后，战略和战术是交织在一起的。空客最大的担心是在最走量的单通道市场上波音会醒悟过来，投入大量资源去设计一款新世代的客机。当局者迷的波音却迟迟无法醒悟，接连的事故只可能不断蚕食其市场份额和客户对它的信心。

波音凸显了"监管俘获"问题的严重性

波音737MAX这一大改机型能一路绿灯被放行,凸显了监管俘获问题在美国的泛滥。所谓监管俘获,就是政府的监管者因为缺乏资源和能力,或是因为大公司游说的压力,实际上不再具备监管的能力,甚至拱手将监管权力由大公司私下控制。

20世纪80年代之后波音文化的转型恰逢去监管给航空业带来爆炸式增长的机会。去监管也意味着监管者的资金和能力被削弱。在FAA内部,虽然专门设置了一个波音安全监管处,但无论是从其名称还是从整个组织架构,都看不出它是用来监管波音的,让人怀疑波音在自己监管自己。对波音737MAX的调查就发现,为审批一路开绿灯的人,其实是波音的自己人。

此外,美国负责航空安全的,机构国家运输安全委员会(NTSB,也是负责空难调查的机构)并不隶属于FAA,其对空难调查之后的建议FAA也没有义务照单全收,因为FAA从设置之初就有双重目的:监管航空业的同时要促进航空产业的发展。过度的安全要求会给航空业带来巨大的成本,有可能抑制航空业的发展。当监管者需要双手互搏,而安全调查者只有建议权的时候,财大气粗的大企业能实施"监管俘获"也就是很自然的事了。波音在过去几十年不仅翻番了在华府的游说金额,每年游说资金从900万美元增加到1800万美元,还雇用了大牌律师(包括经常与最高法院大法官同堂辩论的大律师)。相比之下,监管机构无论是预算还是专业人员,都只能算是小儿科。

一个例子很生动地体现了监管俘获的效果。在所有空难调查中,黑匣子(其实是两套装置:语音记录仪和飞行轨迹记录仪。记录飞机失事前30分钟的内容)最重要。NTSB的首要工作就是找到黑匣子,然后对黑匣子的数据做解读,这一工作模式几十年不变。

问题是,过去几十年任何行业的数据化都已经突飞猛进,为什么客机上的装置仍然还停留在"史前时代"?其实NTSB很早就给FAA建议,在新客机上增加一组黑匣子,以记录驾驶舱内的影像信息。摄像头、磁盘和记忆芯片变得越来越小型化的现在,添加这样的设备所增加的成本应该很小。但FAA就是不同意。

这一决定背后代表了谁的利益,不言而喻。

追求股东利益最大化,可能导致的是"自肥"的资本主义

进入新世纪,波音和许多大企业一样,展现了资本主义

丑恶的嘴脸：一方面，自身肌体内"贫富分化"；另一方面，又不去调和资本与劳工的关系，反而一再加剧这种冲突。

设计高端装备制造业，需要更多的知识工作者，尤其是工程师，更应参与高层的管理。从这一视角去看德国大型制造企业的公司治理，可以发现，由工人组成的委员会参与董事会治理自有它的道理，因为工人和工程师，都是相对一线的员工，听取他们的想法有助于企业坚持长期主义，从而不被股价管理裹挟变得短视，而这种短视的结果可能是战术上出问题，更严重的时候是战略上出问题。

但美式资本主义经历了过去 30 年的发展，CEO 和普通员工之间的平均薪酬差距已经从之前的不到 20 倍增长到 300 倍以上——两者已经分别属于两个不同的阶层。CEO 和高管即使被炒掉也还有他们的"金手铐"，工程师和工人被裁却没有太多补偿，这种管理层和工人之间的"贫富分化"愈演愈烈。比如波音在 737MAX 出事时的 CEO 米伦伯格，虽然于 2020 年被迫辞职，但其"分手费"涵盖股票期权、养老金、薪酬福利，价值仍高达 6 200 万美元。

追求股东利益最大化另一方面很可能出现外行领导内行的问题，塑造专注于成本和效率的文化，迫使工程师放弃严谨的做法，使其为了降成本而不得不拆东墙补西墙。

在波音过去 30 年的管理中，不难发现 GE 传奇领导人韦尔奇所推崇的"财务手术刀"无处不在。控制成本、降低资本投入、减少或者不再增加研发投入、出售非核心的产业,这些财务的手术刀的确能快捷地帮一家看似臃肿的企业瘦身,但其后果,无论是短期的、长期的,还是事先无法预料的,在一些情况下很可能是负面的。

此外,韦尔奇还代表了无所不能的CEO的角色,这样的CEO能点石成金,也因此值得企业花大价钱来聘请。全知全能CEO的时代其实已经一去不复返了。在一个知识密集型的高端制造企业,员工的创造力、工程师的设计和创新能力,才是企业成功的关键。

第三章 超越经济学

一、叙事的力量[①]

为什么比特币在 2009 年初被创建之后,会持续吸引人的注意力,并逐步成为全世界最重要的分布式数字货币,甚至成为一种另类数字资产?诺贝尔奖得主经济学家罗伯特·希勒在新书《叙事经济学》中提出,比特币和支持比特币的区块链技术的火爆,很大程度上拜叙事所赐。

什么是叙事?简而言之就是讲故事,好听的故事经过口口相传、大众媒体和社交媒体的推动,变得耳熟能详、家喻户晓,甚至会潜移默化地改变人的行为。

比特币诞生的时间恰逢 2008 年金融危机爆发,市场上弥漫着一种对监管者的不信任的氛围,让比特币所标榜的

---

① 本文为《叙事经济学》书评。——编者注

去中心化、不被干涉、保护隐私等多种特点为年轻人所青睐。比特币的创立者中本聪，一直没有人知道他的真面目，甚至无法肯定他是否真实存在。这给比特币的创建增加了一层不可多得的神秘色彩，也特别有助于故事的传播。此外，比特币价格的波动走高乃至2017年价格突破1 000美元之后的一路飙升，也很好地代表了全球都市年轻人所追求的一系列光彩夺目的新物种：致富的大风口、新科技和黑科技、大多数人不懂却很炫酷的行话和术语。最后，它还勾起年轻人惧怕错过（FOMA）的心结，使其积极拥抱全新事物，生怕在大时代里落在后面。

比特币代表了一种充满高科技和新经济的叙事，与过去10年（2010—2020年）高科技推动变革加速到来的叙事十分贴切。同时它又提供了一张加入高科技金融浪潮的门票，仿佛西方历史上一再出现的拓边与淘金潮的再现，鼓动着无论对技术懂还是不懂的年轻人，都渴望成为"弄潮儿"。

要理解当下日益复杂的经济，必须理解其背后复杂多元的叙事。希勒要强调的恰恰是在复杂经济现象背后有很多流行的观点和叙事，它们有时是冲突的，有时甚至是虚构的、不真实的想法，借助社交媒体的病毒式传播，这些虚虚实实的叙事却能影响经济决策，甚至老百姓的认知。

叙事的传染性

希勒对叙事研究的切入点是它的感染力，或者套用流行病学的说法——"传染性"。经济现象背后的流行叙事，很像流感（当下肆虐的新冠疫情让所有人对感染病有了切实的认知），流感的变异会在蛰伏了一段时间之后重新暴发，而且造成的影响与之前类似。与经济相关的叙事也会发生变异，然后重新流行。这也是为什么研究历史上流行的叙事对理解当下复杂经济有借鉴意义的原因。比如，对过去经济景气和经济崩溃背后的叙事和故事的挖掘，就有利于我们对未来经济周期的理解和预判。

大的叙事常常是一系列叙事的总和，比如，经济增长背后的叙事可能是全球化、高科技的发展、颠覆式创新所带来的新物种、行业之外的野蛮人等。一些叙事为另一些叙事提供了背景，而且有些相互之间看起来没有多少关联的叙事同时流行，也可能推动经济向某个方向发展。

当然，当下流行的叙事也常常是过去某种叙事的重演。比特币的叙事，与页岩气带来的新兴开采石油的热潮相似，都有很明确的一夜致富的冲动，也有新科技的运用（页岩气的开采就是一系列炫目新科技的应用）。当然这样的叙事也需要有人来代表，不同时期会有不同的明星人物——巴菲特是价值投资的代表;小扎是互联网一代校园创业的代表。

希勒同时认为,乌合之众、民谣和采风,都在强调:大众集体叙事和某些具有代表性甚至先验性的想法被流传,背后有它的道理,可能是群体盲动,但也可能是一叶知秋。

了解叙事(采风评,听民谣)就是为了了解普罗大众对大事件的认知;而好的叙事也是为了影响这种认知。凯恩斯(Keynes)在巴黎和会之后明确表示对"一战"的解决方式很不满意,并对未来十分悲观,一个很大原因是他听到了普罗大众在经济凋敝的大环境中对《凡尔赛和约》的悲观解读,大众的这种解读是不容忽略的。

许多故事经由口口相传、新媒体和社交媒体传播而广为人知,有些经济叙事甚至会改变人的行为。书中提出,最常见的经济叙事莫过于1929年大衰退之前的疯狂,而这种疯狂又体现在人人都在推荐股票,甚至华尔街大亨坐在街头擦皮鞋时,擦皮鞋的小哥也在忙着向他推荐股票。思想敏锐、有采风意识的大亨立马意识到,当街头的小人物也在大肆谈论股票的时候,泡沫大概到了快破的时候,遂赶紧清仓,在最高点卖出了股票,在股灾之前全身而退。类似泡沫叙事在历史上不断地被重复。

书中的另一个例子更是一般人不大会问的问题:为什么生日快乐歌那么家喻户晓,全球的人用各种语言在庆生的时候唱同一首歌? 是因为旋律优美吗? 是因为歌词精妙吗?

潜流 激荡、变局与趋势

都不是。答案只有一个，生日快乐歌经由病毒式传播已经成为大众叙事的一部分，而且被全球几十亿人每年不断重复。生日快乐歌的感染力源自重复，而不是因为它是每个人都喜欢的歌谣。拥有感染力的经济叙事也一样，因为会不断重复——可能也会微调——这样的叙事才会家喻户晓。

| 叙事改变行为

《叙事经济学》是一种跨界研究的尝试，希望从经济话语，尤其是已经成为潮流的话语的分析，来研究它们是如何影响人们的认知乃至经济决策的。在一个特别强调传播，尤其是社交媒体病毒式传播的时代，如何塑造可以传播的话语，成为经济决策和商业模式创新过程中不可忽略的一环。在高科技"独角兽"的叙事中，无论是优步还是 WeWork，都在其原本传统的商业模式上添加了厚重的高科技的包装，因此推动了流行。而最新"独角兽"的叙事，又特意掀开这些企业的高科技伪装，把它们打回原形，强化了烧钱烧出商业模式的诸多谬误。

希勒强调，好的商业叙事可以为各方参与者所利用，并最终改变人的认知和行为，推动商业模式的流行，甚至影响许多国家的政策。房地产的叙事就是最好的例子。

首先，为了推动房地产业的发展，政府和商人共谋推出

"居者有其屋"的叙事。一方面,把房屋自购率作为经济发展的一个指标;另一方面,也把购房作为对社区做贡献的一种表现(在美国尤其如此,因为房地产税直接供给了社区的学校)。其次,在这一叙事之下又涌出了许多分支相关联却不一定一致的叙事。比如,所有者叙事,买房子是一种对未来负责任的表现,因为这是很多人人生中最重要的金融决策;房地产的增值带来的财富效应则是不断被提起的经济叙事;买房养老是另一种叙事,强调房地产的储值功能;推动房地产的发展则需要改变人的金融思维,尤其是改变人的储蓄习惯,这又是房地产与银行的共谋。早期借钱消费被很多人认为是不妥当的,甚至是危险的,但是房地产的发展就需要改变大众对按揭的"偏见",强调加杠杆是所有人能够"努力"买房并增加个人财富的一种工具。

节俭和炫耀式消费的叙事也呈现出不同时期不同的图景。韦伯在《新教伦理与资本主义精神》里推崇企业家的节俭精神,强调节俭才能把积累的资本投入到扩大再生产中。炫耀式消费则不同,它强调一个人必须把成功外在地表现出来,用香车别墅香草美人来点缀。特朗普的上台为炫耀式消费带来了全新注脚。整个大选期间,他都在自己位于纽约的金光闪闪的特朗普大楼的顶层炫耀财富,却让美国人觉得很受用,这其实从侧面显示出美国民意对炫富并不反感。

新冠疫情下的宏大叙事

新冠疫情肆虐全球，引发了全球公共卫生危机与经济危机的叠加，也释放出大量不同叙事的力量，我们如何透过叙事的层层迷雾真正理解危机的本质，同时又不断提醒自己——危机的叙事可能和危机本身一样，会给未来每个人的工作和生活带来影响。参与叙事的加工之中，让叙事更贴近危机的本质或者更有助于危机的解决，就成为政策制定者和专家重要的任务。

我根据希勒关于叙事分析的框架对新冠疫情进行了一番观察，至少可以发现了 3 种不同的叙事在危机之后交织出现：

第一种是关于全球化（或者说去全球化）的叙事。这一叙事又有几条不同的线索。

首先，是关于全球供应链应该如何重置的讨论。很多人认为，新冠疫情凸显了跨国公司追求效率极致（以 JIT 为代表）的复杂供应链在极端情况下脆弱的抗打击能力，认为应该给供应链增加更多韧性，甚至为西方国家再工业化，其中最具代表性的就是特朗普所宣扬的把工业重新带回美国的努力，并为之摇旗呐喊。

其次，是要警惕民粹和贸易保护主义抬头的叙事。新冠疫情给贸易和全球人的流动按下了暂停键，医疗设备和防护物资的短期不足又引发了对"战略"产业本地化的呼吁，这些呼吁很容易被夸大成产业本地化的贸易保护主义政策。一些国家禁止防疫物资和药品的出口，又推动"以邻为壑"和"各人自扫门前雪"的民粹主义的抬头，殊不知，全球抗疫的成功需要全球的协作努力。在日益互联互通的世界，没有哪个国家可以独善其身。

第三，是关于中美"修昔底德陷阱"的叙事。这一叙事在过去一年中美贸易纷争时不断被提及。所谓"修昔底德陷阱"，是用古希腊历史点出崛起的大国和既有的大国之间的竞争，很可能无法避免"终有一战"。特朗普在处理新冠疫情上几乎抱持"孤立主义"，不再承担美国作为大国对全球事务的责任（最近的例子就是暂停支付世界卫生组织 WHO 会费），让全球治理面临空前的危机。中国如何承担起更多大国的责任，也成为大国竞争叙事的另一面向。

第二种是科技推动的变革加速到来的叙事。这一叙事在过去 10 年一直以人工智能和大数据推动加速变革的叙事为代表，其中交织着工作为新技术所取代的担忧。新冠疫情给了采用个人定位信息、手机信息及大数据分析来监督社交距离、筛查潜在疑似人群以重大的用武之地，在辩论隐私与效率之外，高科技可以更好地解决棘手的抗疫问题的叙事，已经深入人心。新冠也同时加速了远程办公的应用，类似Zoom这样的视频开会工具使用量呈几何级上升，强化了高科技改变未来工作的叙事，更催生了企业组织的未来会发生巨大变化的全新叙事。哪些新工作和新协作方式在疫情结束之后还会被保留下来？对这一问题的讨论本身就可能影响结果，因为叙事一旦流行，可以加速流行的工作方式的普及。

第三种是对危机本身讨论的叙事。到底用历史上的哪一次危机作为参照系来理解这次新冠危机？如果从美国仅仅不到5周的时间就有超过2 500万人申请失业补助，几乎把2008年金融危机之后创造的新增就业一扫而光来看，新冠疫情的叙事很贴近1929年大萧条给全球经济带来的巨大冲击。大萧条也是衰落的大国英国走下神坛，而后起的大国美国和苏联还没完全站上舞台的空档期，被历史学家称为"孕妇"期——其寓意是新的全球治理秩序尚在孕育之中，且充满不确定性，因而与大国博弈"修昔底德陷阱"的叙事贴合。更多政策的讨论则以2008年金融危机为参照系，专注于讨论如何规避政策中的"道德风险"，如何避免企业"大而不倒"，以及危机期间如何框定"大政府"所肩负的责任与边界。

希勒的《叙事经济学》为以上对复杂经济现象背后叙事的梳理，构建了一种跨学科研究的框架。希勒试图把行为经济学的研究与社交媒体传播学的研究合二为一,但这样的分析仍然是经验式的。社会网络传播过程中,处于中心地位的人起到了很好的联结作用,故事需要有特定的定位才能有效传播。在社交媒体越来越嘈杂的当下,抓住复杂问题的核心叙事并强化这一叙事,与解决复杂问题的努力同样重要。

二、经济学家的登堂入室[①]

沃尔克和格林斯潘是很多人心目中具有巨大影响力的经济学家的典型。两人先后担任美联储主席，并在这一全世界最重要的央行行长位子上做出了煊赫的成绩。沃尔克成功通过控制货币总量的方式控制住了一度达到两位百分数的通货膨胀率的上升，为西方国家过去 30 年经济保持低通货膨胀打下了基础。格林斯潘则是美国经济在 20 世纪 90 年代保持高增长的幕后推手，他所推动的金融去监管带来了空前的繁荣，却也为 2008 年全球金融危机种下了种子。

但是，经济学家并不是我们想象中一直扮演政策和法规的制定者，事实上他们真正"登堂入室"也就半个世纪的光景。以刚刚去世的沃尔克为例，当他在 20 世纪 50 年代初次作为一名经济学家进入美联储工作时，在美联储大楼密不透风的地下室办公，被认为虽然和工具书一样是有用的参谋工具，但与直接参与决策的要人们仍然相去甚远。

---

① 本文为《经济学家时刻》序——编者注

《纽约时报》社论主笔本雅明·阿佩尔鲍姆的新书《经济学家时刻》记述了从 20 世纪 50 年代末到全球金融危机爆发的 50 年间，经济学家如何从边缘的工具一步一步成为举足轻重的政策制定者，也梳理了新自由主义经济学给以美国为代表的全球市场带来的巨大改变。同样，在书中阿佩尔鲍姆也并不讳言自由主义经济学的局限——导致 2008 年全球金融危机的部分原因就是这批经济学家所推崇的金融去监管。书中点出当下主流宏观经济政策的盲点，也是为更好地应对数字经济时代提出了新课题。

阿佩尔鲍姆在书中引用最多的是美国的案例。经济学家的"登堂入室"在美国最大的特点就是，他们日益取代律师（也是美国产生政客最多的职业）成为政策制定的主导者。在 20 世纪六七十年代，这一博弈主要体现在律师所信奉的公平与经济学家所拥趸的效率之间的竞争和取舍，从反垄断和去监管这两个重要政策转向中可见端倪。

镀金时代律师主导了不少反垄断的经典案例，从标准石油的拆分，到贝尔电话公司的分解，都遵循一条重要的逻辑——坚持公平的原则，维持市场上的大致平均，不让任何企业可以在市场上占有过大的市场份额，因为这样能遏制竞争。

但是到了 20 世纪 60 年代，反垄断与竞争之间的关系变得理不清。竞争，尤其是为了将对手排挤出市场的价格竞争，其结果是垄断，但是至少在过程中给消费者带来的是更低的价格。这成了经济学家相信市场的原因：市场上存在的就是合理的，哪怕结果是相对垄断。他们认为检验反垄断的唯一目标，应该变成是否向消费者提供了更便宜方便的产品与服务，而不是简单的市场份额。

经济学家推动这一转变的背后，是美国经济和社会当时正在发生的巨大变化。从20世纪70年代开始，美国从一个强调平均的劳动者所组成的社会（从自耕农到向往中产生活的蓝领工人），逐步转变成了一个消费者主导的社会。消费者的社会希望是价廉物美，经济学家的想法因此与消费者一拍即合。改变的另一方面则是数字经济的兴起，以微软与网景在浏览器垄断的诉讼为分水岭。此后的高科技数字公司，无论是谷歌、脸书，还是亚马逊，虽然占据极高的市场份额，却因为不断给消费者带来便利，甚至提供表面看起来是"免费"的服务（免费的搜索和免费的社交媒体服务），而不再成为反垄断关注的对象。

《经济学家时刻》指出，自由派经济学家有一条明确的思路，在市场和政府政策之间，因为市场能带来效率所以选择拥抱市场，而政府应该尽可能从直接参与经济事务中脱身。继反垄断之后，经济学家下一步推动的是去监管改革，也就是减少政府对市场的监管，更充分释放市场中的"动物精神"。

书中花了不少笔墨描写了去监管给美国航空业带来的改变。美国航空业的去监管是监管者革自己命的经典案例，因为最终去监管的结果是监管者（FAA）关门大吉。美国最后一任航空管理署署长甚至宣布，飞机上变得喧闹拥挤就是他推动的去监管政策成功最好的标志，因为市场开始提供更便宜的机票，让更多人可以乘飞机去旅行，至于乘飞机从优雅的体验变成了挤巴士，只要消费者买单，就不应该有什么抱怨的。

美国在20世纪30年代，之所以规定40年内不允许任何企业再进入航空业，其背后的理论支撑是竞争会带来浪费，而盲目竞争会给在位者带来危害。但是，随着时间的推移，监管者变成了手中紧握审批新航线和规定票价大权的官僚，他们审批新航线耗时费力，而打击任何私下出售打折机票的行为却毫不心慈手软。

无法进行价格竞争，领先的两家航空公司美联航和美国航空公司就开始了豪奢的比拼。美联航把波音747前排的30个座椅拆掉，改建成一个大酒吧，让旅客可以在高空参加派对；美国航空公司有样学样，不仅在飞机上设有酒吧，还请来乐队在飞行中现场演奏。因此20世纪五六十年代美国人乘飞机旅行都要西装革履，盛装出行。

当然，美国也出现了异类——加州的西南航空。西南航空执飞南北加州的交通线路，盈利最好的是洛杉矶到旧金山的航线。东部的旅客发现，加州人乘飞机跟乘火车巴士差不多，穿着随意，机票也很便宜。后来在去监管的听证会上，摆出的证据就是洛杉矶—旧金山航线与波士顿—华盛顿航线的票价的比较，虽然距离相仿，执飞的机型也一样，前者却比后者便宜一半还多。

美国联邦制有如下特点。联邦政府监管的都是跨州的商业行为，州内商业活动则可以不受监管。西南航空之所以能在加州尝试廉价航空，是因为它的航线全部在州内，不用服从联邦政府的监管。这有点类似20世纪80年代末成立的海马汽车，这家在海南注册的汽车公司，一开始因为没有拿到"准生证"，一度只能在海南省内销售。

去监管的红利，美国航空业吃了接近30年，从20世纪70年代到2000年，美国航空票价一路下滑。当然也有人要付出成本，空姐的收入同期就下滑了四分之一。

各行各业的去监管短期内都带来了增长红利，金融业也不例外，甚至在格林斯潘主政美联储的20世纪90年代和21世纪初出现了异常的繁荣——也就是经济学家希勒所称的"非理性繁荣"。但是这样的繁荣最终因为2008年金融危机而破灭。

为什么会出现金融危机？《经济学家时刻》总结为——去监管。因为监管者对市场的盲目相信，相信金融机构能做到自律，也因为监管者对金融创新，尤其是衍生品领域内的

第三章 超越经济学

创新过度缺乏预见，对金融市场的赌性缺乏理解。

从20世纪60年代到2008年金融危机的发生，经济学家推动了从大政府到信任市场的一轮全球范围内的市场力量的大解放。但是，这种解放和全球化联系到一起，也衍生出许多问题。2008年金融危机是各种问题的总爆发，而美国的去工业化则是另一个常常被忽略的领域。

经济学家所推动的以去监管为主要特点的自由化经济政策，让整个经济的天平倾向了资方，加剧了整个社会的贫富差距。而无论是里根的减税政策、格林斯潘推动的金融去监管，还是浮动汇率制，都推动了美元长期升值，导致美国制造业失去竞争力，加速了美国的去工业化过程。全球对美元和美元资产的需求，也让美国迅速消费化。从20世纪90年代开始的全球化的高歌猛进和跨国公司寻求全球便宜制造的努力，导致美国劳工工资的停滞。

去工业化带来的贫富差距拉大骇人听闻。《经济学家时刻》中引用了不少翔实的数据。比如，20世纪80年代美国男性就业者中位数收入是54 000美元，而2018年这一数字是52 000美元，也就是说，在过去38年，尽管名义上美国GDP翻了7倍，劳工的收入却出现负增长。美国社会向消费社会的转向也意味着工作的巨大改变。2011年的一项调研发现，1990—2008年，美国净增长的2 730万工作机会大多数是不会直接受到外国竞争影响的工作，即医疗和零售行业内的工作。但是，这些新增工作大多是收入比较低的服务岗位。

经历了全球金融危机的洗礼，政府与市场博弈的钟摆正在回调。经济学家开始探索到底应该采取什么样的政策来防治"市场失灵"的情况。如何确保政府在数字经济时代鼓励竞争，避免出现IT巨头"赢家通吃"的局面，缩小贫富差距，维护"公共财产"，促进环境保护，应对全球变暖，强调企业在股东利益最大化之外应肩负的社会责任……这些新议题的出现，经过《经济学家时刻》对过去50年新自由主义经济学政策实践的全面梳理和反思之后，变得更加清晰。这恐怕是阿佩尔鲍姆这部"经济学家断代史"的最大着眼点。

三、放任经济学[①]

经济学是当下的显学，越来越多的人倾向于用经济学的思维来解释复杂的社会现象，解决各种社会问题。拥趸们认为，经济学正在变成一门逻辑严密的科学，能影响社会科学、影响人的行为和市场的运作，并指导政府制定政策。批评者则指出，新自由主义经济学过度强调市场，过度强调金钱激励的价值，可能把复杂现象简化，当经济学的解释和解决方案变得日益流行的时候，它又会反过来影响经济和社会中主体的行为，而这种影响本身就挑战了其客观性。

剑桥大学伊曼纽尔学院研究员奥尔德雷德的《通往衰败之路》一书是对过去40年，尤其是里根、撒切尔的新自由主义经济学盛行之后，经济学对社会科学其他领域的"渗透"的反思，是对经济学思维渗透到解读人类社会复杂行为时可能带来的扭曲的警示，也是对经济学试图打造成为和物理学一样放之四海而皆准的科学方法的一种告诫。相对于人类复杂而又不确定的行为，经济学的研究只是探寻了

---

① 本文为《通往衰败之路》序。——编者注

冰山一角，但因为经济学叙事的流行，对复杂现象过度简化的解读和标榜抽离了伦理与道德判断的客观视角，反过来却可能深刻地影响人类的行为，甚至让挑战伦理、无视道德、崇拜金钱、寻租自肥等诸多"恶行"打着"市场经济"的大旗畅通无阻，这是经济学"渗透"的危险所在。

重新审视理性人假设

新自由主义经济学倾向于用市场的逻辑统率一切，其背后的支撑是"理性人"（经济人）的假设。但在现实世界中，这样的假设无法涵盖人类行为的多样性，更无法适应推动知识经济发展的团队努力的要求。

奥尔德雷德清晰地指出，对"自私"的解读在亚当·斯密时代及其之后发生了巨大的变化。在斯密的语境中，个人的自私是一种开明的自私，代表了启蒙时代对人的期许，许多道德因素已经预设其中。当这种自私被等同于无时无刻不追求自己利益的最大化，并为此可以进行无穷算计的时候，抽离了道德判断的它对人性与人的复杂行为的简化是骇人的。

理性人的假设，就好像假设每个人都是国际象棋大师，在做任何事情的时候都能清晰地预判到每一步棋之后的第四步甚至第五步。依赖这种假设推导出来的博弈论很完美，但可能与现实产生巨大差别。在检验博弈论的不少实验中，只有极少数人表现出国际象棋大师的思维模式，而且每个国际象棋大师的思维不一定都类似。

更重要的是，这种理性人的假设忽略了人性中其他同样重要的方面。比如，人与人之间的互信，而互信奠定了人类凝聚为团体的基础。许多人也拥有利他主义和牺牲精神。如果从进化论的视角来看，这种不利己的行为其实是学会了"推迟享乐"的进步。利他是一种分享，而分享则是长期交易的开始，而长期交易又能激励人际合作。理性人的假设，恰恰因为忽略了人在人群中互动的各种可能性和短期与长期不同的利益考虑，所以在现实面前才常常碰壁。

站在人性和成功学叙事的视角，理性人的假设也夸大了"个人英雄主义"。各种成功学的叙事和名人传记都愿意挖掘成功中个人努力的一面（有些甚至成为传奇），却往往忽略了运气的一面和团队的贡献。成功时颂扬个人英雄主义，失败了却要找政府纾困，这并不是诚实的态度。知识经济的发展建立在前人的积累之上，未来无论是公司还是个人，成功更多源自团队的努力，这都需要跳出英雄主义的叙事。

推而广之，这则是对人与社会及政府，或者市场与政府的关系的研究。在颂扬小政府时，新自由主义经济学忽略了在日益复杂和全球化的经济社会中，经济活动一定会受到政府的政策和监管的影响的现象，而政府对市场经济自由放任的结果则可能加剧贫富差距和不平等，而1980年之后的现实恰恰证明了这一点。法国经济学家皮凯蒂在《21世纪资本论》中认为，过去几十年，资本的收益高于劳动的收益，美国经济和金融的不平等体现在太多财富积于股市之中，而普通人的收入却常年不涨，股市的繁荣依赖全球化和量化宽松，企业盈利大多数用于股票回购，推高股价，让管理层受益。

美国财富阶梯顶端1%的富人正在成为阶层固化且积极寻租的人群，而自由化的市场理论恰恰给了他们这一行为最好的背书。直到20世纪80年代，美国财富500强企业CEO的平均薪酬是普通员工的20倍。20年之后，他们的薪酬已经上涨到普通员工的278倍了。

或许，理性人的算计在自肥的财富塔尖人群身上最为适用，遵循市场逻辑的政商"旋转门"能确保富者恒富，政治献金赞助属意的候选人能推动富人的政策，而花钱游说影响特定的法律法规更是司空见惯。

市场逻辑的盲点

对晚近资本主义过度强调市场还有另一个批评的视角——新技术的应用与快速迭代加剧了人的两种异化，即原子化和大宗商品化。基于移动互联网的平台快速壮大，大数据和人工智能所匹配的零工经济/共享经济发展得如火如荼，增加了市场交易的机会，也盘活了原本的沉没资产——无论是没有充分利用的空房间（爱彼迎），还是一个人的闲暇时间（优步或滴滴）。但在赞美互联网平台创造出全新市场的同时，不能不担心，这样的市场也把很多人类固有的关系简化为交易行为。问题是，并非人类的一切关系都是交易，我们除了是消费者之外，还是家人、朋友、社区的活跃分子、企业的员工和国家的公民。当平台市场把更多行为转变成交易的时候，当更多人用消费者的视角去审视人与人之间的关系的时候，我们就可能把道德丢在脑后，这是非常危险的。

之所以担心人会变得原子化，是因为它消解了家庭作为社会核心单元的意义。如果让市场关系取代家庭和朋友的纽带关系，让各种付费服务取代家庭内并不以金钱来衡量的各种服务——从做饭到洗衣服、打扫卫生，再到看孩子和照顾老人，那么家庭的纽带，家庭作为独立于市场经济之外的另一种组织形式，其影响力就会骤减。原子化让每个人都可以不再依赖家庭而生活，但原子化也让市场逻辑可以消解人类社会所有其他逻辑。

大宗商品化则是担心劳动者成为可以完全替换的经济单元。理想状态下的共享经济让每个人都可以充分利用闲暇时间，给闲置物品贴上一个机会成本的标签。在长期雇佣关系下，每个人都要参与多次博弈；但是在零工经济所带来的实时匹配下，很多博弈是单次的、真正"交易性"的。多次博弈的考虑和单次博弈完全不同。虽然零工经济发明了双向打分的评分机制来解决信息不对称，这种机制也有助于建立某种信任，但是这种信任是非人际关系的，而这种非人际关系的信任与人际网络中真诚的信任纽带不会等同：一种是发自内心的爱心；一种是满脸堆着笑的流程式的服务。算法和评分更像是把人变成充满算计的"理性人"。

无论是原子化还是大宗商品化，它们都是通过高科技手段让市场经济的逻辑统合一切。前者侵蚀了家庭，后者危害了社区和社群，两者的底层逻辑是打击社会中人际纽带的多样性——亲情和友情以及社区里的社会责任，这些纽带所主导的处事原则与市场交易法则是截然不同的。人们需要花费更多时间和精力来培养亲情和友情，这种投入是基于合作和互惠这两个非常重要的人际交往原则的。当金钱交易取代了合作和互惠时，人类社会将出现巨大的问题。

行为经济学是最近经济学领域内兴起的一支显学，其核心观点是，我们不应去挑战人类行为表现出来的种种弱点，相反，我们应该借助它，转而推动人们去做出他们本应做出的选择。助推的假设仍然是理性人的选择是最佳选择，而很多助推的手段又都与使用金钱作为物质刺激有关。

但我们往往忽略的是，一旦一些行为被改变成金钱交易，就可能会腐蚀人类社会行为中的道德约束。如何帮助人们做出正确的选择，"助推"只是研究的开始，因为我们对人性的多样性和不可预测仍然缺乏深入的了解，经济学家对激励的理解也才刚刚开始。在复杂的人类社会，激励多种多样，到底人们对激励和助推会做何反应，以及驱使人们改变行为会有怎样潜在的道德和政治问题，也有待进一步研究。

"90后"和"00后"一代接受的激励可能更加多元化，他们也可能更乐于拥抱以赛亚·柏林（Isaiah Berlin）提出的自由——自主、自发、自律并自己负责的自由，这种自由的驱动很多时候并不是出于金钱的激励。全球年青一代拥抱极简主义，关注全球变暖，抱持素食主义，等等，都不能用简单的经济分析来解释，也不是一般的赶潮流就可以概括的。更重要的是，我们可能需要意识到，人类的非理性可能并不是一项缺陷，而可能恰恰是人类不同于机器的特点，是人类升级之所在。当人工智能和大数据可以更快、更好地去做量化分析，从对过去的数据分析中找出规律来预测未来的时候，人类的非理性可能反而有助于我们去理解那些难以量化的因素。

全新的路径选择

如何让经济学研究更贴近现实？首先要明确经济学的

发展向度：经济学到底是要发展成类似于物理学的一门依赖数学工具的有恒定的定律支撑的科学，还是更贴近哲学的一种人类对复杂社会现象不断思考的社会学科？

资本主义在过去200年被诸多经济学家的思想塑造，它同时也影响了一代代经济学家的思考。观察经济学及其研究的经济系统，不能规避这种互动的关系。经济学也不是一套中立的观念和工具，可以让客观的观察者从外部审视和分析经济现象。相反，它存在于经济体之中，同时也影响着经济的发展。

经济学入侵其他领域，凸显了将经济学发展成研究经济社会现象的理论集大成者的野心。但是，经济学的讨论永远无法脱离政治和伦理的判断与思考，数学的推理虽然给了经济学一层科学的外衣，但是更隐藏了许多经济学思考中包含的政治、道德和价值判断。

奥尔德雷德这本书振聋发聩的地方恰恰在于：如果放任自由市场行为占领原本属于伦理、道德和价值观的领域，让经济学的算计替代人类复杂而多元的思考，就可能开启"作恶"之门。在一个快速变化的世界，强调人与经济的复杂性与多样性，并站在复杂适应性系统视角去研究经济，推动学科之间的融合和共生，才是正道。

四、足球经济学英超与欧洲"超级联赛":
   第一次是正剧,第二次是闹剧

历史何曾相似。29年前,英国甲级联赛的一帮老板们经过多次在私密俱乐部里的密谋之后,决定另起炉灶,成立英国足球超级联赛(简称英超)。2021年6月,包括皇马、巴塞罗那、曼联、阿森纳、尤文图斯和国际米兰在内的欧洲足球的12家豪门球队同样经历了好几个月的密谋之后,赶在周一欧洲冠军杯改革计划出台之前,宣布另立门户,成立"超级联赛"(Super League),并且力邀德甲和法甲的豪门球队加盟。可是好景不长,"反旗"才刚刚竖起来两天,欧洲"超级联赛"就分崩离析。或许,这正应了一句老话:历史上第一次登场的是正剧,第二次的重复则可能以闹剧收场。

如果说英超的成立是20世纪90年代全球化高歌猛进幕后推手的结果的话,"超级联赛"则是后新冠时代寡头资本逐利的代名词。新冠给职业联赛的打击是空前的,门票收入清零,电视转播收入大幅缩水,这些都是大球队另立门户成立"超级联盟"的外因。摩根大通作为金主提供了32.5亿欧元的"基础设施贷款",帮助支付搭建新联赛所需要的各种费用，而每个加盟球队都能拿到 2 亿—3 亿欧元的"加盟奖金"，对债务累累的球队而言，这无疑是巨大的诱惑。而且新增的比赛有可能带来 40 亿欧元的新增电视转播费用，对球队的老板们而言，这更是一张可观的"大饼"。

但是，"超级联赛"甫一推出，就遭到了包括来自欧洲政界和足坛各界的诟病，矛头直指它试图颠覆欧洲足球联赛"优胜劣汰"的机制——20 支联赛球队中的 15 支创始球队都会成为联赛的永久会员，完全效仿美国国家橄榄联盟（NFL）的模式，这样创始球队再没有降级的风险，球队老板也能指望球队的估值节节高升。强化投资者利益，推动足球联赛变成更商业变现的嘉年华，却有可能忽略足球的传统，牺牲中小球队和球迷的利益，这样的发展对于足球本身到底是利还是弊？

在 2018 年出版的《俱乐部》（中文版《超级联赛》）里，《华尔街日报》的两位记者约书亚·罗宾逊和乔纳森·克雷格讲述了英超联盟如何成为世界体育中最狂野、最富有、最具杀伤性的一股力量的故事。在欧洲足坛硝烟再起时，重翻此书，可以更好地理解，为什么竞技体育会是映照经济变化的侧影。

20 世纪八九十年代，英国的足球联赛仅是世界主要的几大联赛之一，但为什么 1992 年之后，英超一骑绝尘，成为国际足坛的巅峰赛事？因为1992年发生了英国的足球商业革命。简言之，英超变成了第一个全球化管理的联赛，改变了以前靠社群和社区来支持的商业模式，把全球消费者都变成了自己的球迷，英超由此变成了一个让全球消费者买单的联赛，一个全球电视转播权收入让球队赚得盆满钵满的联赛，也因此成为资金全球化的样本。

英国是有着最长久足球历史的国度，英国球队的球场也因此有着很长的历史，很多球场建造在20世纪初。到了20世纪80年代，问题纷至沓来，球场的设施老旧，厕所简陋而且数量很少，大多数球迷都就地靠墙小便，球场的氛围和气味可想而知。因陋就简，球队只有单一的门票收入，球场无钱改造，导致悲剧事故频发。1989年，谢菲尔德的希尔斯堡球场看台坍塌，导致近百名球迷死亡，这才迫使英国政府派出调查团。调查报告给球场提出了一系列要求：看台全部改建成有座位的，取消隔离栏，取消只有站位的席位。这份报告让球队商业化变得迫在眉睫，因为它们至少需要为改造甚至重建球场而募集资金。

英国联赛因为时间久远，球队老板也经常是父子相传，家族并不会把球队当成赚钱的金饭碗，对它的感情反而是一种对社区、对球迷的责任，对传统的维护，也将其当作一种休闲爱好。当然，作为球队老板，可以于周六下午在球场和本地要人觥筹交错，开董事会可以和闻人们一起叨着雪茄吞云吐雾，是对他们最好的回报。球队是社交的平台，仅此而已。

20 世纪 80 年代，情况出现了新变化，有经商头脑的人开始成为球队老板，并且不断购买股份以便控盘，他们看到了美国职业联赛的盈利前景，看到了电视转播权潜在的大笔收益，看到了顶级球队通过发展周边产业将商业变现的大好前景，这也是为什么他们最终会联合起来"叛乱"并成立英超的原因。还有一些球队的老板更早看到金融市场的机会，曼联和利物浦都很早在伦敦股票市场上市融资，修缮球场，推动球队从业余的爱好转变成赚钱的机器。

英国足球联赛商业的引爆点是默多克。20 世纪 90 年代初，他在英国推出卫星电视（星空卫视），就此打破了沉寂的电视市场，也一下子让球队老板看到了全新的赚钱机会。

很难想象，在 1985 年之前，电视转播根本不在英国联赛球队的关注范围内。一方面，因为门票收入是球队唯一的收入，基本能保持球队处于温饱状态，甲乙丙丁四级联赛的 92 支球队都担心电视转播会让球迷有理由待在家里看球赛，让唯一的收入流失。20 世纪 80 年代初英国足球赛的电视转播甚至出现了这样的"奇葩"：只允许转播下半场，因为只有这样才能迫使真球迷都去球场看球。另一方面，也是因为英国电视市场的单一，当时只有公营的 BBC[①] 和私人的 ITV[②] 两家，球队觉得两家串通起来压价，没有多少兴趣尝试新模式。

默多克的卫星电视是搅乱市场的那条鲶鱼。默多克看到美国职业联赛的火爆，他很清楚拿到英国最大体育赛事的直播，会是一个新的电视业务快速发展的引爆点，为此他不惜重金开出了 4 年 4 亿英镑[③] 的天价，竞标英国足球联赛的转播权。

天价的转播权彻底颠覆了球队老板的心态。英国联赛的顶级球队在 1992 年成功串联，脱离英国足球联赛，另起炉灶，搭建英超，一大主要原因是因为他们并不愿意将未来丰厚的电视转播收入，与足球联赛 92 支球队平分。他们很清楚，真正能够上直播的比赛一定是顶级联赛的赛事。最终他们成立了由 20 支球队组成的英超，与传统足球联赛的联系只剩下每年的升级和降级。英超电视转播权的分配确定为 50∶25∶25 的原则。50% 的收入由 20 家球队平分，25% 由出镜较多的球队依次分配，25% 按照球队联赛的最终排名分配。

---

① BBC：英国广播公司（British Broadcasting Corporation，缩写 BBC），成立于 1992 年，总部位于英国伦敦。——编者注
② ITV：独立电视台（Independent Television，简称 ITV），英国第二大无线电视经营商。——编者注
③ 1 英镑≈人民币 8 元。——编者注

潜流 | 激荡、变局与趋势

几乎每场比赛200多万英镑的收入,让英超球队陡然变富。暴富的球队,自然有足够底气去签约大牌球星,球星不但能增强联赛的可看度和吸引力,又增加了转播的收视率,英超的品质也因此大幅提升,一切都进入了正循环螺旋上升的轨道。

很难想象,仅仅一个世代之前,英国足球联赛的球员的定位仍然很卑微。球员和其他体力劳动者一样,只是打一份工而已,中学毕业加入球队,就开始了一番学徒生涯,得帮着球队的正牌球员打杂、跑腿、擦皮鞋,几年磨炼下来,如果真的有所历练能代表球队上场踢球,在顶级联赛的年薪也就是13 000英镑,是当时蓝领工人工资的一倍左右。球员毕竟吃的是青春饭,30多岁退役,积蓄也远不足以财务自由,仍然需要找工作,如果不能执掌教鞭(只有很少的球员能变成教练),可能去开个小酒馆,或者当出租车司机。

球场的改造,英超的创建,巨额转播权的收益,直接的影响就是球员市场的火爆程度和球员薪酬的水涨船高。英超联赛里的顶级球星都是日进斗金,如果进入全球足球名人堂的行列,许多人都能领到迈入千万富翁之列的入场券。球员对成绩的渴望和球队对联赛奖金的渴望,两种激励并举,实力的增长让英超变成了欧洲最牛的联赛。

更高的转播收益、更多的商业赞助、更丰厚的利润分享、屡创新高的转会费、更加国际化的球队，英超的创建恰逢后冷战时代全球化的加速与超长的全球经济繁荣。在1992—2017年的25年间，英超20支球队估值翻了150倍，从1亿美元，增长到了150亿美元。英超面向全球185个国家和地区转播，英语让英超比意甲更便于全球观众收看，潜在覆盖观众人数47亿人。

英超的崛起也让英国球队成为富翁追逐的"奖杯资产"。英超和英甲40多支球队，有27支球队被海外资金并购，其中包括俄罗斯大亨、泰国的亿万富翁、美国的新富，当然也包括本地的大亨，比如哈罗百货的老板就希望借球队进入伦敦顶级的社交圈。

这些大亨把美国最成功的职业联赛橄榄球大联盟作为学习的对象。英国安全报告迫使球场取消站看台，精明的球队老板干脆把站看台打造成一个个包厢，专门售卖给企业用户和有钱的老板，其票价是普通票价的10倍。不过这些通常设在球门区的包厢看台让球员很不满意。原先的站看台最便宜，虽然是球迷最容易闹事、最混乱的看台，却也是最亲民、最能烘托主场氛围的看台。那里原本挤满拥有排山倒海热情的球迷，现在改成了一个个包厢，里面的人吃吃喝喝之余，会瞟一眼赛场，却一脸懵，根本不懂足球。在赚钱和热爱足球之间，天平第一次倾向了赚钱，而这么一倾斜，就再也回不来了。

潜流 激荡、变局与趋势

英超是竞技体育拥抱全球化和商业化的样本,创造了惊人的财富。但《超级联赛》的作者在书中最后警告说,唯一的危险就是那些最富有的球队仍在无休无止地争取更多的金钱和影响力。

所谓言犹在耳,欧洲足坛再次树立起反叛的旗帜。这次,"超级联盟"的崛起反映了后新冠时代寡头资本的身影。英超的不少球队,如利物浦、曼联和阿森纳,都已经被美国职业联赛球队的各色老板收入囊中,它们之前悉数加入"叛乱"显然也是为了拥抱美国寡头资本的赚钱法门。他们的梦想是把联盟打造成长青的摇钱树,既具备炫耀的资本,又是永不停歇的印钞机。

全球流媒体在新冠一年中爆炸式增长也类似 30 年前默多克的星空卫视一样,给体育赛事带来更多全新的金主。亚马逊以创纪录的 6 500 万美元一年,签下了美国职棒 MLB 周四夜赛连续两年的网络直播权。类似诸如网飞、苹果和迪斯尼之类的平台,都有可能对横空出世的顶级联赛趋之若鹜。

不过,与 29 年前英超所不同,"超级联赛"身处另一个大转型的时代。它的前景,并不是全球化互联互通带来的更持久的繁荣,反而是日益拉大的贫富差距之下寡头资本逐利性进一步被放大。如果说英超的崛起已经把商业利益放在竞技体育的精神之上,"超级联赛"则希望更进一步,即成为美国职棒那样具有排他性的小圈子,要提前锁定资本的收益,这样一来就距离体育精神越来越远。难怪雀跃者少,扼腕者多!

"超级联赛"很快"胎死腹中",不见得是一件坏事。

五、谁说贫穷限制了想象力

贫穷会限制一个人的想象力吗？2019年，诺贝尔经济学奖得主阿比吉特·班纳吉（Abhijit Banerjee）和埃丝特·迪弗洛（Esther Duflo）认为会。在他们合著的《贫穷的本质》中就特别提出，很多穷人因为资讯的匮乏而无法做出正确的选择，比如不清楚接种疫苗的好处从而不愿将钱花在预防疾病上，或者因为基础设施的匮乏而生活得更辛苦。

两位诺奖得主的结论，却不适用于韩国影片《寄生虫》里描述的贫民世界。《寄生虫》开篇场景就是，蜗居在首尔贫民区半地下室里的一家四口费劲气力寻找免费的WiFi信号。为了连接附近餐馆的信号，20岁上下的姐弟俩蹲在窗口的马桶边上刷手机。

在一个资讯发达的社会，在一个虽然需要蜗居但是基础设施完备的大都市，贫穷不会限制一个人的想象力。相反，值得担心的是，贫穷压力下"力争上游"的不择手段可能会限制人的"善良"。在糊口和谋生的压力下，如果伪装和欺骗可以赚取更好的生活，他们会选择伪装和欺骗，并在伪装和欺骗中丧失自我、突破底线。但这不是他们的错，而是社会病了!

由韩国导演奉俊昊执导、韩国影帝宋康昊主演的影片《寄生虫》,在继 2019 年夏天斩获戛纳金棕榈奖和 2020 年金球奖最佳外语片奖之后,又摘得 2020 年奥斯卡最佳影片奖和最佳导演奖。影片中讲述了 4 次高考落榜的哥哥基宇、同样没能上大学的妹妹基婷,和一对没有工作的父母只能靠帮比萨店折盒子这样的零工为生,而基宇一个给富家女当家教的机会,如何深刻地改变了这家人命运的故事。

为了抓住摆脱贫困的机遇,基宇一家表现出了无穷的想象力。不过,这种想象力推动的努力能否真正改变他们的生活,则引出了《贫穷的本质》一书需要探讨却还未涉及的问题:在一个贫富差距日益拉大和圈层折叠越来越明显的现代社会,人们到底靠什么力争上游? 片名中的"寄生",肯定不是答案。

这部影片引发了 3 方面的思考。

力争上游之不易

影片中不乏力争上游的隐喻。妈妈忠淑曾经获得铅球冠军的奖牌一直挂在墙上,代表了曾经的努力和成绩,以及曾经触摸到的主流。金司机在半地下室的蜗居被暴雨倒灌时,抢出来唯一的东西就是这块奖牌,因为这是鼓励一大家子力争上游的徽章。

做家教，就是一种特别富有东方色彩跨越平行世界的桥梁，也是力争上游的一种"虚幻"的通道，或者说至少开了一扇窗，让下层能够偷窥窗子那边上流世界的风景。甚至幻想自己真正进入了对方的世界，仿佛时光穿梭的《牡丹亭》：富小姐与穷公子的姻缘，变成了叛逆期的富小姐与久考不上的落榜生的机缘，以及基于这种机缘的想象。

在基宇的想象中，如果自己成功跃升入上流平行世界的话，会请一对演员来表演自己的父母。这到底是深重的自卑，还是对平行世界根本不兼容的现实深刻的理解？他是不是很清楚，如果要真正进入那个上流世界，首先就要学会伪装和表演？

这种认知再次挑战了"贫穷缺乏想象力"的论断。在智能手机时代，认知在某种意义上是平均的，上流的认知也不一定比下层聪明多少——下层甚至可能机缘巧合地成为上流的"老师"（家教）。上流之所以是上流，更多是靠资源占有的优势、日益"阶层固化"的优势，这自然会引发下层的不满。

世代的张力也显示出两种完全不同的"力争上游"。下岗者体会到的是物质的匮乏，而年轻世代（"95后"/"00后"）焦虑的则是精神与体验的隔阂，他们向往融入，向往美好的生活：当金司机和忠淑在豪宅里饕餮的时候，基宇躺在草坪上看天，基婷泡在浴室里享受。年轻世代面临大都市里的沉沦，渴望的是找到跨越折叠的方向。当奋斗的大门关上时，欺骗和伪装的寄生似乎成了唯一的选择。

|"气味"是阶层的隐喻

影片中多次出现气味。豪宅里的男主人说这是金司机的味道，是自己偶尔坐地铁时经常会闻到的气味。而这种气味的确不是香皂或者洗发水的味道，在大都市，香皂和洗发水就好像普及了的化妆和亲民的优衣库一样，可以掩盖阶层的区别。不能掩盖的阶层差别是空间，豪车的空间与地铁的空间不一样，豪宅与贫民区半地下室的空间也截然不同，两个空间基本上是平行的世界，分别代表了上流与下层社会，根本是互斥的。"气味"因此代表了某种潜意识——对来自不同折叠空间的伪装了的他者的提防和嫌弃之情。而这种提防和嫌弃所种下的屈辱和怨愤，不断积累总会在特定时间点爆发。

所以折叠空间中"气味"的隐喻，也是火山口的隐喻。这里《寄生虫》与2020年斩获奥斯卡最佳男主角奖的《小丑》有很大的重合度。谁说小丑没有梦想？小丑自认有脱口秀的天分，一心希望登上镁光灯聚焦的舞台；小丑也爱憎分明，当手中握有武器之后，打死几个华尔街色狼自认是"替天行道"。但外界的嘲讽和羞辱会让小丑迅速堕入怨愤的深渊，而这种怨愤的宣泄突兀惊人。

小丑的枪声和金司机的刀刺，都是一种被压抑至久爆发的反抗。《寄生虫》中的金司机就是又一个小丑。他们不甘心沉沦，他们会抓住每一次机会，但他们会在此过程中失去道德的判断力，打破做人的底线，积累怨愤。怨愤爆发之前虚幻的美丽，真实而转瞬即逝！这些都增加了影片的丰度。

上流的孤单

介绍家教工作给基宇的同学形容所服务的上流主妇很"单纯"。在金司机眼里，这种单纯是一种善良。忠淑也说，如果自己这么富有，也会变得善良。但整体而言，上流主妇其实很孤单。在一个圈层固化的社会，上流社会并不一定幸福。他们会生活在一个日益缩小的圈层中，对外部的世界不了解，不知道该如何与来自折叠了的其他平行社会里的人打交道。他们反而可能陷入另一种信息闭塞，不懂得下层为了谋生而采取的各种算计。

这是因为圈层的隔阂让上流世界无法理解折叠世界之外人的生活。影片镜头对准了两个世界的不同，情景之间的转换发人深省：同样是一场豪雨，一边是"黑云翻墨未遮山",至多只是败坏了富人生日派对的兴致;另一边却是"屋漏偏逢连夜雨",整个贫民窟污水横流,半地下室的蜗居很快就变成泽国,一家人都成了体育场里避难的"无家可归者"。"何不食肉糜"是上流对下层的想当然,下层真正的艰辛他们又哪里了解?

在日益缩小的圈层中,上流主妇也更依赖熟人社会,而这种对"熟人推荐"的相信,让他们成为更容易被"寄生"的猎物。因为缺乏互动和交流,他们已经失去了对伪装的辨别力,他们落入伪装者的"局",也就理所当然了。

影片着眼于寄生虫,描写上流和下层阴差阳错的交流之中的突兀和冲突,其实想要彰显的是主流和中流被压缩。毕竟只有少数可以成为上流,但是要避免多数沉入下流,就需要使进入中流和主流的路变得更宽广。

和中国一样,韩国高考的竞争激烈和一考定终生也是出了名的。高考、大学、名校,这是韩国年轻一代人进入主流的主干道,也是长期以来相对公平的主干道。问题是,在这条主干道上不断扩大的军备竞赛中,还能给寒门留下多少空间,尤其是那些学识中游但有一些非主流小才华的寒门。对基宇和基婷这样的贫困者而言,考试失利错失高等教育的机会就等于沉入下流,哪怕他们无论是在学识还是外表上都可以逼真地伪装成名校的大学生。这是影片所传达出的大悲哀和大警示!

潜流 | 激荡、变局与趋势

  导演奉俊昊一开始还担心《寄生虫》所描述的韩国社会，会让全球观众觉得有隔阂。后来他发现，全球巡演中，其他地区观众的笑声和眼泪，和韩国影院里的没什么不同。

  这部影片载誉全球的关键，就是因为它不回避社会问题，反而把镜头聚焦在社会底层充满挫败感的奋争，而这种奋争切中了当下社会普遍存在的现实。和2018年获得金棕榈奖并提名奥斯卡奖最佳外语片的《小偷家族》一样，《寄生虫》之所以备受称赞，也因为它在喜剧中演绎出了深刻的主题，在惊悚剧情之外流露的忧伤的情感，振聋发聩！

六、通达的财富观

很多人都会问，为什么印度人在全球那么出色？印度人在全球商场上的确有惊艳的表现，以全球五百强企业CEO为例，如果剔除中国本土进入五百强的企业之外，印度裔的表现惊人的好：美国五大高科技公司的两家（微软和谷歌）都是印度裔执掌帅印。

印度裔在其他领域也表现出彩。《生活大爆炸》里总是穿着色彩鲜艳的毛衣或者外套的拉吉的扮演者是印度裔；著名医生兼作家，写下了智慧之书《清单革命》与感人之书《最好的告别》的葛文德也是印度裔。

不过，回答这一问题如果仅仅是罗列杰出的印度裔有哪些是不够的，还需要深入探讨印度裔在全球成功的土壤，并加强我们对印度裔成功背后这个族群努力的认知。《纳瓦尔宝典》给出了相应的答案，书中汇集的关于财富和幸福的智慧，源自成功的印度裔创业者、天使投资人转身成为哲学家的纳瓦尔的思考。

纳瓦尔1974年出生，8岁从德里移民纽约，出身于单亲家庭，每天放学之后的第一件事就是去图书馆读书，直到关门才回家，9 年级考入纽约最好的公立学校，鲤鱼跃龙门，一步从蓝领跨进白领生涯的轨道，入藤校（达特茅斯），到硅谷闯荡，投资小有成就，创立 VC 公司和一系列创业公司，成为不少硅谷巨无霸的天使投资人。2015 年财务自由之后，纳瓦尔开始转向哲学，全心拥抱《黑天鹅》作者塔里布所强调的"切身利益"（Skin in the Game）。《纳瓦尔保险》算是纳瓦尔推特上思想语录的合集，从侧面勾勒出年轻一代印度裔跨界思考的广度和深度。

简言之，印度裔在海外之所以成功，有 3 大优势。

第一，印度裔能很好地结合东西方文化。印度受英国殖民统治 100 多年，精英接受英文教育，与西方文化的隔阂很少，思维方式更贴近西方，语言表达也更胜一筹，这些大家都能理解。但优秀的印度裔也能将印度古老的智慧，比如说因果（Khama），或者佛家所强调的出世参透与西方思想结合，东西思想融会贯通，实属不易。

第二，印度裔的移民，在移民群体中闯劲十足。纳瓦尔爱读书，是一种努力的表现；年纪轻轻就到硅谷闯荡，则是闯劲的表现；在投资小有成就后转身进入思想和哲学领域探索，更需要巨大的勇气。

第三，印度裔本身又有善辩的传统和经商的头脑，两者与犹太人有类似之处。经商的头脑本身其实是 3 种重要能力的组合：赢得信任的能力、经营人际网络的能力、抓住机遇的嗅觉和拥抱风险的魄力。善辩则让他们更善于表达，长于分析，当然也更容易掌握纳瓦尔所提出的重要的能力，即"销售"的能力。

回到这本小书，值得推崇的是纳瓦尔的参透力，他对财富的阐释，用4个关键词串联起来，让人觉得通达透彻。

第一个关键词是：加杠杆。纳瓦尔强调，这个世界不是穷人和富人的区别，而是会加杠杆的和不会加杠杆的人之间的区别。

加杠杆有几种办法，最古老的是劳动力，也就是剥削剩余价值，但管理劳动者只会越来越难，尤其是面对当下的知识工作者；其次是资本，在创业阶段，能说服别人投资你的公司，是很重要的加杠杆。创业圈里流行一个重要的词——"别人的钱"（Other People's Money, OPM），指如何游说别人投资自己憧憬的事业。

纳瓦尔强调的第三种在数字世界的加杠杆，是充分利用数字世界的"网络效应"，因为在虚拟世界复制的成本几乎为零，这时候你的影响力、传播力、数字产品和服务传播的边际成本都很低，就可以借助这种杠杆来树立自己的影响力，并据此变现。从这一角度去解释网红、KOL（关键意见领袖）、创作者经济、病毒式传播，豁然开朗——原来他们自觉不自觉地都懂得了在数字经济时代加杠杆。

第二个关键词是：读书。人的分层也可以因读书而分为两种，读书的人和不读书的人。

阅读、终身学习、博览群书对人的发展有重要作用。在数字时代为什么要花大块的时间去阅读？因为要避免自己被社交媒体、被眼球经济拉扯。虽然纳瓦尔本人也在推特上花费了大量的时间，但他强调，推特上的发言也是从书里搜集的大量语录，经自己阅读思考之后提炼的产物。他把发推变成自己思考咀嚼后的思想火花——因为阅读有3种功效。

首先，阅读是终身学习的要点。而在算法日益强大、推荐的圈层化限制了人的眼界的当下，广泛的阅读其实是一个探索的过程。书籍并不需要精挑细选，读多了自然眼界开阔，能分辨出高下。这也与我个人的经验相似。我每年至少阅读中西书籍上百本，涵盖各个方面，坚持五六年下来，颇有小成，与纳瓦尔的感觉一样。俗话说"七年之痒"，但如果能坚持阅读七年，的确会有脱胎换骨的功效。

其次，广泛的阅读、跨界的阅读，是智慧之所在。这又让人想起伯林的"刺猬与狐狸"之喻：刺猬只懂得一件事，狐狸却了解很多事，前者专注，后者广博。广泛的阅读，是鼓励有志者形成跨界思考的能力，走出专业的限制，在很多情况下，能了解多个领域的知识就能找到更多的关联性，进而培育出前瞻力。

最后，99%学习的时间都是浪费，但必须付出才能真正意识到1%你最想要的、也最需要精通的领域。学习的过程很重要，没有为学习而学习的过程，就很难知道自己到底想要什么。同样，没有尝试过不同的领域，就不知道自己到底对什么真正感兴趣。但一旦清楚了这不是自己兴趣所在之后，就千万不要浪费时间。

将第二点和第三点结合，也特别符合当下终身学习的要义。技术飞速发展，外部环境变化剧烈，知识和经验不断折旧，这时，每个人都需要有广阔的视野和自身专注的领域。新的想法很多时候是在探索中涌现出来的，但真正能在某一领域取得成绩，则需要专注和投入，而专注和投入的基石是自身的兴趣所在。外人看来是辛苦的工作，在感兴趣的人眼中却是最好的"游戏"。最牛的人，一定是狐狸与刺猬的合体。

第三个关键词是：有判断力，术业有专攻，能深入挖掘一个领域。判断力比努力更重要，但如何形成判断力，却要不断培养自己特殊的技能。特殊的技能，可能是销售能力，也可能是特别的才艺，如果非要给个定义，那应该是：无法教（不然不仅其他人会成为竞争者，机器也终将取而代之）却可以习得的能力。

而这种判断力和专攻，又基于真诚做事，短期只担风险、不求回报，对长期的结果充满耐心，其实又是一种修为。这种修为，体现在待人接物上，最重要的是懂得取予之道。先奉献，后索取，相信因果之道。待人真诚，未来一定会有收获。

但一定要有耐心,刚刚给予,就算计着如何索取,是不可能有大成就的。影响力和个人品牌就是靠真诚做事积累起来的。

最后一个关键词是:复利原则。懂得财富管理的人都知道,资产不睡觉。为什么要拥有资产(包括无形资产)?原因是:财富在你睡觉时仍然在增值。但纳瓦尔把资产管理的复利原则又衍生到自己的职业生涯管理上。

专注于一件事,努力成为一个领域中最强的人,然后靠不断重复的复利赚钱,这既是一种对长期主义的贯彻,也在强调无限游戏与有限游戏的区别。有限游戏,一锤子买卖,经常是零和游戏,不需要真诚,甚至欺诈也能赢;无限游戏,多次博弈,鼓励多赢,就需要花时间积累信任。

人生是一场马拉松,需要智慧、努力和耐心。找到自己真正想要的、自己充满动力并全心投入的事业不容易,所以要给出足够的时间去探索,在阅读和阅历中找到真正属于自己的领域;找到了自己喜爱的领域之后,又要敢于全心投入(all-in),成为这个领域内的最强者。专注于自己喜欢的领域、愿意专注的事业,在细分领域内成为最强,声名在外,自然有人找上门来。所谓好事自然来、机会留给有准备的人,其实都是同样的道理。

如果要用一个词来形容纳瓦尔所推崇的成功与致富之道,那就是通达。真诚做人,热诚做事,跨界学习,加好杠杆,成功和财富并不难求。

七、半山之上奋攀登[①]

从李录的这本新书的前半部分中,我读出了《人类简史》的影子(他在一篇文稿里就描述了自己与赫拉利的一次餐叙交流甚欢)。这本书用一套极简而又逻辑清晰的叙事,来描述近代人类文明演进过程中的一个重大关节点,即西方学术界所提出的"大分流"[在过去500年,西欧在文艺复兴、大航海探索和工业革命的推动下,发展上不仅超越了古老的东方(包括中国),而且把东方远远甩在了后面],以及理解了大分流背后深刻的原因之后,如何为中国的发展谋划进路,尤其是当赶超型的发展在过去40年的改革开放中已然取得巨大成就,却也完成了自己的使命,而未来塑造创新型国家的图景仍然充满不少变数之际。

在这一叙事中,李录根据不少新近的西方研究,归纳出大分流的3个先后衔接又相互递进的因素。

第一,西欧的探险家发现美洲新大陆,而美洲原住民又被欧洲人带来的病菌几乎消灭殆尽,美洲殖民地成为欧洲

---

① 本文为《文明、现代化、价值投资与中国》书评。——编者注

的大粮仓，这让欧洲经济出现了一次突发的、巨大的、持续的增长。

第二，与地理大发现伴随而来的是科学技术革命。因为更广阔的市场对科技有强烈的需求，也引发思想上、精神上的革命，欧洲思想出现了一次爆炸式的剧变。从文艺复兴、宗教改革到启蒙运动，再到跨大西洋的自由贸易，这一系列因素共同促成了西欧的跃升。

第三，英美开启了人类文明从2.0的农耕文明向3.0的全球化商业科技文明的跃迁。在从2.0向3.0的演进初期，殖民侵略战争、列强之间的战争交错进行，土地和市场同时成为争夺的核心。美国奠定了3.0全球化科技文明，建立了一系列世界性的组织，构建了一个全球市场的治理体系，并始终牢牢地把握了这个全球市场的规则制定权、市场准入权和制裁清除权。被科技赋能的自由市场在竞争中胜出，并保持着巨大的生命力。

这样的叙事很有说服力，却忽略了一个同样重要的叙事。斯坦福教授沙伊德尔在分析为什么罗马帝国崩溃之后欧洲不复大一统的新书《逃离罗马》中就提出，罗马帝国崩溃之后欧洲政治上邦国林立的分裂与文化上的相对融合（拜拉丁语与天主教所赐），是欧洲近代在大分流中胜出的重要基础。政治为世俗的王权所控制，军事权力为封建诸侯和骑士所垄断，政教分离之外天主教在全欧洲遍布网络，

第三章 · 超越经济学

而商业权力却在封建诸侯与新兴的都市商人的博弈中日渐偏向后者。分裂与分权的结果是：无论是征税，还是开战的大政方针都依赖开会协商定夺。这也成为后世代议制发展的滥觞；同样，邦国林立的竞争又是对称的，没有出现中国战国后期强秦独大的局面。邦国在西欧的均衡让竞争的面向变得更多元：不只是武力的竞争，更是商业、科技、思想的竞争。而科技与思想的创新又因为没有一统的世袭皇权而更容易推陈出新；同样的均衡态势也推动了邦国向外扩张寻求殖民地和资源的冲动，成为大航海时代开启的动因之一。

并不是说李录在书中刻意回避"多中心带来良性竞争"的叙事。只是在把有着 2 000 年大一统传统的中国和西欧做比较的时候，如果要深入对比这两种不同的文明演进路径，绝不是书中收录的文章篇幅所能涵盖的。但有一点必须指出，竞争引发的创新在外部环境发生巨大变化时就有更多试错的空间，适用于科学发展，也适用于制度创造，这其实值得在探讨大分流时着墨更多。

| 对中国现代化与全球化进程的准确判断

历史演进不是李录着眼所在，当下的中美竞争才是，而他对中国当前在现代化发展过程中的定位十分准确。

李录对 3.0 的现代化科技文明做出了很好的诠释：一个美国主导的，以统一的全球化自由市场为基础的，依赖一系列制度和机构来维持的秩序，而这种秩序有很大的包容性，依赖全球化的自由市场和科技发展双擎驱动。

欧美推动的全球化给了中国以发展的参照系，也为中国未来发展提供了明确的向度。李录称之为中国正处于现代化 2.5 版本，恰好在已经走出的农耕文明和尚未完全迈进的商业科技文明之间，仍然在向前演进，也因此仍然存在变数。换句话说，经历 40 多年改革开放的中国正前行在现代化的半山腰上。

半山腰的比喻，用在中国未来经济转型上非常贴切，可以说，在从农耕文明向全球化科技推动的现代化商业文明的转型中，比较容易的步骤已经走完（英文为 low hanging fruits，即低矮易摘的果实，已经摘完），而更加艰巨的转型仿佛登顶的险途正在眼前。

这也是在过去几年来国内经济学界一直在讨论的重要议题。过去 40 多年经济快速发展追赶过程中积累的经验，在未来以创新为主流的经济发展中可能越来越不适用。在追赶的过程中，欧美和亚洲"四小龙"的经验给了我们明确的目标和路径选择，我们能以更高的效率、用更短的时间完成。但是到了半山腰，登顶的过程需要创新、需要试错、需要推动国内更自由的市场和为科技创新构建更丰沃的土坏，变革在所难免。

李录用熊彼特"创造性破坏"是最有效的配置资源的方式来打比方，鼓励推动公平竞争，优胜劣汰。书中举了一个鲜活的例子：很难想象，如果由政府（技术官僚）来做抉择，而非市场竞争，它会把曾经的高科技创新巨头AT&T彻底毁掉，而选择一家几乎破产的电脑公司（苹果）成为全球市值最大的赢家？

对现代化的特征的两点商榷

李录在书中大胆地提出了"3.0文明的铁律"，即一个自由竞争的市场就是一个不断自我进化、自我进步、自我完善的机制，而现代科技的接入使得这一过程异常迅猛。最大的市场会成为唯一的市场，任何国家如果离开就会不断落后并最终被迫加入……闭关锁国或者另起炉灶就会导致相对落后，而当不断进步的科技与自由市场相结合使整个经济进入一个可持续的累进增长状态时，社会就进入了3.0的文明现代化时代。

全球化的自由市场经过了竞争而胜出，科技是当下发展最重要的推手，这两点判断很正确。但现代化只有这两大表征，而两者互动就一定能推动可持续发展的说法，则值得商榷。

首先，不断进步的科技是什么？一方面，李录显然与很多投资人一样，都认同科技乐观主义或者科技万能主义，认为只要科技一直进步，那它就能给人类带来财富。殊不知，无论是人工智能的应用可能让很多工作被取代，或者是社交媒体平台把"上瘾"当作一种商业模式，同时又不断鼓励普罗大众用浪费时间和泄露在线行为的隐私来换取美其名曰"免费"的服务，都很难说是一种"进步"。另一方面，市场并不能在推动发展至关重要的基础科学研究领域有效配置资源。以美国为例，政府仍然扮演着重要的基础研究投资者的角色，开发出诸多突破性研究的国防部高级计划研究局（DAPRA）就是一个例子。

其次，对自由市场也需要加上限定词。新冠危机暴露出来的一系列结构性的问题，恰恰指出，自由市场的资源配置可能着眼于短期的效率却无视长期的发展，而且在缺乏监管的情况下，很可能是在股市高歌猛进的时代将大笔利润用于股票回购，推高股价让内部人（管理层）自肥，在冲击到来之后，却没有足够的现金储备而需要申请政府救济来纾困。自由市场最近演化出的"赢家通吃"问题，即大企业富可敌国，而中小企业发展困难，也非常尖锐，尤其自由市场与高科技结合所催生的互联网平台型企业，构建各自的势力范围和杀戮地带，也让自由市场竞争推动创新的论断面临新考验。

对全球化晚近发展的批评，并不会掩盖李录对中国从现代化 2.5 向 3.0 阶段发展所提出的一系列建议的重要性。自由市场和科技创新，在半山登顶的过程中，都还有很多改革要推进。国内市场的自由度还有待提升，市场仍然还不是资源配置的最主要的推手，"看得见和看不见的两只手还在调节之中，常常还会左右互搏"，这样的批评是准确的。"现代科技已经得到了广泛的学习和传播，但是创新力还不足"，而推动创新的办法则需要进一步完善思想的自由市场。

完善思想的自由市场

2018 年诺贝尔奖得主经济学家罗默（Romer）就曾经强调，思想的碰撞是以乘数演进的。李录对思想市场也推崇备至，他强调在自由的思想市场中"1+1>4"，与罗默对知识经济的判断不谋而合。思想的交流之所以有如此巨大的收益，是因为在无形资产交流过程中，没有人会失去，每个人都拥有了新东西，而且在碰撞过程中又有可能产生新思维。推而广之，知识经济之所以能更快发展，恰恰是因为思想自由市场的属性，因为所有新的发明、创见与创造，都是建立在巨人的肩膀上，建立在前人思想的基础之上的。

理性思维、科学方法、思想的自由市场已经成为科技文明的常态，当然也是现代化 3.0 的标配。自然科学本身的不断进步让理性思维、科学方法对人文和社会的影响越来越深入。不同的思想在交流、交换、激荡，在激荡之中又可以在时代的语境中对思想进行检验和淘洗。由此，知识得以在共同事实、逻辑下形成积累，社会共识不断加深。

中国未来持续推进创新，需要增加思想领域与全球各国的交流、碰撞、激辨和融通。如果给思想的交流树立这样或那样的隔阂和藩篱，那受损失的仍然会是我们自己。面向知识经济的大转型，需要推动思想市场变得更加多元。

同样，在迈向 3.0 文明的演进道路上，李录提出决不能与美国脱钩，那只会中了提防中国崛起的人的下怀。在波诡云谲的当下这一论断也非常重要，因为如果认定登顶是未来中国发展的目标，那么充分利用现代文明 3.0 的发展框架仍然是一种明智的选择。在 3.0 的现代化图景中，原本就有探索不同发展道路的空间，但这需要中国更积极地参与国际治理，也更努力地开放思想的自由市场，让科学方法和理性思维能奠定更坚实的社会共识和培育更丰沃的创新土壤。

"行百里者半九十"，古人云这是"末路之难也"，攀登更是如此。半山之上奋攀登，需要敢于摒弃农耕时代积累的许多惯例与经验，才能真正努力拥抱山顶的全新气象。

八、中美如何系统性竞争？

在上一个"咆哮的 20 年代"，全球经历了一段至暗时刻，第一次世界大战加上肆虐全球的西班牙流感，导致全球 1.5 亿人丧生。100 年前，欧洲人在为"一战"善后时，做出了让后人扼腕的选择。他们并没有像当年美国总统威尔逊那样"善待"自己打败的敌人，而是希望给敌人——主要是德国——以最严重的惩罚。威尔逊希望构建的新的全球治理体系国联，也因为没有美国的参与而成为空中楼阁。没能建立一个更适应全球化现实的全球治理体系，放任民粹主义的泛滥，凡此种种，早早地就为 20 年后的第二次世界大战种下了种子。

"一战"前的世界，是崛起的德国与老牌霸权英国的较量，发生在一个经济全球化与技术加速变革的时代，一个经济上相互依存、全球贸易繁荣的时代，也是一个充满关税博弈、争夺标准制定权、竞争技术领导权的时代，当然更是制度不同而缺乏互信的时代。

"二战"之后的秩序，建基在 3 方面的基础上：美国主导的全球金融体系，即布雷顿森林体系；从关税总协定到

WTO（世界贸易组织）的全球自由贸易的框架；美国在全球所扮演的全球警察的角色。在美苏争霸中胜出之后，美国的后"冷战"秩序更依赖这3点。

但特朗普执政的美国对自己构建的后"冷战"秩序与全球化游戏规则不遗余力的打击，构成了中美争霸的大背景。

有人担心中美博弈会进入"新冷战"的格局。显然，他们对美苏争霸还缺乏细致的了解。中美博弈与美苏争霸的冷战时代迥然不同。美苏在经济总量上差距甚远，相反中国已经是全球第二大经济体，中美之间的经济往来你中有我、我中有你，深度融合。中美每天之间的经贸往来超过20亿美元，比美苏经贸最紧密时一年的进出口额还要高。在新冠之前，中美之间的人员流动和交往频密，光是在美国读书的中国留学生每年就有近40万人。

中美之间的大国博弈，显然更类似100多年前德国与英国的较量，这对于中美，都是全新的考验。

对美国而言，它要适应一个与它完全不同的全新的大国挑战者。"二战"之后，美国面临的两大潜在竞争对手分别是德国和日本。德、日都是美国同盟国，都是"二战"战败国，也都是没有"外交野心"或者被剪除了武装力量的国家，即使经济上有挑战能力，在政治上仍然或多或少唯美国马首是瞻。中国则完全不同，从来不是美国的盟国，也不处于美国的势力范围内。这种不同，会让美国有种错觉,认为任何中国的举动都是在挑战美国的领导权。

新加坡资深外交官马凯硕在新书《中国的选择》中对美国提出了 10 大问题,其实是对美国作为全球霸主的超级大国,其存在的盲点做了一番冷静深刻的梳理。而这 10 个问题中最重要的一问,是美国迄今为止也尚未准备好答案的。问题恰恰是:美国是否做好了准备,应对一个经济总体体量超过它的大国? 换句话说,如果美国不再是全球第一的经济大国,它需要做出哪些战略改变?

要做出战略改变需要有清醒的反省。当下的美国却缺乏反省精神,其中一个很重要的表现是美国人所抱持的"例外主义"。美国前总统奥巴马最新自传的书名为《应许之地》,就体现出了这种"例外主义"。

阅读美国总统的自传时,不难发现,他们是多么容易沉浸在挥斥方遒的自我陶醉中。每天早晨的国家安全简报,让美国总统日理万机之余还有心思去操心远在天边的问题——虽然许多问题涉及美国国内的安全,但更多时候不是——杀伐决断只在总统的一念之间。

美国对未来的大国竞争缺乏准备,还体现在面对中国经济的崛起,面对美国经济的空洞化,面对美国制造业的衰退缺乏准备,也体现在对底层 50% 的老百姓在过去 20 年全球化和科技迭代中作为生产者的生活日益窘迫的无动于衷。底层 50% 的老百姓饱受不确定性、失去稳定的工作、缺乏工作的尊严等一系列问题之苦,却只是归咎于简单的"自由竞争"。阶层固化、社会流动性降低、底层老百姓没有希望,这些都成为制造民粹主义的温床。

美国自身面临一系列巨大挑战,民主、共和两党对立,政治僵局,改革难行,而后新冠时代的经济恢复和发展充满更多的不确定性。在这种情况下,中国很容易成为美国为了转移矛盾而树立的靶子,何况中国已经对美国构成了威胁,这俨然成为两党的共识。

中国同样需要戒骄戒躁

首先,要戒除骄傲和自满。中国需要摒弃关起门来自给自足的思潮,以及隔绝外部世界的思想。

在科技竞争的过程中,自主创新很重要,但要明确对自主创新的理解:需要培养更多具备全球科研和创新能力的中国人和中国企业,同时尊重创新的规律,创新永远建立在巨人的肩膀上,在全球化日益深入的时代,巨人的肩膀是全体人类的集体智慧。

其次,我们需要对中国的现状有清醒的认知:"鱼和熊掌"兼得的时代已经一去不复返了。改革开放之后的30年,中国呈现出一种赶超式的发展,依赖更低的成本、更高的效率、更吃苦耐劳的精神,用30年完成了西方国家七八十年才完成的经济发展。尤其是在2001年中国加入了世界贸易组织（WTO）之后，全球贸易的规则环境为中国赢得了更大的发展机遇，也让中国可以充分利用全球化的制度发展红利。

中美的大博弈，意味着中国进入了一个全新的阶段。按照中国目前的发展动能，到2035年以市场汇率计算，中国GDP超过美国是大概率事件，我们必须要为在全球许多领域成为引领者做好准备，这需要中国进一步开放，需要进一步地拥抱全球化，成为全球化的先锋。

第三，面对铺面而来的大国竞争，必须知己知彼。美国仍然是世界上最强大的国家，而美国的强大是有诸多原因的，不仅仅是"瘦死的骆驼比马大"，低估美国的巨大实力是严重的战略失误。

美国貌似混乱，但这种混乱恰恰是他们在争论国家的发展方向。中国人忌讳树大招风，美国人却不断创造出能改变世界的企业领袖，而且他们仰慕这些人物，美国有创造强人，尤其是企业领袖的生态系统。美国能吸引全球最牛和最聪明的人才，全球引领风骚的"钢铁侠"马斯克是移民到美国的南非人，硅谷成功创业家中有很大比例是移民。

未来美、中、印3国的人才竞争格局中，美国仍然能吸引多得多的印度人才。美国拥有世界上最好的大学，最成功的社会一定能培育出多元的思想，就好像中国的战国时代。大学也是美国吸引和留下顶尖人才的平台。美国虽然历史短暂，但它有西方文明的一部分为之滋养。任何地缘政治的大国博弈，美国都不是在单打独斗。

70多年前的抗美援朝战争是中美现代史上唯一一次武装对抗，凸显了中美之间都曾经存在的两大盲点：都过于低估了对方的实力，也不清楚对方的"红线"到底在哪里。这些盲点也是对中美大博弈的警醒：绝不能低估对手，更不能误判对方的意图和核心利益。

走出韬光养晦，成为负责任的大国，参与全球系统性竞争

中国需要走出"韬光养晦"，为未来领导世界做好准备，而这种引领，或者说软实力，恰恰基于系统性的竞争。这种系统性竞争将考验大国在应对复杂未知问题时的综合处理和解决能力，以及对未来发展的长远规划是否有战略前瞻性。

2020年，全球各国对新冠危机的应对，凸显了不同国家对这一复杂严峻问题的不同解决方式，结果一目了然。未来，类似的竞争会更加激烈。谁能应对经济发展、创造就业、人工智能给职场带来的挑战、老龄化、医疗改革等

一系列复杂问题,以及全球面临的气候变暖等重大问题,并给出创新有效的解决方案,就能赢得更多的软实力、更广泛的全球影响力,以及对全球议程的设置能力和规则主导权。

除了中美大博弈的两极之外,同样需要关注其他各方的意图和行动。欧盟、日本、印度、俄罗斯,它们在这场博弈中会做出什么选择,很大程度上取决于未来全球系统性竞争的结果。在全球进入全新的两强相争合纵连横的时代,展示解决全球性问题的能力,将变得十分关键。

在中美大国博弈的时代,也更需要折冲其间合纵连横的策士,马凯硕恰恰是一个很有代表性的人物。他出身于血腥的印巴分治中流亡的印度裔家庭,在新加坡成长为资深外交官,再跃升为中美都奉为座上宾的智囊,其外部人的视角恰恰能点出局内人可能存在的盲点。

评判他的观点时,有3点特别值得注意。

首先,他秉持务实主义。这种务实主义就体现在他对中国作为崛起的大国的清醒认知:作为大国,"秀肌肉"很正常。相比其他曾经的大国,比如联合国安理会五常中的其他四常,都曾经有对外"炫耀"武力的案例,只有中国是唯一尚未"秀过肌肉"的大国,这应当成为中国和平崛起叙事中需要不断去强调的。

其次,他有近距离对中国的观察,又能作为利益相关方给出中肯的建议，而不是许多西方观察家那种"纸上谈兵"。此外，作为印度裔新加坡人，他能很好地在中美之间折冲。

这本《中国的选择》，应该说是这个全新的两极多边时代，纵横家给出的一本有分量的策书。

第四章 元宇宙开启的想象力

一、理解元宇宙（Metaverse）的3个维度

2014年，当Facebook的CEO扎克伯格斥资20亿美元收购VR设备制造商Oculus①时，很多人以为他是给自己买了个玩具。不过，随着基于Oculus平台的游戏不断开发，以及Facebook刚刚推出虚拟办公VR套装地平线工作室（Horizon Workroom）之后，扎克伯格的元宇宙设想变得逐渐清晰。他不仅仅把元宇宙视为享受游戏或其他沉浸式娱乐的地方，也把它设想为人们生活和工作的虚拟空间。他希望5年之后，Facebook首先被视为一家元宇宙公司，而不是社交媒体公司。

2021年，Facebook发布了可以主观视角拍照、摄像以

---

① 中文指"眼睛"。——编者注

及语音通话的 Ray-Ban 眼镜，向更轻便的可穿戴虚拟头显设备迈出了一大步，不少人揣测苹果也正在憋大招。这里解释一下，现在元宇宙概念大火，那到底什么是元宇宙呢？我的理解是现实和虚拟世界高度融合，许多现实中存在的东西可以用非常逼真的方式在虚拟世界中还原，每个人都可以在虚拟世界中构建自己的数字分身，在虚拟世界中不仅可以游戏，而且也可以开会、上课、购物、听演唱会。

全球互联网巨头中，Facebook 对元宇宙的布局最早。与微软的 Teams[①] 应用中的共聚（Together）功能一样，Facebook 也希望疫情催生的混合办公热潮会让在虚拟空间中开会、研讨、协作变得更自然，也更时尚。

游戏、娱乐、社交和工作是虚拟现实一直在努力实现的一系列场景，而这些努力因为 2021 年上半年全都被元宇宙概念囊括其中而爆火。有人评论元宇宙是虚火旺，有人担心元宇宙会吹起又一场投资泡沫。但从前瞻未来的视角，有必要去分析一下身临其境的虚拟现实，以及物理世界和虚拟世界的无缝联结到底可能带来哪些意想不到的变化。

本文将试着从 3 个维度去理解元宇宙的未来。

---

① Microsoft Teams：一款基于聊天的智能团队协作工具，可以同步进行文档共享，并为成员提供包括语音、视频会议在内的即时通信工具。目前，微软未提供面向中国消费者的 Teams。

潜流 激荡、变局与趋势

第一个维度——元宇宙是"升维的互联网"

什么是升维的互联网呢？可以先梳理一下过去一个世纪人类获取知识渠道的改变。100 年前广播的兴起让我们更方便通过听觉来获取知识；20 世纪 50 年代电视的出现，让我们从单个听觉感知的维度升级到视、听维度，是第一次升维；从视听到互动的互联网，以及智能手机成为我们身体延伸一部分的移动互联网，是又一次升维；而这一次被命名为元宇宙的升维则是从互动升级到逼真的参与感和沉浸式的虚拟体验，让真正意义上的数字分身成为可能。

怎么理解这种沉浸的、互动式的参与感呢？首先增加了体感的维度。在不断进化的 VR 世界中，最显著的升维体现在其他感官的参与。元宇宙的升维——更加逼真的虚拟世界——给了我们更为丰富的体验，从视、听，延伸到触觉。未来这种感官的体验会更真实、更丰富，不仅有触觉（手套），甚至能增加全身肢体的感受（已经有人在制造感知背心）。在美剧《上载人生》里就有帮助人获得全身感官体验的服装——覆盖全身好像布满了电线的"鲨鱼皮"，让现实世界中的人可以与虚拟世界里的人亲密接触。

对人脑的研究特别强调感知推动人类智慧发展的重要性。我们的肢体、我们的各种感知，并不仅仅是搜集讯息的器官，或者执行大脑指令的工具。它们同时也是在与世界互动中产生智慧的器官。人类需要用脚来丈量世界，用手来探索未知。由此推演，更逼真的虚拟世界可以让我们更自然地运用各种感官的探索来获得新知。

逼真的虚拟世界会让大脑错误地认为这就是真实，从而让逼真的体验帮大脑形成"肌肉记忆"，在再次遇到相同情况时产生不自觉的反应。这在现实世界中已经有了实际的应用。

北京的一家驾校就已经开始利用沉浸式 VR 来进行驾驶教学，学员路考的通过率提升很快。原因有两个：虚拟现实可以营造出大量逼真的场景——晴天、雨天、下雪天，堵车或突发事件——这些都可以训练学员的应变能力；在虚拟世界中犯的错误也会留下深刻记忆：如果刹车不及时，出现追尾的事故，一番惊心动魄留下的"肌肉记忆"比教练的多少次训斥都有效。

再进一步，逼真的虚拟世界也可以让人们更直观地去换位思考，用他者的视角观察世界，通过体验来剖析复杂难题。微观世界的纪录片很吸引人，但如果能站在虫子的视角，通过复眼来观察这个世界，感受会大不相同。同样，无论是理解生物构造，还是了解太阳系的奥秘，虚拟空间的三维展示会给学生完全不同的体验，鼓励他们去探索。

升级版的互联网是解锁元宇宙的第一把钥匙。如果说

潜流 | 激荡、变局与趋势

2007年乔布斯发布第一台苹果手机，标志着智能手机开启人机交互新纪元，那么元宇宙的世界将成为下一代人机交互的方式。之前的人机交互，无论是打字还是触摸屏，都是人迁就机器的方式。新一代的交互方式变成了在机器生成的虚拟世界中更自然地按照人的方式去互动，让人在虚拟世界中用手和脚，用身体、味觉、嗅觉，用眼神，用最自然的交互方式去互动。

第二个维度——由无数个小世界组成一个大的元宇宙

很多人会问，未来到底会是一个元宇宙，还是会涌现出许多个元宇宙？是不是每个互联网巨头都会制造出自己的元宇宙？如果从升维互联网的思路来推演，既然只有一个互联网，之上有无数个社群，未来也只会有一个元宇宙，但元宇宙中会包含各式各样的小世界，仿佛一个又一个各异的房间，一个又一个精彩的剧场。

元宇宙是一个大的基础设施，但元宇宙中的无数个世界，每个人都可以参与设计。每个人在小世界中可以互动，也可以带来改变。

创造这一个个小世界需要硬件和软件的持续迭代。相比较2016—2017年时那一波VR/AR的炒作，构建元宇宙的硬件技术和基础设施显然已经完备得多。VR 头显/眼镜迭代的速度更快，一体机（不再需要电脑或者手机来驱动）的解析度更高。可以扫描虹膜来登录的 VR 眼镜，可以跟踪眼睛的视线来调节虚拟世界的颗粒度，增加视线中图像的清晰度，也可以让一体机变得更轻薄。Facebook 的目标是让人们把每天在手机屏幕上浏览社交媒体的平均 35 分钟时间，变成沉浸在虚拟世界中的每周 35 小时，这就需要接连几个小时戴着 VR 头显既不累也不晕。

更重要的是，搭建一个又一个虚拟世界，需要强大的引擎。游戏其实已经搭建出了比较真实的世界，但游戏中玩家与世界的互动仍然是简单的——《失控玩家》中最大的梗其实是玩家坐在 PC 前的视角和可操控的动作有限，与 NPC（Non-Player Character，游戏中程序化的虚拟人物）在虚拟世界中的视角和感知至少要差好几个维度。比如那场 Guy 与人类玩家的吻戏，就很难通过手柄或键盘来表达如此纤细的动作。下一步是需要把这个世界变得更纤细、更逼真，才能让人在虚拟世界中更容易去探索。《失控玩家》也让 NPC 变得广为人知。我们可以透过剧本杀来理解 NPC 对构建元宇宙的世界有多重要。一般人会认为，剧本杀最主要的成本是场地成本，业内人士会告诉你，其实剧本杀最大的成本是 NPC。剧本杀之所以逼真，是因为有专业的演员陪着你玩，他们其实就是现实世界中的 NPC。问题是，在同一个剧本中扮演 NPC 的工作人员，需要一遍又一遍地重复他们的角色，而这样的角色，如果由机器人来扮演的话，要容易得多，也经济得多。

元宇宙的一个个小世界，也可以用剧本杀来理解。他让你可以换上一个马甲/数字化身，进入另一个世界——剧情的世界——体验完全不同的人生。如果要让元宇宙的世界达到逼真的程度，不仅仅需要游戏引擎所创造的真实空间，也需要更为真实的虚拟人。

AI（人工智能）的进步恰到好处。例如，AI 实验室 OpenAI[①] 开发的语言模型 GPT-3 智慧引擎，已经展现出下一代人际互动的可能。只要给它一个开头、一个场景、一组条件，智慧引擎就可以写诗、写小说、编程，这意味着很快它就可以替代人们进行不少更加复杂的工作，也可以更好地与人互动。GPT-3 赋能的 NPC 可以扮演更丰富的剧本杀中的配角，与人类的互动也会真实到真假难辨。

元宇宙还可能带来更加多元的体验：和你在一个剧场的人，可以是来自各个不同地方不同肤色、背景和阶层的人，AI 的翻译也会让跨语言跨文化的交流更顺畅。不过要保证这样多元的效果，自然这也需要元宇宙的第三个维度。

---

① 指一家人工智能研究公司，中文可译为"打开人工智能"。——编者注

第三个维度——元宇宙确保不同的小世界之间互联互通

元宇宙作为下一代互联网的特点就是要保证元宇宙里的千万个小世界能互联互通。

小世界的互联互通，需要有一个共通的介质。作为去中心化信任机器的区块链就被很多人认定为确保元宇宙是共同平台的重要介质。互联互通最基本的要求是，在一个小世界中获得的虚拟产品／虚拟财产／虚拟装备，在另一房间／剧场中仍然能通用。这就需要有通用的货币，有通用的关于私有财产保护的准则等。

目前，不少研究者的出发点是如何在虚拟世界中，实现现实世界中关于财产和占有的概念，在虚拟世界中引入现实世界的商业规则。不可否认，在虚拟世界中快速致富会是推崇元宇宙的一股巨大推动力，就好像元宇宙作为一个概念火起来的典型标志就是各路资金都在追逐拥有元宇宙概念的公司。在虚拟世界，这样的追逐只会变得更容易、更火爆，当然也会带来更多的波动和更高的风险。

这种互联互通甚至还可能让"穿越"成为可能。元宇宙的世界，也可能是一个被完全记录的世纪。想象一下，如果2007年乔布斯发布苹果手机的发布会在元宇宙中直播并

潜流 激荡、变局与趋势

留存下来，你可以在十几年后穿越到那个时间现场，还可以以第一人称的视角看到"乔帮主"改变世界的时刻，同时也可以——如果你感兴趣的话——观察那1 000多位有幸在现场见证这一时刻的每一位观众的表情。

从互联互通的维度去探讨元宇宙，会延续之前关于移动互联网时代的一系列议题的讨论：如何打破平台垄断的问题？如何在虚拟世界保护隐私？虚拟世界会因为更富足——毕竟无论是实还是虚的东西都唾手可得，你可以选择开一辆兰博基尼的跑车，也可以要求添加宋徽宗瘦金体的书法能力（是否需要付费、怎么付费，元宇宙的商业模式还有待进一步讨论）——而变得更平等、也更平均吗？

当然，最重要的议题或许是：在日益逼真却极丰富的虚拟世界，到底需要保留哪些现实世界的法则？这些法则又可能演化出哪些全新的行为准则？

要实现与现实世界一样具有沉浸逼真体验的虚拟空间，元宇宙需要硬件、软件和平台的升级，需要更多的创作者来与巨头抗衡——UGC（用户生成内容）的小世界能否与现有互联网巨头和游戏平台竞争，取决于此——需要更多参与者来尝试全新的应用场景，当然也需要更多的资金投入。

从这一意义上来讲，元宇宙的爆火，可以被认为是实现梦想的极大助推。

二、狗尾续貂的黑客帝国

如果说 20 年前《黑客帝国》三部曲是基于 Web 1.0 的初心对未来虚拟实境的超前想象,呈现出一种超级人工智能控制人类的绝望前景,当然混淆虚拟和现实的体验也让"红药丸"成为经典;20 年后的《黑客帝国:矩阵重启》(下简称《矩阵重启》)显然已经不具任何科幻的前瞻性,只剩下狗尾续貂。

Web 3.0 的世界,期望找回互联网的初心,以人为本,彻底地去中心化,让普通人能再度掌控虚拟世界的主导权,但《黑客帝国》续集所演绎的仍然是老套的反叛军与无所不能的 AI 统治者之间的小打小闹,浪费了一个利用重启来对人工智能、元宇宙和人类未来再前瞻的机会,甚至缺乏对过去 20 年 Web 2.0 时代商业模式的反思,比如眼球经济、监视资本主义、上瘾,都无从涉及。

《矩阵重启》的波澜不惊,引发了 3 点思考:

潜流 | 激荡、变局与趋势

别纠结"红药丸"和"蓝药丸",现实已经超越了矩阵系列的想象

《矩阵重启》热度不再,原因很简单。反乌托邦地去继续演绎机器控制的世界已经落伍,因为现实已然超前:都市不再是尼奥或者孟菲斯这样的"反叛者"最好的藏身空间,在摄像头和人脸识别无处不在的大都市,就算有再多的门可以让反叛者在不同的空间中跳跃,追捕者也很容易发现他们,大数据的天眼更是让他们无处遁形。

进一步说,《矩阵重启》作为互联网 1.0 时期的作品,所想象的虚拟空间仍然是物理空间的镜像,把物理空间中野蛮生长的都市搬进了虚拟世界,所以虚拟世界中呈现出的大都市才会有犄角旮旯,有三教九流的栖身地和庇护地,有孟菲斯和尼奥的腾挪空间。

但过去 20 年互联网的发展,即 Web 2.0 时代,已经证明这种简单的镜像是虚幻的。互联网 2.0 的世界是私人领地,每个人的数字分身都存于高科技巨头所创造的平台,在虚拟世界中每个人都在裸奔。巨头提供的是私人的(而不是公共的)虚拟世界的基础设施,而这种基础设施与现实世界中城市的基础设施最大的不同,就是它们在不断汲取虚拟世界中每个参与者释放的数字尾气,而海量的数据既是

平台产生巨大网络效应的原因,也是巨头挣钱的源泉。平台的参与者是即时数据的供应者、算法筛选和推荐的产品和服务的使用者,当然也是平台上售卖的商品,三者合一,超乎黑客帝国的想象。

从这一意义上来讲,过去 10 年,虚实结合,万物互联,数字城市……。这些正是一个自上而下把大都市虚拟互联网化的过程,反过来说也是让一切透明化,让算法的逻辑不断渗透进每一个人的工作和生活的过程。

参照物理世界的变化和互联网 2.0 的逻辑,显然《矩阵重启》想象的虚拟世界被证明是有致命的逻辑错误的。在一个机器设计好的"蓝药丸"的世界,绝对是把监控和透明度放在第一位的,把任何想要从内部攻破它的企图从技术上扼杀在摇篮里。换句话说,矩阵无法重启,矩阵需要重构。

| Web 3.0 时代,《矩阵重启》本可以开启新的脑洞

在元宇宙大爆炸的时代,《矩阵重启》没有与当下的元宇宙热潮勾兑,很可惜。当然影片总是滞后的,但是有引领性的影片一定是超前的,这也是为什么"黑客帝国"系列在现在看来是 20 年前对真实与虚拟世界最好的比喻。

过去 20 年科技的发展,可以引入电影世界中的元素太多。比如,虚拟货币如何在矩阵的世界中呈现出来? 机器

除了攫取能量之外，它们会不会对挖矿也感兴趣？还可以继续引申，在机器世界还会有财富和金融的概念吗？如果有的话，又会以什么样的方式呈现？

用游戏来比喻的矩阵世界仍然是非常中心化的，仍然是中心化的设计者、管理者、操控者与个人主义的黑客之间的争斗，但黑客已经不流行了，至少传统意义上的那种独行侠的黑客已经不流行了。Web 3.0 的世界中，每一个游戏的参与者——无论他选择吃下红药丸还是蓝药丸——都希望有更大的主导性，而不是随波逐流。

当然，AI / 算法统治的世界如果被推向极致又将如何？会产生什么全新的复杂重叠？过去 5 年应该说是 AI / 算法高歌猛进的时代，各家机构都在努力攫取更多的个人数据、行为的数据、电商消费的数据，为的就是能更好地为消费者提供更精准的推荐，最好让他们能"上瘾"，在平台上花费更多的时间。消费者的注意力成为平台上贩卖的商品，这是过去几年批评者关注的要点。这样算法驱使的世界如果叠加在矩阵之上，会产生什么新的涟漪呢？

试举一个脑洞，在矩阵中如果还存在自由意志的可能性的话，会不会出现打着去中心化的旗号挑战矩阵主导者的新兴势力，他们去争夺对吃下蓝药丸的人类的影响力，却对虚假的真实毫不知情，直到某一天真相大白……

基辛格和谷歌前主席施密特在合著的新书《AI 时代与

我们人类的未来》中就特别强调，要理解 AI 给人类带来的变化，不能从单一视角去审视，单纯让科技暴走会带来一系列的问题，因为"意想不到的后果"比比皆是。AI 的持续进步一定能带来一系列的改变，对人、组织和国家而言，都需要学会与机器共舞。

《矩阵重启》本可以把这种"人加机器"的共舞更好地演绎出来。

IP 并非重启就有效，缺乏前瞻性，科幻小说沦为怀旧动作片

矩阵的世界是一个肉身和灵魂、实体世界和虚拟世界完全分离的世界，人的肉体被禁锢在已然破灭的地球上，成为 AI 攫取的能量之源。在最新的《矩阵重启》中甚至会发现，人的思维活动越活跃，冲突越具有张力（而不是简单为这些人提供一种行尸走肉生活的背景），所产生的能量也越高。

这可能是《矩阵重启》唯一的创新点。科幻缺乏了超前性和前瞻性，就只能沦为怀旧的动作片。

IP（知识产权）不是简单地重启就能再创昔日的辉煌。在一个已经十分熟悉了的世界，IP 重启无法勾起粉丝的好奇心，这就好像一位七老八十的"007"和一位已是半老徐

娘的邦女郎在银幕上再续前缘，除了某位"007"扮演者的死忠粉（如果存在这类粉丝的话）之外，大概是不会有人买单的。

当然，《矩阵重启》也在告诉我们，英雄史观落伍了，与去中心化的 Web 3.0 时代有着巨大的鸿沟。零和游戏的叙事方式与复杂世界中的各种尔虞我诈相比显得更为小儿科。走出黑白分明的世界，抛弃红药丸和蓝药丸的两分法，增加人性的灰度，甚至让机器也培养出某种灰度，会更引人入胜。

三、"失控玩家"开的 3 个脑洞

我是带着元宇宙的想象去看《失控玩家》的。除了紧凑的情节和具有动感的特效之外,《失控玩家》(影片的翻译准确度还是少了一些,应该是失控"被"玩家才对)至少开了 3 个脑洞。

第一个脑洞:人工智能产生智慧的标志是什么?

对这个问题,《失控玩家》给出的回答是,作为背景和道具的主角,名字叫盖(Guy)的人工智能 NPC 感到无趣,厌倦了一天又一天周而复始的生活,厌倦成为玩家们的布景和道具——虽然他并不知道自己是布景或者道具——对每天都遇到的银行打劫事件感到厌烦,终于在某一天挺身而出,做出改变自己角色定位的"出格"行为,打开了潘多拉盒子。

这样的情节安排,首先是向之前的影片〔比如 1993 年的老片子《土拨鼠之日》〕致敬,因为只有日复一日的周而复始,同样的新闻、同样的咖啡、同样的卡斯、同样的台词,才会让有意识的人觉醒。除了高科技营造的逼真的虚拟世界的表象之外，影片表达的其实是被一再强调的母题：当你对现实的生活厌倦了之后，怎么做才能打破不断重复的无任何新意的束缚？

《失控玩家》所给出的关于人工智能觉醒的答案，并不是他的自我认知，或者说，拥有自我意识和自我认知，而是 AI 觉醒的第一步。他只有采取行动，改变自己的宿命，打破被安排好的人生——无论这样的安排是游戏里编程的重复，还是人类文学中母题中的"娜拉出走"问题——他才算真正意义上的有所觉醒。

新书《千脑》对未来拥有智慧的人工智能有这样一种预测：他首先要去理解自己身处的世界，为自己身处的空间环境建立模型，他需要在时空中探索这个模型，这些都是他获得智慧的基础。此外，他必须要有目标和驱动力，这两点是他获得智慧的决定性因素。显然，Guy 学会了在虚拟的游戏世界中畅游，也逐渐获得了目标和驱动力。Guy 被程序员所设定的目标和驱动是找到梦想中的女朋友，当他邂逅了命中注定的女玩家之后，目标和驱动被启动了。当进化开启了无限可能之后，再没有回头路。

《失控玩家》给元宇宙增添的想象力恰恰在于，如果元宇宙中不仅有人类的数字分身，也有数字的 NPC，而且这些角色也会拥有智慧，那么世界会变得更丰富、更离奇。

第二个脑洞：在虚拟世界中，做一个好人也能大火

影片设置的游戏世界"自由城"（Free City）可以被理解为玩家拥有无限自由，可以为所欲为的地方。如果对成年人的电子游戏做一番梳理的话，你会发现，有很大比例的热门游戏其实是让人在虚拟世界解脱于现实世界中的各种束缚，享受"充分的自由"，而这种自由常常表现为血腥（杀戮）和刺激（飙车），也就是在现实世界中很少见且显而易见的恶行（《西部游戏》亦是如此）。虚拟游戏世界中 Guy 当着一大批 NPC 问人类玩家，现实世界中抢银行、飙车或者杀人的情节每天都会发生吗？答案不言自喻。

所以，Guy 选择了一条完全不同的打怪升级的路，一条罗宾逊或者佐罗的路、路见不平拔刀相助的正道，这一下子让所有玩家为之一振，因为稀罕，所以有趣，也上了现实世界中新闻的头条。

这里有必要介绍一下游戏行业的生态：爆款的游戏，资深玩家不仅沉浸在游戏的虚拟时空中，也可以在现实世界中受益。他们在游戏世界闯关打怪获得的十八般武艺可以在现实世界赚取"名声"，甚至变现。因为游戏世界中的体验已经出现了分枝：玩家们一边沉浸在虚拟世界的各种打斗中，一边在各种平台上直播，吸引越来越多的看客；看

客的增加又强化了虚拟世界直播的观赏性,让资深玩家有更强的表现欲。Guy 在一个原本没有任何禁忌每天都打打杀杀的世界走出了一条清流之路,让很多人都在猜测,这是一个什么样的异端,从而成为虚拟世界与现实世界两栖的名人,一个真正的元宇宙明星。

第三个脑洞:机器觉醒的时代,NPC 们可能也会用脚来投票,NPC 罢工会让虚拟世界中的各种幻想变得味同嚼蜡

游戏是正在进行中的"元宇宙"世界,这个世界很多时候是为了让玩家去逃避现实的。电影中一个 22 岁还宅在家啃老的胖玩家,在自由城里却是掌握着重要资源的"黑帮大佬"。换句话说,往往在现实世界中无法得到的东西,更能激发玩家在虚拟世界中去争取,而这种争取自然会强化虚拟世界与现实世界之间的反差。

Guy 鼓噪虚拟世界中 NPC 用脚投票,打破算法的牢笼,不再甘当人类玩家的背景和玩具。这背后更深层次的寓意恰恰是,在元宇宙的世界,我们需要为全新的"与机器共存"的生活方式做好准备。在我们能预见的未来,"人 + 机器"的模式可以是相辅相成的互补模式,我们可以把人类不愿意去做的事情和觉得乏味的事情——绝大多数简单重复的

工作——交给机器,而不用担心机器会因为"996"而抱怨。机器理论上是可以 24 小时连轴转的。

但是延伸到未来元宇宙的世界,当我们每个人都在虚拟世界中有了完备的数字分身之后,如果我们希望在元宇宙里的体验更丰富、更"不劳而获"的时候,我们可能需要制造出数量庞大的 NPC 来为我们提供服务。

《失控玩家》开的第三个脑洞其实是给我们以警醒,当元宇宙世界变得和现实世界一样真实时,元宇宙世界同样不会长久地容忍不平等。当 NPC 拥有人一样的智慧之后,我们也要学会平等地对待他们。

《白莲花度假村》是 2021 年的夏天描述当下不平等最具黑色幽默的一部美剧,把它与《失控玩家》进行对比观看,可以让我们对元宇宙所构建的科幻外壳,与未来人们在元宇宙中的生存状态之间一定会存在的矛盾冲突,有更清醒的认知。

《白莲花度假村》的剧情发生在夏威夷海岛上的一家豪华度假村里。到这里度假的游客期待的是奢华而放松的生活,有阳光、海滩、美食、篝火,当然还少不了一流的服务。但从第一天起,来度假村度假的游客(富人)和服务员(普通人)之间的阶层差别就若隐若现,并随着剧情的推展而变得日益尖锐。

挑剔的富家子因为套房并不是妈妈帮着定的顶级套房而叽叽歪歪,酒店的经理使出浑身解数打太极;与富家子刚结婚的穷家女看穿了丈夫的空虚，在奢华而空洞的生活和找寻自我的意义之间摇摆不定；同样另一个来度假的女主外男主内的家庭，妻子仿佛脸书COO桑德伯格那样繁忙，度假时还得抽空开视频会议，一事无成的丈夫却觉得被压抑，再加上两个反叛的孩子，以及和酒店侍应生偷情的女儿的女友，状况迭出；再有一位精神失常、带着母亲的骨灰来度假的富家老女人，在接受按摩治疗之后放松了情绪，鼓动按摩师自立门户，并宣布自己会投资……富贵与希望富贵的人、平庸和不甘平庸的人，在一个小小的度假酒店里上演了一出出悲喜剧。

但最终，酒店的服务员总得迎来送往一批又一批逃避现实、放飞自我的富人，就仿佛元宇宙中的NPC需要忍受一批又一批的玩家五花八门的玩法。所不同的是，在《白莲花度假村》里，普通人的梦想每每为富人一时兴起却始乱终弃的"自由"所玩弄，就好像被点燃了创业想法的按摩师，或者偷情中的侍应生，都最终因梦破而伤心。而那个质疑自己是否选择错误的穷家女最终仍然不可能鼓足勇气放弃确定的富贵生活，去追逐充满风险的梦想。

这样的剧目，每每在人世间上演，即使跨入元宇宙的世界，也依然会如此。这恐怕是包括《失控玩家》在内大多数好莱坞大片的短板：一段冲突之后，即使是NPC，也不可能在虚拟的乌托邦中永远幸福地生活下去。因为有智慧的地方，一定会有冲突。

四、数字化生存的想象与悖论

在真实的世界中构建"数字分身"已经变得越来越司空见惯。通用电气在飞机引擎上布满传感器,以记录下引擎的工作状态,经过大数据分析之后可以预判引擎可能出现的问题,提前规划检修时间;越来越精巧的可穿戴设备可以记录用户的心跳、血压、睡眠的好坏,帮助每个人构建完整的身体状态档案,为疾病的预防做好准备;智能手机的普及让我们在虚拟世界中留下了各式各样的数字尾气——购物的记录、外卖的选择、乘车的轨迹、群聊的话题,这些尾气也让数字平台可以给我们每个人贴上千百个标签,变得比我们自己还要懂得自己,让千人千面的私人定制变得更加精巧贴心。

沿着技术进步的脚步向前推演,当数字分身无处不在的时候,这个世界未来会演变成什么样子?2021年在中国大陆上映的日本动画科幻片《你好,世界》给出了匪夷所思的解答,让我们对数字化生存有了全新的理解。

影片将背景设定在2027年的日本京都,一项宏大的智慧城市项目正在进行中,用无人机扫描和记录古都的点点

潜流 激荡、变局与趋势

滴滴，将城市景观全面数字化，为京都这么一座大城市构建一个完整"数字分身"。这是一种把城市数字化与数字化生存具象起来的努力，在无限存储空间中记录下事无巨细的过往，包含百万居民生活的一点一滴，其实就是在制造另一个世界——数字化的虚拟世界。

别样的虚拟世界

可以说，《你好，世界》是对《黑客帝国》及《头号玩家》等近年来涌现出的一系列营造虚拟数字化生存的影片的膜拜与颠覆。膜拜当然是一种对数字化生存想象的延续和拓展，颠覆之处却更惊人。

首先，影片中数字化生存的想象推演更贴近我们熟悉的现实，与当下世界的连通也更紧密。而联结真实世界与虚拟世界的努力——其实很难分得清哪个是真实，哪个是虚拟——会产生一系列难以预料的结果。影片大胆地构想了当智慧城市数字分身中的居民有了"意识"之后的一系列情节。这里的"意识"的定义与《黑客帝国》里的一样，就是理解自己的世界之外还有一个世界，懂得需要在红药丸（去到真实世界）和蓝药丸（留在虚拟世界）中做出选择。当然，理解自己只是虚拟世界中运算的结果，而理解自己及所生存的空间只是数字化的记录，需要极大的思维跳跃。

其次，与《黑客帝国》所不同的是，《你好，世界》中并不存在一个暗黑的对立面，或者一个邪恶的控制人类的母体 Matrix[①] 巨型计算机。《你好，世界》中的数字化生存都是打着"科学与管理"的名义，身处京都市政厅内的无限存储空间由一群科学家所维护，他们所做的就是维持复制的数字世界中的秩序，不要出错，不要产生混乱。当有人尝试从真实世界联结虚拟世界，试图改变过去的历史来满足当下的需求时，混乱就发生了。重整秩序、修复缺陷（bug）、恢复原状，这些我们听起来没有任何恶意的计算机词汇，在虚拟世界中就演化成一个又一个、一群又一群"狐面"宪兵——将数据复原的机器人。

第一个"狐面"宪兵出现的时候，带给人们的是狐疑，仿佛这是忽然从哪里降临的妖魔鬼怪。这种坏人形象，与西方语境中的大相径庭。当一群群宪兵出现的时候，系统就疯狂了，或者说抓狂了。以维护秩序为名义而出现的修复工具，在面对虚拟世界中被激活的意识为了自己的存在而修改数据记录时，就演变成了完成指令而滥杀无辜的邪恶宪兵，这是一种对恶的源头和呈现更深层次的剖析。

第三，《你好，世界》对《黑客帝国》的颠覆，是在真实世界和数字分身的二元分析之外，又加上了一个时间维

[①] Matrix 指矩阵。中文可译为"梅崔克斯"。——编者注

度。从戏剧的角度来讲，时间维度让电影可以叠加"时间穿梭"或者"回到过去"的戏份（我知道你明年夏天做了些什么）。从科幻的角度来看，影片把真实世界与数字分身分别置于当下和过去，正是因为有了数字分身，才让回到过去成为可能。时空穿梭为什么不可以是回到数据记录的过去的世界呢？这是对数字化生存开启的全新想象。修改数字分身的努力和尝试，与回到过去修改历史记录、修改个人命运联系到了一起，脑洞大开。

这又给了《你好，世界》所营造的虚拟世界一种不同于《黑客帝国》暗黑色调的平常，就好像记录中发生的事情都是京都生活的平常一样。在《黑客帝国》里，吞下红药丸之后，你一下子发现的是真实世界的黑暗和残酷。但《你好，世界》中的数字世界只是过去而已，不加一丝涂抹。当然，它也因此不可能在虚拟世界中给人营造出一种"完美世界"，或者像《头号玩家》那样将不可能变成可能。

| 完美世界的悖论

完美的虚拟世界，可以在美剧《上载新生》中找到，这里有风景绝佳的度假村，每个人都过着豪奢的生活，吃喝玩乐一应俱全。当然，在完美世界的表象下，隐藏的是异化和不满。

《上载新生》所营造的世界不是数字分身的世界，而是从真实世界上传了的人的意识继续生存的"后生"（Afterlife）的世界，当承载凡人意识的身体因为疾病或者事故而濒临死亡时，盈利型公司"后生"就会提供一种延续意识和生命的选择，可以把人的意识上传到虚拟世界，延续与真实世界的联结。

《上载新生》提供了审视异化了的数字化生存的另类视角。首先，它混淆生与死的边界，引发巨大的道德风险。剧集中一场葬礼告别仪式的戏，最能呈现出这种变化。一个在真实世界中已经被宣告死亡的人，因为上载了意识就能在虚拟世界的另一边实时参加自己的葬礼。AR/VR 的融合，让他可以与亲朋好友随时视频通话，甚至可以与真实世界中的人"物理地"接触。当死不再是告别时，生也就变得不那么珍贵。

对活人的"谋杀"，可能就是为了让他在虚拟世界中变得更容易被控制。因为生存在这样的虚拟世界并非没有代价。"后生"并不是高科技营造出来的免费乌托邦，它与现实世界的联结也不只是"死去"的、上载的意识与现实世界中亲朋之间的无缝沟通，更有一层虚拟世界中的人对现实世界的依赖，因为虚拟世界中的一切都是需要付费的，付费的能力和多少决定了在虚拟世界中的生活方式与生存质量。

在虚拟的度假村里，有一个不太为人知的楼层——2G

的世界（这里 2G 既指的是流量也是带宽）。"后生"的世界其实就是一个流量的世界，与真实世界的 VR 沟通需要流量和带宽，在虚拟世界享受各种生活和服务，也需要流量。那些没钱支付正常流量套餐的人只能在 2G 的世界中沉沦，在僵硬中定格。流量可以说是数字化生存的基础，而决定流量的是金钱和资本。上载之后的人，仍然保持着独立思考的能力，却要受制于外部金钱的约束，人的思考会被流量限制，这是数字化生存的新悖论。

联结真实与虚拟世界的不仅是 VR 高科技，也有在真实世界中"996"工作的虚拟客服。《上载新生》恰恰在这里点出了"科技万能主义"乌托邦的虚伪之处。它所营造的真实世界用几乎夸张的方式，凸显了科技新贵与普罗大众生活的巨大差距：加州的道路上充满了无人驾驶汽车，而在纽约上班的虚拟客服却仍然乘坐着破旧的地铁和公交车。这种夸张不禁让人质疑，高科技是不是被用错了地方？

当然，现实世界中日益拉大的贫富差距，也会强化普通人对"虚拟人生"的向往，产生出一种新的逃避主义：既然无法改变当下，为什么不去努力设计出一个更好的可以上载的未来？或者为了让亲人能在"后生"中过上更好的日子而在当下拼命地存钱努力！

《你好，世界》与《上载新生》都是对高科技未来数字化生存的想象，而且是一种推演式的想象：越来越细致的数字分身正在产生,就好像自动驾驶无处不在的世界就在街头的转角之外。当实现高科技之后,一切才刚刚开始。技术只是触媒,怎么使用高科技和黑科技?技术的使用又会带来什么样"不可预知的后果"?良善的出发点为什么会带来恶的结果?虚拟的完美世界为什么逃脱不了真实世界中的妒忌和伤害?

　　数字化生存的各种想象,让我们对如何处理人与高科技的关系,有了更清晰的思考。

五、数据分身与克隆自我的隐喻

《双子杀手》的评价褒贬不一与票房失利,都不妨碍它是电影科技史上一部划时代的影片,为了在大屏幕上让威尔·史密斯与年轻30岁的自己演对手戏,导演李安是花了血本的。李安对银幕上史密斯的数据分身要求很高:不仅要年轻,还得传神。因为很多人对史密斯最初的银幕形象记忆犹新,他们希望在克隆版的年轻杀手身上真正找到那个初出茅庐的史密斯,但恰恰因为是克隆人,又是杀手,这个年轻版的数字分身还得有那么一丝邪恶劲儿。

《双子杀手》引发了两方面的讨论,一是如何在银幕上塑造出真实的数据分身,逼真得令人真假难辨;另一个则更富有哲学思考:如果在真实世界中,真能克隆出一个人的副本,它会给我们的生活带来什么样的冲击? 而后一个问题恰恰是另一部新的网飞电视剧《悦纳新自我》的主题。

《悦纳新自我》讲述的是中年油腻男通过克隆寻求"救赎"的故事。蚁人的扮演者保罗·路德(Paul Rudd)在电视剧里出演男主角迈尔斯——一个在工作和生活中挣扎,丧失了创作灵感,也失去了爱情新鲜感的中年油腻男,尝试着"全新"的水疗疗法以重新找回活力。殊不知这其实是在克隆出一个更健康的自己去全新地面对生活。

　　现实世界中，这种重塑活力的方式有很多，有的人去打玻尿酸以抚平脸上的皱纹；有的人尝试做"吸血鬼"，期望输入年轻人的血液以重获青春；更多人则寄希望于基因疗法，期望缓解衰老，把青春留住。《悦纳新自我》里的创意更大胆，直接去克隆一个全新的人，一个因为做了很多DNA（脱氧核糖核酸）修复所以可以比本体更健康的克隆人，而且用这个克隆人来取代本人。不过，如果这样的克隆真能成功，不仅能塑造出样貌相同但更健康的躯壳，还能将记忆一丝不落地转移，那么它会给被克隆人的生活带来什么样天翻地覆的改变？这的确是需要大开脑洞的思维实验。

　　《悦纳新自我》里提出了一个非常重要的科学伦理问题，同样也是一项哲学思考，即意识与肉体的关系的问题。如果人与克隆人可以拥有完全一样的躯体、相同的记忆，那么克隆人可以取代人吗？问题是，当克隆人一旦被制造出来，就好像一个人的历史到了分叉点。面临相同的情况，克隆人可能会做出不同的选择，因为他更健康，他有更多活力，也因为他拥有独立意识。

　　这里其实就埋下了第一层隐喻：当人制造出新的机器——无论是基于硅片的机器（我们所熟知的人工智能），还是基于DNA的机器（克隆人）——只要机器拥有了独立意识，就可能会做出不同的选择，我们无法规定，也无从预测他进入真实世界之后的想法。你可以克隆身体、复制记忆，但是无法保持自主意识的延续。换句话说，这种克隆人在真实世界中做出的全新选择，恰恰因为是中年油腻男做不到的，所以才特别有意义，但这种选择是你的吗？如果迷失了自我，这样的实验还有什么意义？

《西部世界》里也有过类似的觉醒。当不断被抹去的记忆在某个时点在克隆人的脑海中被浮现出来的时候，他不会再安守着对自己的安排。

第二层隐喻是有关年轻的隐喻，也是为什么中年油腻男如此渴望的原因，因为那是全新的体验。

年轻所带来的改变，无论是DNA修复带来的健康，还是克隆过程中的肢体美容（比如把阑尾的伤疤修复）所带来的容光焕发，都可能给克隆人带来完全不同的看世界的视角。这也是为什么有人会选择克隆的最根本的原因——希望给已经陈旧也沉寂的生活中注入活水。

肢体的年轻会不会带来心态的年轻？而这种年轻是不是意味着能重新发现大自然中的美，而不是被疲惫的生活所拖累，能从上千个日日夜夜的沉闷婚姻生活中走出来，从伴侣身上发现美，从而找到生活全新的意义？在这里，年轻的隐喻其实是在追问一个更为重要的问题，克隆人本质上刚刚来到这个世界，他会有一种从心底里涌动而出的新鲜感，虽然他自己并不知道，也无法形容。发现，源自陌生，即使克隆人被植入了所有的记忆，本质上现实世界里的一切对他而言都是全新的开始：记忆中的，和真正用感官所感知的相比，无论是第一口吃下的甜瓜，还是第一次见到的郊外翠绿的田野，都显得那么苍白。

中年油腻男想要的年轻，是对记忆做拉皮手术，重新在生活中感知到新鲜感。

《悦纳新自我》也提出了两个既有趣又重要的问题：

首先，记忆是可以传递的吗？换句话说，灵魂或者思考是否能与肉体分开而独立存在？我们每个人的肉体和自我认同之间，是不是可以割裂？

有一种研究强调，我们并不只是利用我们的大脑去思考，我们还会利用其他感官去感知世界。在《思考，快与慢》中，我们之所以可以本能地对一些问题做出反应，比如消防员可能本能地感知到火灾现场的屋子里充满危险，在坍塌前一秒逃出来，就是因为有直觉。每个人都有过汗毛倒竖的经历，因为我们对环境中的危险有直觉。这些经验都告诉我们，我们的肢体、我们的感知，在很多时候，和我们的大脑一样重要。

这就引发出了第二个问题：如果肢体发生了改变，意识难道不会改变吗？其实我们已经习惯了至少替换我们身体的一部分。比如，器官移植就已经发展成了一个非常成熟的行业，肾脏、肝脏、心脏和肺都可能移植。两年之前，甚至大脑移植都被炒得沸沸扬扬，一名俄罗斯高位截瘫的病人希望与意大利的科学家合作，把自己的大脑移植到一个捐献的健康的躯体上，让自己重新站起来（虽然这一试验因为医疗技术和伦理问题被叫停）。

大脑移植与其他器官移植相比，的确又跃进了一大步，它不仅在技术上面临巨大的挑战（如何将纤细的神经连接起来本身就是一个巨大的难题），也提出了道德与伦理的问题：大脑移植的人，到底是谁？大脑和其他躯体的结合意味着什么？克隆人也是如此，把有记忆、有感知、有自我意识的大脑和一个新躯体连接起来意味着什么？哪怕这个大脑也是一个复制品！

已经有一些人造器官移植引发人的遐想，比如机器心脏的技术已经很成熟，只是安放在胸腔里的机器心脏并没有脉搏，因为本质上机器心脏是一个机器泵，不必像心脏那样需要收缩来挤压血液。问题是一个没有心跳没有脉搏的人，还是人吗？当然，我们也看过不少感人的场景：一个失去了儿子的母亲，会贴在陌生人的胸口，聆听儿子的心跳声，因为她儿子健康的心脏被移植到了另一个需要它的病人体内。

回到《双子杀手》，影片里呈现出的数字分身有两种。一种就是所谓的视频造假（Deep Fake），利用网上开源的

AI 技术，给影片里的人换头像，或者说利用一个人的影像进行编辑，用合成的语音往影像的嘴里"喂食"，这有点像数字配音，比如让特朗普说中文笑话。随着人工智能的发展，这样的技术已经越来越可能以假乱真。

另一种就是《双子杀手》里设计的那个史密斯的 23 岁数字克隆版。制作这样的一个数字克隆，而且能在大屏幕上纤毫毕见，影片花费了几千万美元，需要动画师和人工智能工程师两个团队协作，需要扫描史密斯的头骨、面部表情、皮肤，等等。同时对照他刚刚出道时的影像，分析 51 岁的他在过去 30 年到底哪些地方老去了，这样才还原出那个真实又年轻的数字分身。

如果《双子杀手》对未来有所指向的话，那一定是对找回年轻自我的渴望。如果智慧可以克隆、肢体可以恢复年轻，硅谷大亨们一定会为这样的"长生不老"豪掷千金。不过，在尝试克隆之前，需要仔细思考，这样的实验，其实是一种关于自主意识可能性的选择实验。差之毫厘，谬以千里，选择的多样性，给戏剧增添了无限张力，却并不意味着生命就因此有了多种可能。

第五章 历史与他乡

一、王安石变法得失辩——
　　王安石诞辰1 000周年纪念

王安石新政期间，苏轼外放为杭州通判（副州长），也由此有机会对王安石颇为看中的青苗法，做了一个细致的基层观察。

青苗法的立意不可谓不善，希望在春秋两季农村青黄不接时，由政府提供普惠金融，以年利两分的价格，为老百姓提供贷款，以免他们遭受高利贷者的盘剥。但苏轼看到的新情况却超乎立法者的想象：无良官吏，每趁放款之时，必令酒务设鼓乐倡优，或放关朴卖酒牌子，诱惑借到青苗贷款的农家子弟前来玩乐。一些不知利害的年轻后生花光借款之后，等回到家，还不曾学会多少城市的腔调，却欠了政府一屁股债难以偿还。

以杭州之富庶与繁华，老百姓可以借到快钱，但很难约束他们将这些钱用在农闲期间投资再生产的"正道"。更有甚者，因为酒业和青苗钱都是专营，左手发钱，右手吸引消费，可以更快达成政府理财的目标——青苗钱的本质是政府资本替代民间资本，获利以达到富强的目标——也给了各级官僚寻租敛财的机会。

传统上对青苗法的批评，聚焦在一系列实操环节的败政：政府强行摊派、地方官僚肆意加派以及争论为什么政府贷款不免息。苏轼的观察无疑提供了新的视角：在北宋商品经济大规模发展的环境中，改革方案如何应对在实践中可能涌现的诸多新事物和新情况？

最近几年关于北宋的新书层出不穷，包括《宋仁宗》《大宋之变》及《王安石传》。2021年12月18日是王安石诞辰1 000周年。群星闪耀的北宋政坛，从范仲淹、欧阳修，到司马光、王安石，再到苏轼、苏辙兄弟，可谓代有才人出，而王安石无疑是最闪耀的一颗。

距离那场轰轰烈烈的"大变法"1 000多年后，我们又该如何去审视这场失败了的改革？哪些是因为立法者本身的盲点？哪些是因为不合时宜或者超前于时代？哪些是因为对商品经济缺乏研究，无法理解政府与市场之间的复杂关系？哪些是因为政治生态的缺陷或政治新思维的缺失？哪些是因为在推动新政时急于求成，不懂得轻重缓急，逐步实施？又有哪些是因为执政者自己的性格原因或者任用不得人？

　　1 000多年的时空跨越，也给了我们更长的历史焦距去打量那场轰轰烈烈的新政。新政的是是非非已有太多著述，本文希望从适应商品经济发展的制度创新、配合开明专制演进的政治新思维，以及文学家与政客之间的矛盾张力3方面，去剖析新政，总结得失，也借此纪念这位勇于任事，却功败垂成的政客文豪。

| 适应商品经济发展的制度创新

　　两宋时期是中古时代商品经济最为发达的时期，但有影响力的商人，基本上没有留下名姓，更鲜有人能进入公卿幕府，提出实际的创见，参与改革。可以说，王安石改革，基本上是根植于农耕经济的改革，再加上文人对货币经济浮光掠影似的理解。换言之，王安石推动改革的班底缺乏多样性，尤其缺乏商人阶层的参与。

　　这当然也与整个北宋立国的人才管理设定有关。入仕是阶层流动最重要的推手，中举做官是个人乃至家族的晋身之阶，不仅学而优则仕，各行各业都把做官作为精英的标志，这无疑给社会带来了稳定，但也导致政府内部缺乏真正懂得商品经济的人才，精英人才的一元化反而无助于改革的推进。

王安石改革的目标，是解决国富兵强的问题。有很多路径可以通向国富：可以通过推动经济进一步发展，也可以通过增加政府在分配过程中的份额，甚至通过政府直接参与经济来获利。显然，王安石目力所及是后者。他对前者，即商品经济背后真正的运行法则没有研究也缺乏理解。可以说，环顾1 000多年前的北宋，根本没有推动商品经济发展所需要的经济长才，即对商业发展、贸易、金融和货币流通都有实证研究的人。

当然，此说确有苛求古人之嫌。但我们必须追问：为什么北宋经济已经有了长足的发展，却缺乏商业阶层在两方面的崛起？一方面在权力分配上缺少成为不同于文人和农人的新阶层，另一方面在思想领域缺少研究经济现象的专业人士。

11、12世纪的北宋，被西方研究者称为全球第一次工业奇迹（the First Industrial Miracle），经济有了规模，也涌现出涵盖各方面的创新：纸币、印刷，繁华的大运河以及火药在军事上的应用等。但这一系列的发明和创造背后，缺乏量变向质变的推手，缺乏制度的创新。

王安石改革失败的首要原因恰恰在于，在商品经济已然大规模发展的时代，想要推动制度创新，仅仅依靠文人士大夫阶层是远远不够的。在改革的过程中，没有商人阶层的参与，没有懂得金融贸易的人的加入，很难做到贴近经济发展的现实，遑论支持商品经济进一步发展的制度创新，或者推动和管理经济发展的改革。

即使是王安石新政中与经济和商业息息相关的改革，也充满了对统治经济的误读。国富，不能与民争利。虽然青苗法的本意是解决老百姓青黄不接时缺乏资金的一种普惠信贷，但在实际操作时，已不再是普惠信贷，而变成了国家主导的高利贷。类似的为国理财，变成了为国敛财，会强化专卖制度（比如盐的专卖制度），却无法从推动商品经济发展的流转税中找到新的税源。

金融与银行的概念，并没有在新政前后提出。改革者所讨论的变法方略，依然是1 000多年前西汉盐铁会议上讨论的内容，所实践的方式，依然是法家的路数。这种法古创新注定有一种不切实际的理想主义，以至于从政治旋涡中抽身而去，退而编写《资治通鉴》的司马光，用经验主义的视角审视，也认为古法根本不适应商业社会的变化。

当然，北宋是否真正拥有商品经济，也值得商榷。王安石之所以长时间不愿意入朝为官，是因为"长安居不易"，在开封带一大家子人生活太贵了（宋神宗就专门为宰辅修建了官方的府邸，颇有未来首相官邸的味道，卸任即搬出，却也凸显出即使大官在京城常住也是个问题）。

开封的富丽与繁华，并不是自由生长的结果，而是皇权疯狂吸血的结果。按照《帝制两千年》的分析，开封创造的是一个典型的汲取型的畸形消费市场，一个仰赖大运河的供给的纯消费城市。官府和权贵的吸血，体现在官家要求成立各种行会，这些行会又转手欺压商人，即使卖烧饼的贩夫走卒都需要加入行会，交保护费，接受盘剥。宋朝行会与欧洲的行会，组织区别极大，其存在意味着开封并没有真正的自由市场。

换言之，长安居不易，是因为开封的繁华，终究只是权力的繁华。或许这才是变法缺乏商人阶层参与最根本的原因。

| 配合开明专制演进的政治新思维

推动变法的过程，暴露了宋文人执政的两大致命缺陷：一是没有能够推动塑造一种谋求共识和妥协的议事规则，最终演变成水火不容又两败俱伤的党争；二则是当理想和现实之间出现矛盾时，总是陷入"纸上谈兵"的论争，无法做到实事求是，每每陷于君子小人二元对立的道德评判，而迷失了改革的真正方向。与变法对商业发展所需要的制度变革缺乏研究一样，变法在政治层面则体现出缺乏政治新思维的短板，同样没有制度创建，只能寄希望于"外儒内法"的雷霆手段，反而轻易地破坏了北宋好不容易积累起来的开放的政治生态和制衡的制度设计。

虽然北宋皇帝把"异论相搅"奉为驭下法宝,允许甚至鼓励朝廷拥有不同的意见,却没有形成一套有效的政策讨论和决策机制。多元思想碰撞的结果,并不是更切实的政策,而是胜利者执掌权柄,失利者外放地方,每每上演一旦受挫就"求州郡"的政治表演,试图以远离政治中心的退让来逃避政策讨论中必要的争锋,更难形成想法不同的执政者和衷共济的局面。

妥协的要点在于,如何因地制宜、如何沟通、如何搁置争议,以谋求共同的利益。妥协是冲突各方在激烈的较量之后,各让一步,达成和解,建立平衡。面对冗官、冗兵的问题,王安石不是第一个想去解决的人,比他早一代的范仲淹等人,在宋仁宗庆历新政时,就已经着手改革,却无法推进,其背后最大的掣肘,就是缺乏深入的政治对话去探索出可行的方案。

因为缺乏妥协的机制,无论是变法派还是反对变法的人,都缺乏必要的灵活度。确定了的事情就不能更张,即使是从一线传递上来的反对意见,在变法者眼里,也是政敌为了诋毁自己而罗织的证据。这样一来,变法者很容易陷入斗争思维而不能自拔,很快双方就渐行渐远。为了反对而反对,不仅王安石挥舞大棒,司马光当政后立刻全面否定新政的做法,亦如此。

第五章 · 历史与他乡

尚空谈也是士大夫的通病。士大夫出身的官员，常常会洋洋洒洒写万言书——范仲淹、欧阳修、王安石、苏轼都写过——力图涵盖万千，对各种问题条分缕析，认为只要君王能够采纳，就能为万世开太平。他们缺乏与包括政敌在内的同僚一起开诚布公集思广益的讨论。

在新政推广的实操过程中，王安石没能在高官层面构建广泛的共识，反而选择操纵"权术"的方式，安插自己的人，拉拢一些人加入自己的小圈子，强调推进改革的力度，同时大力排挤那些持有不同观点的人，将他们从中央决策层中赶出去，这更加剧了文人官员阶层的分裂。

君子小人之辩，也是导致党争愈演愈烈的火药桶。传统政治的一大特点，就是一方面习惯于道德的污名化，一方面又总是过度拔高理想人物。一个派别总是将对立派别中最不齿的个案当作典型来打倒对手，同时又总喜欢树立起在现实生活中根本不可能存在的理想形象。

变法还败在急于求成，希望一蹴而就，三五年就想有所成就，极大地低估了反对者的力量，操之过急，流弊自生。一百年形成的惯性，想要朝夕之间改变，并不容易。当然，变法者更忽视了推动变革所需要的循序渐进：变法需要有层次、有次序、有轻重缓急，不可能一股脑地推出一系列法律。新法甲还没有收效，马上推出新法乙，其结果只可能是一面高歌猛进带来的各种鸡飞狗跳，另一面党争矛盾

潜流 | 激荡、变局与趋势

重重，导致最后一地鸡毛。最后，王安石希望通过一道德与同风俗、新学定于一尊为变法铺路，阻塞不同的声音；希望通过掌握人事权将变法的人排挤出局，让新法的实施更为顺畅。其结果，一是破坏了北宋好不容易建设起来的包容且多样的政治生态；另一方面，随着神宗皇帝的年龄增长，他从操控权力的帝王术角度，自然乐见君主独裁的巩固，北宋原本君臣共治的政治生态一去不复返了。

经过几代的发展，宋仁宗确立了一个中国帝制历史上可以说是最好的制度，明君、贤臣、开明政治、制度制衡、台鉴纠偏、与民休息：君王在上，是超然而又有所节制、深受儒教教诲的英明的仲裁者（类似西方的哲王）；文人治国，创造了一系列相互制衡的制度，宰执多人分治，互相制约又有一套中书、门下封驳的流程和制度，确保无人能够专权，而台鉴（监察机构）则构成了对宰执的批评和纠偏机制；开科取士，让国家真正摆脱了少数人对政治权力的垄断，推动了阶层的流动，让平民也能通过读书而出将入相。此外，在国家利益与社会利益中寻求平衡，绝对不会因为需要富国强兵而对民众横征暴敛。

王安石鼓吹君王乾纲独断，并据此赋予相权专断的改革权力，上下一心推动变革。如果君主失去超然的地位，而宰执短期成为权力的中心，那结果有可能是权臣铸就昏君，也可能是昏君放纵权臣，牺牲的是内部纠偏和相互制约的机制；权力集中，台鉴制度要么演变为党同伐异的工具，要么演变成非黑即白的清流对浊流的打击；变法的纷扰也在中下层官员中形成一种劣币驱逐良币的氛围，在德与才之间，办事能力变成了考核的主要标杆，却缺乏重要的道德约束，官场上的风气颓然大坏。

政治制度的破败远大于创建，这是变法最得不偿失之处。

文学家与政客之间的矛盾张力

王安石既是政治家，又是诗人、文学家。政治家与文学家可以统一吗？很难！小王安石15岁的苏轼就是很好的反例。他是大诗人、大文学家，却无法成为优秀的政治家，因为两个角色之间必然有其矛盾之处。

诗人敏感而浪漫（虽然王安石的诗作中鲜有浪漫之作），政治家却需要有手腕、有执行力、有号召力、有行政能力，王安石有的有，有的无。文学家与政治家最大的冲突，在细节的处理上。文学家可以写出锦绣文章，政治家却需要有应对复杂新问题的敏锐观察力和处理能力，能在长期目标和短期权变之间游刃有余。此外，文字铺陈出来的策书，总逃脱不了坐而论道的空洞，作为批评则可，作为施政纲领，则可能出问题。

但王安石的可贵之处，在于他有那个时代文人稀缺的精神。承平久了，北宋蔓延着保守的风气，士大夫十人有九为文章之士，果于有为者少，乐于无事者多。王安石的特点则是果于任事，既能独立思考，又敢于付诸实践。他之所以主持变法，可谓因缘际会，却又是舍我其谁。北宋官场，人人勇于猎官，人浮于事，墨守成规。相对而言，王安石为官清正，不求名利，又富有文名，再加上与年轻君主神宗皇帝投缘，表现出敢于任事的能力（涌现出来也很正常）。问题是，王安石个人的性格突显出他并不是主持变法的最佳人选。他缺乏宰相度量，性格偏执有缺陷，无法团结可以团结的人。

当然，文人风骨也意味着王安石无法有始有终，在变法到了一半，遇到诸多挫折，而皇帝的支持变得迟疑之时，他选择离开朝廷，回到江宁赋闲终老。这是王安石的可贵，也是他的可悲：他对待权力和地位，始终保持着"君子坦荡荡，为行道而做官。不合则辞，合则安然受命"的观念。在这一点上，王安石曾经与他最亲近的同僚、却是变法最坚定的反对者司马光想法一致，这是他坚持文人风骨的可贵之处，但也注定他无法成为一流的政治家。既知"君子难进而易退，小人反是"，怎么能把变法的重任交给一批干才，自己却抽身而去，让变法失去了重要的道德上的制衡者？一流的政治家是不会爱惜羽毛的，也一定会知其不可为而为之。

政治家与文学家的双重思维，共存于王安石身上，前者理性、独断、唯目的性；后者感性、深情、重审美性。两种思维方式的自由转换并不容易。官僚重视利害，文人耽于想象；政治离不开权术，需要客观冷静，而文人则一腔热情。

人无完人。等到王安石变法失败，苏轼也在反省，自己是不是也有做得不对的地方，比如批评太多、意气用事。尤其是当朝堂之上再没有王安石这样勇于任事的人之后，有比较才有鉴别，苏轼的检讨，是当年缺乏的对王安石勇气和魄力的肯定。

改革：种下北宋灭亡的逆因

王安石变法，恰逢北宋处于国家发展的十字路口。大宋官场到了神宗，已经是人人不思作为、畏手畏脚、耽于安乐的光景，能出现王安石这样敢作敢为的变法人士，更碰上了神宗这样年轻有想法的君主，却不能开辟出一种全新的局面，反而种下北宋灭亡的远因，岂不令人惋惜！

可叹者有三，无一不是悖论。

第一，王安石追求务实的科举改革没有成功。"一道德"的做法，却为后世的八股取士扼杀思想活力播下了种子，令他生前就追悔莫及。

王安石推动的科举改革，有机会更务实：策论、律法，都在改革者讨论的范畴之内，希望一改之前愈演愈烈的以

"辞章"作为筛选机制的科举,尽管几代文人都是经由这条独木桥上培养出来的。

王安石改科举为学校,强调试策论,有他务实的考虑。遗憾的是,他目力所及,无法了解技术推动生产力的发展、金融推动商业的发展,没能进一步培养人才去探讨应该及如何制定新的制度和规则,来推动技术的应用、金融的推广。相反,他设立学校的一个目的是"一道德",希望定自己研究的新学于一尊,这客观上造成了反对独立见解和个人思考,恰恰与北宋包容和多样的思想背道而驰。北宋的包容,让王安石有机会改革,但改革的结果,却是禁锢了思想。

"一道德"对科举制度影响深远,演变成为君王桎梏文人思想的工具。从南宋推崇程朱理学,到明清两代的八股取士,文人再没有北宋时代的纵横开阖,中国也就丧失了一大重要的机遇。王安石晚年也感叹科举改革:"本欲变学究为秀才,谁知变秀才为学究!"

第二,极其富有独立思考能力的王安石,在自己变法期间却培养出了一批高度服从且有执行力的官僚。这一变革的代价是,牺牲了所培养人才的独立思考的能力,为后世权臣的出场铺平了道路。

王安石变法改变了北宋官场的人才选拔机制,把仁宗朝独立思考有担当的士大夫,改造成为神宗朝工具性十足的官僚。变法培养出来的官僚,收到的要求,是服从而非思考,这些人的视野永远只在行政和执行层面，而不在政治层面，更别提期冀他们有什么新思维。王安石时代成长起来的官员，已经习惯了不折不扣，甚至变本加厉地完成上面交下来的任务。

官场文化因此从包容开放的氛围，转为专断独行的做派，人文关怀缺失，争名夺利日炙，也值得为变法者戒。

第三，宋神宗与王安石君臣相知的际遇，在帝制历史上很罕见。明君贤相，有理想、有抱负、有勇气，变法的结果，非但没有进一步巩固开明专制，甚至迈向可能的君主立宪/虚君共和，反而成为将帝制中国进一步推向君主专制的深渊，这可能是王安石变法最大的悖论。

北宋开创了皇帝与士大夫共天下的一种制度安排，王安石的变法却莽撞地打破了好不容易才建立起来的开明专制的可能性，也推动帝制时代的中国走向了一条不同的路：君主专制不断加深，能与君权制衡的相权和文官制度被不断削弱；思想日益被禁锢，科学发展陷入停滞。因为最聪明的大脑都被消磨在科举的独木桥上；商品经济不再有蓬勃发展的空间（虽然南宋和元仍然有重商主义和海外贸易，但明清两代显然不能再比得上北宋的繁华），商人也无法成为独立的力量登上政治舞台。

北宋灭亡，南宋高宗分析了北宋因变法而带来的一系列问题，转向了君主专制加相权的统治模式，一再侵夺士大夫参与朝政的权利，天子与士大夫共治的某种具有理想色彩的开明政治谢幕，同时改革停滞，而程朱理学也从生机勃勃地为文化圈提供多样性，变成了钦点御用、死气沉沉地被供奉，也被专制解读为官方统治哲学。

历史的另一种可能性彻底落幕，这应是王安石变法悲剧的根本之所在。

二、平民默克尔

2020 年 3 月，当全球面临突如其来的新冠疫情时，已经执政 15 年的德国总理默克尔很罕见地发表电视演讲，呼吁民众加强保护、科学防疫、相互帮助、不要过度反应。鼓动人心的演说并不是默克尔的长项，她更愿意用实际行动来表达自己的想法。当天，德国媒体拍到她去超市采购，购物车里面只有两瓶葡萄酒、3 卷卫生纸。她显然想用自己的具体行动告诉国民，不用过度囤货，危急时刻也需要为别人着想。

默克尔平民总理的形象，没有任何雕琢和修饰，就好像她本人执政 16 年的经历一样，没有一桩丑闻，没有任何夸耀的言行，甚至没有一场让人能铭记于心的演讲。与大多数大国领导人不同，默克尔本人是战后德国立国之本的象征：让德国回归正常，而默克尔一直选择以平民的面目示人。身居高位，仍然保持普通人的生活，夫妻俩住在柏林一幢 5 层公寓楼房中的一套（在乡下有一间自己搭建的小木屋），如果不是路边不起眼的警察岗哨，你根本不知道这里是总理的居所；她自己经常去公寓附近的超市买东西，

潜流 激荡、变局与趋势

推着车采购，根本不需要摆拍，只有身后跟随的几位警卫让你知道她是总理。

2021年底，默克尔卸任，开启她梦想中的退休生活。除了始终保持平民生活之外，默克尔的另一伟大之处在于，她懂得政治家"慎终如始"的重要性，自己选择下台的时机，而不像提携她的前辈——前总理科尔当政16年却因选举失败黯然出局，或是另一位女性政治家撒切尔夫人那样在保守党"宫廷政变"中被同僚轰下台。自己选择下台的时机体面退场，是默克尔的性格使然。

在新书《总理——默克尔的神奇奥德赛》中，匈牙利裔美国作家卡蒂·马顿描述了她所观察的默克尔的传奇一生。虽然该书的后半部分对默克尔在特朗普主政期间成为"西方领袖"有过多溢美之辞，但作为一部详细记述默克尔从东德默默无闻的科学家成长为欧洲现代史上最有影响力的政治家历程的传记，马顿对默克尔性格、执政理念，以及长期执政所推动塑造的德国人的性格，有很深刻独到的分析。默克尔留给全球的理性、乐观、务实、中庸、不贴标签、致力于解决问题的遗产，在全球剧变的当下，尤足珍贵。

机遇眷顾

1989年柏林墙倒塌，35岁的物理学家默克尔决定转行。

"我是一个不错的科学家,但还没有优秀到可以拿诺贝尔奖",她曾经这么描述自己为什么要放弃科学家的职业。在两德即将合并,东德人拥有了全新发展机遇的时候,她希望转换新赛道,在新的领域内出类拔萃。

在默克尔总理办公室里有一幅俄国女王叶卡捷琳娜大帝的画像,上面还印有这位德国公主出身的女沙皇给俄国臣民的一句箴言:"走出去,拥抱开放!"默克尔崇拜叶卡捷琳娜,不仅因为她热爱历史与俄国文学,更因为女沙皇给俄国带来的改变。两德统一时,作为敏感又向往西方的年轻科学家,默克尔希望摧毁高墙,拥抱开放。

她选择从政的时机可谓上天眷顾。她最早的政治恩师,东德末代总理德梅齐埃曾经提醒东德人不要成为 10/10 一代人,即改变重启职业生涯已经晚了 10 年,但距离退休还有 10 年,卡在人生的十字路口,进退不得。相比 10/10 一代,默克尔无疑特别幸运,从政仅一年,就被德国总理科尔选中,出任其内阁最年轻的部长,负责妇女儿童事务。从政后的默克尔经常用自己的经历鼓励东德人,保持开放心态,拥抱其他人、其他经历、其他生活方式。

与男性主导的同时代政治家相比,作为在东德受教育而成长起来的一名女性,默克尔从政和施政的风格非常不同。与常见的高调政客相比,默克尔低调务实,从不张扬,善于用行动和结果说话。

在担任科尔内阁部长的 8 年，默克尔需要迎接一系列的挑战：全新的职业，全新的体制，全新的国度。对此，她展示出了科学家的好奇心和学习能力，以及天生政治家的社交能力。

美国前国务卿基辛格伸出了橄榄枝。这位生于德国的美国政治家对默克尔的背景很好奇：她的出身和成长会怎样影响她的政治观点和行为？默克尔则通过基辛格了解了西方政坛，也建立了更多的联系。两者都在一个不同的国度开启了全新的生涯，并取得了政治上的成功。但基辛格因为自己是犹太人曾被迫害的经历，形成了冷冰冰的现实政治哲学，默克尔却因为东西德合并开启了新的发展机遇，形成了谨慎乐观的从政风格。

默克尔也会利用各种机会了解、学习西方制度。她和英国驻德国大使成为好朋友，了解英国政治制度的细节，比如，首相与新科议员的关系、议员一般花多少时间在自己的选区等。

"冷静中蕴藏力量"

2005 年当默克尔当选德国总理后，"冷静中蕴藏力量"成为她施政所遵循的箴言，谋定而后动、不冲动、谋求共识、愿意妥协，成了她的施政特色。

与大多数人理解的不同，德国总理在内政领域内腾挪的空间有限，因为大多时候需要几家政党联合执政，内政上需要妥协和照顾的因素特别多。相反，德国总理在外交政策上却有很大的施展空间。不过与特朗普那种"令美国重新伟大"的口号不同，默克尔的目标是让重新统一的德国成为一个正常的国家，这决定了她16年执政生涯的主要方针：与美国和衷共济；打造有向心力、有共同价值观、共享共同市场的欧盟；务实地对待中国，推动中德贸易与投资；理性地对待俄国，一方面不减少对俄国的能源依赖，另一方面强化对俄国的安全制衡；同时推动全球合作来解决全球问题，比如气候变暖或者难民危机。

推动中德关系发展，展现出默克尔的理性、温和与务实的态度。

她是访问中国次数最多的西方领导人，在任期间每年都要来访，因为她很清楚中国市场对德国企业，尤其是大型车企和装备制造企业日益重要的地位，她想近距离观察中国的发展。在处理2008年全球金融危机所引发的欧洲债务危机时，她不止一次用详细的表格分析提醒欧洲各国领导人，欧洲与中国的生产率差距有多大。2015年后，随着中国数字技术的快速发展，尤其是在大数据和人工智能领域的进步，人脸识别的广泛应用，让她意识到欧洲与美国和中国在数字经济和高科技应用领域的竞争中处于劣势，为此她一再呼吁欧洲需要有自己的数字技术政策。

理解中国、经营与中国的经贸关系,同时向中国学习、学会未来与中国竞争,这是默克尔所展现出的理性与务实的一面。另一面则是她对中国的历史充满兴趣——这是她与许多政治家不同的地方。对她而言,历史值得钻研,比如她就选择以在西安参观兵马俑作为庆祝自己56岁生日的方式。

处理与俄国总统普京的关系,则体现了默克尔有智慧与耐心的一面。

默克尔是欧洲为数不多的能真正与普京深入对话的领导人,同时她也能看穿普京的真实意图。

德国对俄国能源高度依赖,同时安全问题又是俄国与西方最敏感的问题,这些都是处理德国与俄国关系的关键点。

默克尔与普京是同龄人,有着类似的成长经历。1989年柏林墙倒塌的时候,两个人都是历史的看客,一个在柏林,一个在离柏林不远的德累斯顿;共同的经历,理解却南辕北辙,一个拥抱西方和未来,一个拥抱历史和帝国。

默克尔之所以能透彻地理解普京,是因为他们同样是冷战塑造的一代人,而默克尔很清楚,想要拥抱改变不容易。她曾经对其他西方领导人说:"我们可以学会怎么成为你们,而你们却不可能理解我们,因为我们的老师已经死了。"她在说这句话的时候,"我们"的定义涵盖了所有冷战另一边的人，包括东德人，也包括俄国人。

2014年，克里米亚冲突爆发，默克尔从一开始就积极调停，展开穿梭外交，两个月间与普京通话38次之多。在与普京会面时，她曾经几个小时在乌克兰东部的地图上一个村庄一个村庄地据理力争。

她也是唯一可以与普京直接对话的西方领导人。两个人一般会用俄文开始寒暄（默克尔15岁的时候因为获得了东德俄文奥林匹克冠军，而赢得了去莫斯科交流的机会），聊到具体问题的时候，为了表达准确，会改用德文——普京在德国驻扎5年，能讲一口流利的德文，甚至回国之后还把女儿送到德国学校学习。

和应对所有自大的政客（绝大多数是男性）一样，默克尔通常会让普京先说，等他滔滔不绝之后，她再抽丝剥茧地一一回应。

在俄乌冲突的当下，相信全球会怀念默克尔的身影。

| 政治手腕和盲点

应对普京时采用的耐心和隐忍，也是默克尔从政的信条。东德35年的成长经历铸就了她隐忍的性格，但隐忍不发并不代表她没有想法，她只是谨慎为先，并非没有野心和抱负。

在一个男性主导的世界，女性的隐忍会让竞争对手一开始对她并不重视，她职业生涯的开始阶段是从做"政治花瓶"开始的，但她的野心和抱负，能让她抓住任何一个机会。

耐心是在等待时机，狠心则表现在这些政客陷入自己制造的困境时，她不会因为念旧而伸出援手，往往选择隔岸观火，踏着他们失败的身躯在政治上再上一层楼。

在她的政治恩师科尔深陷"政治献金"丑闻的时候，她甚至率先发声，要求基民盟（德国基督教民主联盟）罢选科尔党主席的职位。事后来看，默克尔的确带领基民盟走出了"二战"之后最严峻的政治危机，但是对不遗余力提携自己的恩公"落井下石"，也让人领教到她冷酷的一面。本质而言，默克尔是天生的政治动物。

高光时刻与低光时刻并存，理性低调的默克尔也有她的盲点。

出于同情心和德国对人类的责任，也希望感化欧盟其他国家，默克尔在2015年宣布接纳100万中东和北非的难民，震撼了整个欧洲。为了接纳100万难民，700多万德国人参与了志愿者工作，让全世界都见识到了德国人的另一面。这是默克尔和德国的高光时刻。

但单方面宣布德国吸纳如此多的难民，本身又暴露出默克尔过于自信和理性的3大盲点。

第一，当她认定这是一件重要并值得去做的事情之后，她就不再愿意花时间去说服大多数人，包括不认同这一观点的人。她其实可以更详细地去分析，除了德国承担道义上的责任之外，接纳平均年龄25岁的难民对老龄化的德国还有哪些经济利益，但她并没有这么做。

第二，作为科学家的她，总想着怎么去解决问题，但缺乏与普通老百姓的共情。默克尔以为老百姓也和她一样，能够理性地看待问题，但事实上并不是。有情绪的老百姓常常是非理性的，这就需要政治家不仅仅去解决问题，还要与不同意自己想法的人沟通，要去说服、激发、游说。

第三，执政久了，默克尔也与选民产生了隔阂，尤其是对大多数东德人缺乏了解。

在最后一个4年任期，默克尔才逐渐意识到自己的盲点。参政早年，她鼓励东德人要有开放的心态，她现身说法，强调东西德的合并是东德人自己的选择，是以她为代表的这一代人对西方的选择。事实却是，默克尔无法代表大多数东德人，或者说默克尔的经历是难以复制的"灰姑娘"的童话。两德统一后东德原有的执政阶层被彻底清洗，只有默克尔这种没有任何包袱的"政治素人"，才可能有机会出道，所以默克尔自身的成就有太多偶然性，大多数东德人根本无法复制。

德国统一快30年之后，东德与西德仍然有相当的收入差距，促使了极右翼德国选择党（AfD）的发展。当默克尔选择张开双臂接受 100 万中东北非难民的时候，东德人质问：你为我们做了些什么？

非凡成就，因为平凡

尽管意识到自己的盲点，但默克尔不会改变，因为她是一个路德派牧师的女儿，一个努力工作的人。当问起她成功的秘诀时，她用一个词来回答——持久；当有人问到希望别人如何评价她，她用一个短句来回答：她努力了！

因为平凡，所以才成就非凡，这是默克尔留下的最重要的遗产。

她本身就是平凡的女性，虽然身居高位，但仍然选择过着朴素的生活，和丈夫一起去小木屋度周末，一起做饭、一起做家务、一起阅读聊天，享受二人世界。她把自己政治上的成功归功于自己的另一半，因为在她困惑的时候，"第一先生"化学家约阿希姆·邵尔会带给她重要的外部视角，向她解释她的决策会怎样影响普通人。

在莱比锡大学读书时，她并不是样貌出挑的女生，反而加入了未亲吻俱乐部（CDU, Club der Ungekusseten）。很巧的是，她后续加入并领导的政党基民盟，德文缩写也是CDU。她有过两段婚姻，第一段婚姻很早就和平分手，保留了默克尔的夫姓。第二段恋情，她选择不要孩子，因为35岁才开始从政，她很清楚，如果希望在政治上有所起色，就得放弃生育。

初入政坛，当一位德国人谴责她单身时，她正面反击，却又在1998年低调地和男友结婚，在一个相对保守的社会中为了能在政治上再上一层楼扫清障碍。她竭力保护自己的私人生活，主政期间的"第一先生"邵尔因此被称为"剧院魅影"，一方面他和默克尔一样酷爱歌剧，另一方面因为默克尔坚持保护隐私，他的生活并没有被打扰，甚至随默克尔出访英国时，他也可以跳下专车坐地铁到皮卡迪利会友，让默克尔本人都羡慕不已。

默克尔并不会因为自己是女性，或者受益于女权主义，就把女权主义挂在嘴上，但她对女性领导者的提携不遗余力。一有机会她就会与女性领导者一起聚会，讨论女性成功的一系列议题：女性如何将领导工作与私人生活有机结合？当自己是屋里（会议上、决策中）唯一的女性，该怎么应对？

她与两位法国总统的互动，也充分展现了平凡做事的个性。欧债危机时的法国总统萨科齐是一位喜爱张扬的人，默克尔曾经对萨科齐说："坐在你边上，我感觉自己是一台'节能灯'。"以节能灯自况，一方面突显萨科齐的张扬个性，另一方面也是默克尔处理棘手问题默默努力的写照。

2017年，39岁年轻的经济学家马克龙当选法国总统，默克尔携手马克龙一同推进欧洲整合的政策，并对年轻得多的马克龙说："我知道你喜欢打破东西，我得在后面帮你打扫战场。"

她也曾引用德国诗人黑塞的名句来提醒马克龙：每一次开始都会有一点点神奇，但只有结果才能让奇迹持续。默克尔恰恰用丰硕的成果延续了自己的传奇。

作为女性，她成为德国战后历史上执政时间最长的总理，而且是第一位女性领导人；作为东德成长起来的女性，她成为两德统一后第三位总理；作为一名科学家，她成功转行成为政治家，而且成绩卓越。

默克尔突破了三重瓶颈，成就非凡，但依然谦逊而得体，平凡如初。

三、英国人，全球资金管家

伦敦有一些沉寂的地铁站，因为不常用所以被长期废弃。有想法的商人希望修复这些地铁站并使之成为旅游景点，穿越回维多利亚时代，或者重现"二战"时地下防空设施。当然在寸土寸金的伦敦，废弃站址地上地下的建筑也可以用来招商引资。2015 年，一位有想法的商人募资了 2 500 万英镑，追着当时还是伦敦市长的鲍里斯·约翰逊（英国前首相），希望他能批准改造项目。

地铁是伦敦市长为数不多实际分管的领域，约翰逊对这个改造项目也很看重，要求幕僚鼎力支持。谁知道半路杀出了一个程咬金。乌克兰寡头菲尔塔什的豪宅就在商人希望改造的这座废弃地铁站边上，他可不希望地铁站改造成熙熙攘攘的餐厅或者咖啡馆，打扰了自己的安宁，甚至窥探自己的行踪。菲尔塔什大笔一挥出价 5 000 万英镑买下了地铁站，扼杀了地铁站更新的想法。

菲尔塔什是什么来头？他在伦敦上流圈子里混得风生水起，组织乌克兰海外商会，向牛津和剑桥大学捐赠巨款，设立乌克兰语言教席和乌克兰研究教席，出手购买豪宅更是一掷千金。如果追踪他的第一桶金，不难发现，他控制了俄国经由乌克兰天然气管道，输送到欧洲的俄罗斯-乌克兰能源公司（RUE）49%的股权（俄国国有天然气公司俄气拥有51%控股权），不到40岁就依靠转手俄罗斯天然气来赚取的快钱成为亿万富翁，也是在俄罗斯和乌克兰都人脉丰富的寡头。

极具戏剧性的是，这位乌克兰寡头在收购地铁站两周之后，在维也纳出差时被捕——美国人对他的洗钱行为开启了调查，希望奥地利政府引渡他去美国受审。英国和美国对待寡头的态度截然不同。美国作为"冷战"和后"冷战"全球秩序的构建者和主导者，有意愿和能力打击全球范围内的洗钱和贪腐行为；英国则完全不同。它已经沦为全球化吃老本的国家。在它眼里，没有正义和邪恶之分，谁有钱，谁就可以享受英式的财富管理服务，英国就为他解决问题（涵盖洗钱）、节约税负、藏匿资产，甚至为其进入上流社会铺路。

奥利弗·布洛在新书《世界的管家》中对英国利用大英帝国的余荫逐利的虚伪给予了不遗余力的揭露。通过布洛的观察，我们不难看到全球化暗黑的另一面：资本是全球化的宠儿，只要有足够的资金，很少会有人过问资金的出处，反而争相为资本一路绿灯提供服务，而英国自然是其中的"佼佼者"。

第五章　历史与他乡

帝国的历史、优雅的做派、礼节与教养，林林总总都变成了英国对外展示的装饰和幕布。被美国取代了全球霸主地位之后，英国需要找到一种全新的商业模式，一种通过"成就他人而成就自己"的商业模式。它对未来如何塑造世界不再有兴趣，180度大转弯之后，英国变成了全球财富的"英式管家"，有钱就任人驱使。

英国成为全球管家，不仅因为英国的法律体系可以为富人提供一系列的保障，也因为大英帝国打造的全球金融体系为资金的全球融通提供了重要的基础设施，更因为大英帝国许多偏僻的属地在"自治"的幌子下，成为举世瞩目的壳公司注册地和避税天堂。

当然，《世界的管家》的出版也非常及时，为我们理解正在进行的俄乌冲突提供了一个更具体的语境，也为我们理解全球化提供了更丰富的背景。伦敦的房地产为什么成为俄罗斯和乌克兰寡头安放资产的首选地，甚至有了"伦敦格勒"的绰号？伦敦金融城为什么能给寡头们大开方便之门，让他们享受奢靡的生活？石油和天然气这两样全球最重要的大宗商品（俄国是石油全球第二大和天然气全球第一大出口国），又为什么能如此通行无阻地制造俄国和乌克兰的寡头？西方对俄国的制裁是否真能深刻地改变全球化为各路资金提供保护伞的现状？

如果聚焦英国，也不难发现英式管家的全球服务是大英帝国崩溃之后英国制造的怪胎：金融服务的"旧瓶装新酒"，勇于逐利，不问是非；离岸金融市场作为"薛定谔的猫"，满足了客户"鱼和熊掌兼得"的需求，却侵害了全球公共财产；金融创新的"劣币驱逐良币"，也让我们见识了全球竞争零和游戏的另一面。

当然，《世界的管家》也算是一本极端贴近现实的《丑陋的英国人》。布洛希望推动的改变，恰好契合正在发生的对冷战后30年的系统性反思。

伦敦金融城的"旧瓶新酒"

金融全球化面临三难问题，在固定汇率、资金自由流动和国家货币政策自主三方面，只能选择控制两方面。而这三方面其实代表了三类利益：制造商和贸易商喜欢固定汇率，因为这减少了全球贸易的不确定性；银行家喜欢资金自由跨境流动，银行的商业模式归根结底就是在资金丰沛的存款人和缺钱的用户之间调剂头寸，从中赚取费用；政客则喜欢国家货币政策自主，这样他们才能应对选民的需求投其所好。

"二战"后英国的经历显示，伦敦金融城的银行家更具话语权。面对分崩离析的帝国，英镑所支撑的全球金融体系也面临瓦解，怎么应对成了迫在眉睫的事情。直到一家名不见经传的小银行米德兰银行（Midland）跟莫斯科在伦敦的办事处莫斯科人民银行（Moscow Narody，这家苏联机构负责打理苏联在海外的美元资产，放在伦敦也是担心局势紧张的时候资金被美国冻结）达成了一笔交易，米德兰银行以高于美联储设定的储蓄率很高的利率揽储，开启了欧洲美元市场，即离岸美元市场。

创建离岸美元市场凸显了英国人的精明和务实。大英帝国打造和支撑的全球金融体系，由硬件和软件两部分组成。硬件是管道，即银行之间的交易网络，以及相应的关系网。瘦死的骆驼比马大，这样的关系网，即使大英帝国衰落了，仍然令英国银行驾轻就熟。软件则是银行网络中流通的英镑。经历了大战的冲击，英国想要维持英镑的体面（维持1971年金本位破败之前的固定汇率制度，同时又能让政府有制定货币政策的空间），只能限制英镑的流动。这显然不符合金融城银行家的利益。

欧洲美元旧瓶装新酒的创新之所以能帮助伦敦东山再起，迎来全球金融市场的第二春，恰恰因为其不再纠结于英镑之后，在大英帝国铺设的金融管道中注入美元，而且离岸美元又不再需要遵循美国监管的要求（一开始是对贷款利率上限的要求）。这一方面推动金融家最喜欢的资金全球流动，另一方面也能帮他们挣得更丰厚的收入，何乐而不为？

欧洲美元市场的火爆，引来各路银行参与，欧洲和美国的银行更是趋之若鹜，虽然米德兰银行早已归入历史，但它创造的离岸市场却风靡全球，因为这种"资金无国界"的市场，最符合全球化富豪的利益，而且推动了一波又一波金融创新和去监管，助力资本更好地赚钱，为资本逐利不断减少阻力。

欧洲美元市场的核心是吃老本，如何利用大英帝国立起来的一套规则和体系牟利？伦敦金融城的银行家们一旦想清楚了这一点，自然思路大开：英镑是否还能持续成为全球货币的面子不重要，英镑打下的全球金融管道还能流淌着什么样的新鲜血液才重要。

而离岸欧洲美元的准确定义其实就是一种金融领域内的"薛定谔的猫"。薛定谔的猫是理解量子纠缠的一项思维实验，和箱子里的猫在被观察者观察之前处于生死两个矛盾状态一样，离岸美元在使用之前也处于纠缠状态：如果选择它来购买商品和服务，它就和正常的美元没有任何区别；但如果用它来投资或者将它运用于金融服务，它又不是美元，至少就不受美国本土监管的约束。

"薛定谔的猫"，恰恰是英式管家服务的核心，为客户提供"鱼和熊掌兼得"的服务，离岸美元只是其中的一种。

第五章 ▸ 历史与他乡

| 管家服务的本质是"薛定谔的猫"

找到类似的"薛定谔的猫",即大英帝国体系中模糊不清可以钻空子的漏洞,成了英式管家的主要工作。除了欧洲美元之外,在过去60年还有不少类似的"金矿"被一一挖掘出来。

苏格兰有限合伙人(SLP)制度就是一个很好的例子。SLP之所以浮出水面被世人了解源自一起苏联小国的诈骗案。夹在乌克兰和罗马尼亚之间的摩尔多瓦(被称为全球组织犯罪和洗钱的天堂)在21世纪头十年的一次银行诈骗案中,10亿(占该国GDP的八分之一)美元不翼而飞。警方调查显示资金被转移到了一家SLP中,然后线索就断了。

SLP这个1890年通过却没有太多人知道的制度,竟然在21世纪的第二个10年变得炙手可热,一些苏格兰小城镇每年能注册成百上千SLP。其优势很明显——作为合伙制,SLP不需要交税,最终由受益人支付个人所得税,并且从外部视角来看,SLP相对在避税天堂设立的壳公司而言,貌似正规得多,不明就里的外人以为这是一家注册在苏格兰的正经公司,各国的小银行也很难知道它其实与在海外避税天堂注册的皮包公司没有任何差异。海外的避税天堂加上SLP这层马甲,就成了各路资金追捧的避税、躲避检查、避人耳目的很好的形式。SLP并不需要披露实际控制人，也让资金的转移变得更加私密。

说SLP是"薛定谔的猫"，是因为在不知内情的外人看来，它具备英国正规企业的外壳；在洗钱甚至诈骗的人眼中，它又兼具避税天堂与壳公司所具备的那种私密性，英国警察也拿它没办法。当然，这跟英国在全球金融危机之后不断削减警方办理经济案件的费用也有关系。

苏格兰本土党派中一位比较有进取心的年轻议员曾经希望在议会中讨论关闭SLP的漏洞。不过英国议会的议事规则让增加监管很难，需要提案、形成法律，在议会上下两院三读之后，才能实施，每一步都需要"披荆斩棘"；相反，如果议会想要去监管，却有快车道——在委员会中提出一项动议，委员会内部多数票赞成就能通过，且马上实施。

面对是否要增加对SLP的监管问题，英国人优先考虑的是增加这一监管对英国财政部的收入有何影响。站在这一视角（也就是英国作为全球财富管家的视角，以及管家收费是增加了，还是减少了的视角），不言而喻，英国应该增加这样的漏洞，而不是赌注漏洞。在财政部的推动下，英国甚至推出了新的创新：私募有限合伙公司（Private Finance Limited Partners, PFLP），一种针对私募股权更优惠的壳公司。

为什么发生如此大案之后，英国人非但没有进行制度的反思，反而变本加厉？英国人习惯自我安慰：

即使我不这么做,世界上也会有人做,包括大英帝国属下的各种自治领。我做反而有优势,因为我有大英帝国留下来的制度遗产,有金融的管道,有习惯法的体系和英文的通用性,这些都是其他人无法比拟的。

这么做,如果顶着金融创新的名义,又何乐而不为?

这种强调竞争的逻辑——如果我不做,资金和税收就可能流入外人腰包——恰恰是全球化体系中"劣币驱逐良币"的直观体现。

大英帝国角落中金融竞争的"劣币驱逐良币"

英属维京群岛,60年前还是一片沉寂的加勒比海小岛,是一块被忽略的帝国领地,却因为拥有双边税收优惠的洼地,又恰逢其时地迎来了几位英国执业的律师,加上美国来的大单子,以及美国人对英国习惯法、英国法律的喜好,一连串偶然铸就了维京群岛避税天堂的地位。

这几位在英国受教育的英国裔律师,创建了国际商业公司(IBC)的概念。和SLP一样,IBC具备一系列优势:免税;不透明;只要董事乐意,根本不需要有任何资金往来的记录。这些都是希望藏匿资金的富豪最热衷的壳公司的标准。避税和规避美国监管,同时又能藏匿各种有问题的资金往来(甚至洗钱),都让这个加勒比群岛很快成为世界上人均最富裕的地方。

如果比较一下 IBC 和 SLP，不难发现它们的相似度非常高：不需要披露、不需要缴税、没有监管、完全暗箱操作。而这种竞争恰恰是劣币驱逐良币的结果，因为避税天堂或者类似的金融创新频繁出现，如果不能提供满足客户需要的服务，自然有竞争对手乐于提供，竞争压力迫使各路"天堂"不断推动减少监管。

但另一方面，这些"天堂"之间其实又是相互服务的关系，可以串联起来，比如让 IBC 作为 SLP 的出资人进一步隐匿资金的来源，同时让 SLP 作为对外的窗口公司，利用苏格兰的合法性迷惑外人。当然这么做让英国本来就已经很分散的监管更容易被英式管家各个击破，因为没有一个监管者能掌握英式管家服务的全流程，而英式管家对如何使用各种离岸天堂和各类壳公司的利弊都很清楚。

英国管家贩卖的其实就是只要付费就能获得的"全球资产保护"业务，依赖原有大英帝国制度的框架，当然也充分利用了刻意营造的模糊性。欧洲美元就是一种刻意的模糊性，英属海外领地也是刻意的模糊性。与法属领地那样直接受到法国统治不同，英属领地有自主权，可以在"金融创新"上充分竞争，从而为全球资金提供更优秀的服务。但如果遇到纠纷，这些英属领地又会亮出英国属地的身份，受到英国法律体系的保护。

如果再也不能称霸世界，为全球化的财富提供管家服务又何妨？从这一点去看，英国人的务实和身段柔软，倒真是独步天下，昔日霸主的这一终局也不错。只是那种不问是非、只看利益，而且为了蝇头小利可以耗费巨万的做法，却是很值得警醒的，尤其当全球秩序又面临新一轮大洗牌时。

四、烟草的 4 张面孔

"波士顿倾茶事件"是 18 世纪下半叶美国独立战争的导火索,然而不为人知的是,北美向英国出口的烟草贸易,也是导致美国独立战争爆发的经济因素之一。美国第一任总统华盛顿在独立战争之前就多次给他在伦敦的贸易商写信,抱怨全球市场上烟草价格越来越低,奢侈品却越来越贵。

美国国父中,从华盛顿到杰斐逊,都是大庄园主,而烟草是这些庄园主种植经济作物中的大宗商品,彼时棉花的种植尚未普及。在北美殖民地 150 年的经济发展中,这些大庄园主对英国的贸易商兼金融掮客越来越依赖。贸易商不但帮大庄园主在海外市场出售烟草,同时还帮他们购买欧洲上流社会流行的奢侈品。随着全球大宗商品市场的发展,烟草的价格会发生波动,贸易商在价格大跌时会预先支付给庄园主销售款项,确保他们维持奢侈的生活。久而久之,他们对英国金融掮客的负债也就越来越高。

华盛顿就曾经在一封信里写道:"这些债务对自由的心灵而言是烦人的东西。"好在北美事态的发展,让脾气暴躁的烟草庄园主的政治倾向与经济利益得以统一。换言之,独立也就意味着债务的一笔勾销。

烟草这种原产于美洲的农作物,在欧洲殖民者发现美洲之后,成为美洲出口海外最重要的大宗商品之一。烟草变成推动美国独立战争背后的经济因素,只是过去300年它所展现出的一张面孔是:重商主义推动全球化矛盾激化的代表。

与棉花、咖啡等其他大宗商品不同,吸烟会让人上瘾。而现代医学研究也证实,长期吸烟会大大提升肺癌和其他心血管疾病的发病率,因此当资本贩卖烟草的经济利益与大众健康之间发生矛盾时,又会引发一场持久的现代战争,将资本逐利性的一面暴露无遗。

当然,如果你是美剧《广告狂人》的拥趸就一定知道,现代广告业的发展与烟草公司的创意分不开。

同样,在经济学研究的极端案例中,香烟又能具备某种货币属性,成为监狱里各种易货交易的计价工具。

烟草这3张不同的面孔,折射出资本主义经济发展的多元与复杂。

全球化重商主义的代表

美国独立战争前后,英国在全球的拓张秉持的是重商主义的观念,即低价从殖民地收购农产品、原材料和矿藏,高价向殖民地出售制造品,维护制造业大国的地位和本国制造商的利益。殖民地生产廉价原材料并回购昂贵的工业成品,英国负责原材料到成品的生产,从而以最低的成本获取最大的经济利益。

这种重商主义推动的全球化,给英国和欧洲其他列强与美洲殖民地都带来了巨大的变化,影响深远。

美洲殖民地成为欧洲巨大的粮仓,比中国腹地还大的粮仓,让欧洲经济出现了一次突发的、巨大的、持续的增长,大西洋成了欧洲人的大运河。斯坦福大学教授沙伊德尔把美洲殖民地广袤的耕地称为"鬼魅土地"(ghost acreages)。在工业革命所推动的大规模工业化之前,耕地对经济的重要性无可比拟,而欧洲在美洲巨大的殖民地,让欧洲可以不再需要依赖自己本国逼仄的耕地资源,就能获得大量的农产品。大米、烟草、甜菜、咖啡和工业革命前后棉花种植的广泛推广,让大庄园在北美南部各州、加勒比海和拉美各地出现。

与殖民地贸易积累起来的财富,也推动了工商阶层走到台前,成为比拟王侯贵族的统治阶层。早在1720年,苏格兰与英格兰正式合并后不久,苏格兰的格拉斯哥因为有偏北的纬度、盛行的信风,以及在克莱德河的位置而受到青睐,成为全球烟草贸易中心,控制着美洲约15%合法进口的烟草。到1730—1740年,贸易迅速扩大,在之后的10年里,仅格拉斯哥的烟草进口量就超过了包括伦敦在内的所有其他英国港口的。大西洋贸易的发展，让烟草商成为格拉斯哥的新阶层，与王室、贵族共同管理城市。

烟草这样的经济作物的全球贸易也为英国贡献了巨大的税收收入。从17世纪末到19世纪初，英国人均税收增长了4倍，而针对烟酒、盐糖和茶叶这样大宗商品征收的关税和消费税占了英国税收收入的八成。

重商主义的全球化让北美南部各州和拉美地区产生了依赖如烟草这样大宗经济作物的单一经济，也催生出美国南方和拉美的"庄园贵族"阶层。独立战争时，弗吉尼亚州与马里兰州的烟草与卡罗来纳州的大米，占了美洲殖民地出口的八成。

庄园主经济虽然可以让庄园主过上富比王侯的生活，但单一经济也意味着北美南方和拉美地区成了英国和欧洲列强控制的全球贸易的一个环节，而重商主义的流行也意味着北美南方对自己的经济命脉没有控制权，伦敦金融控制了庄园主的资本供给。美国南方没有形成中心城市和港口城市，没有形成贸易中心和金融中心，更多依赖伦敦的经销商，而不是某个美洲港口的经销商和金融家来处理大宗贸易。在以英国为主导的全球农业大宗商品贸易链条中，南方永远只是一个价格接受者，承受着烟草这样的大宗商品价格波动的影响。在独立战争之前，美国的庄园主对英国债权人的欠款总额大约为400万英镑，而弗吉尼亚的烟草庄园主的负债就占了一半。

相比之下,北美北方殖民无法大规模种植经济作物,主要依赖有小片土地的自耕农和充满自治精神的小城镇,反而发展出更加多元的经济,也因此涌现出波士顿这样的港口城市和纽约这样的贸易金融中心,催生出一系列管理物流、航运保险、贸易金融和大宗商品交易的市场。

美国独立战争期间南北之间的经济差异,也种下了60多年后南北战争的影子。

在资本逐利中疯狂发展

烟草跟粮食、棉花、甜菜这些大宗商品有本质的不同。烟草并非大众必需,在西班牙人带来烟草之前,中国人没有吸烟的习惯照样活得有滋有味。烟草是被人为创造出来的需求,而吸烟会上瘾,又让这种需求持续增加。当现代医学发现吸烟致癌之后,烟草行业已经庞大到需要发动一场"全民战争"才能避免吸烟戕害更多人的地步,大烟草也因此成为资本逐利而无所不为的代名词。

烟草需要加工成香烟销售,资本需要将烟草包装之后去贩卖,卖香烟因此催生出了一个全新的产业——塑造品牌、创造新消费需求、推销大众消费品的广告业。

美剧《广告狂人》回溯了20世纪60年代广告业的黄

金时代，这一时代也是大众消费普及的时代，而香烟广告显然是最具代表性的。男主角创意总监德雷帕给香烟品牌"好彩香烟"（Lucky Strike）设计的广告语"烘焙好运"（It's toasted）可谓经典的神来之笔。Toasted一语双关，既点出了香烟的烘焙工艺，也有被祝福的意思。而《广告狂人》的时代，所有的创意似乎都在烟熏缭绕之中完成，香烟成了各路创意狂人手上须臾不可缺的东西。

香烟广告也造就了不少行业。比如在2007年F1禁止赛车涂装出现烟草品牌之前，代表速度与激情的顶级赛事F1大奖赛的首席赞助商都是大烟草公司。在20世纪七八十年代F1赛事烟草广告赞助商盛行的时代，各大烟草品牌的商标都展现在F1赛车最明显的位置上，以迈凯轮和法拉利赛车上的万宝路标识最为醒目。

在极端经济中，香烟还能起到货币等价物的作用。监狱里，香烟的流通就很普遍，即使不是烟民，也离不开香烟。原因很简单，有人群的地方就有市场和交易往来，监狱经济和其他地方的经济一样是需求导向的，犯人希望能通过交换获得更多的物品。但监狱一般不允许金钱的流通——主要担心犯人贿赂狱卒，所以监狱里需要货币的替代品。最常见的替代品就是香烟，因为它有符合在极端经济中担任等价物的3个特点：可以满足烟民的实际需求，所以允许在监狱里流通；一包烟里有20根香烟，所以可拆分，适合作为小额交易的定价物品；此外，香烟可以放很久，如果不受潮或者发霉，放几个月到半年仍然能抽。

任重而道远的控烟之路

在资本与消费主义的互动中产生的大型烟草公司却有着致命的短板，那就是吸烟，尤其长期吸烟，对健康有害。

大量的数据分析证明了吸烟者与肺癌之间的强相关性。时间序列数据证明，香烟销量增加与肺癌患者人数增加正相关。在香烟大规模推广之前，一名美国医生一生最多能碰到1—2个肺癌患者。相关性研究给出的数据也很明确，吸烟的人患肺癌的比例高，吸烟猛的人患肺癌的比例更高，相比之下，戒烟的人患肺癌的比例比较低。

但很难有实验直接证明是吸烟导致了患肺癌。按照科学标准，如果随机对人群做吸烟效果的双盲实验，不但很难操作而且也不道德。这一点被烟草公司紧紧抓住，作为并没有直接证据证明吸烟有害健康的证明而被一再宣传。

想要改变大众对吸烟的态度，背后是一场旷日持久的大博弈。一方是大烟草公司对医学研究的各种诋毁，以及他们投入重金对各国政府的游说，希望政府不要对香烟的销售和推广设限；另一方则是医生和各种消费者权益团体的不懈努力，用各种研究来曝光香烟的健康危害，不断呼吁限制香烟广告，要求政府为香烟设置高额消费税，甚至要求在香烟包装上增加肺癌患者受损的肺的图片。

长期博弈以一种缓慢的态势朝着正确的方向发展。目前全球在禁烟领域取得了不小的进展，禁止香烟广告、为香烟加重税、室内禁止吸烟、在香烟包装上增加健康提示等，成为大多数市场的标准做法。研究显示，对香烟的警示和控制有效地减少了因吸烟死亡的人数。

然而，中国烟民的数量仍然庞大，中国占世界人口的五分之一，却消费了全球三分之一的香烟。禁烟之路任重而道远。

大烟草公司的实力今非昔比，但大烟草作为资本逐利性的面孔，却定格在大众语汇中。2018年，当脸书陷入"假新闻"的舆论漩涡之后，一些大型科技公司的老板们在公私场合都给它起了一个新绰号——"烟草大亨"。之所以起这个名字，总结来说就是：让用户上瘾，对民主不利，监管部门插手太晚。数字经济时代，烟草以这种形式刷出的存在感，还是颇出乎人的意料。

五、如何走出教育的"囚徒困境"

几年前,一位英国精英讲了一个班上前排的孩子与后排的孩子的故事。

坐在前排的孩子,从小就积极表现,各种争先,第一时间离开家乡出去闯世界,上名校,进大牌研究所,空降五百强企业,或者创业投资有成,妥妥的全球精英。坐在后排的孩子,后知后觉,成绩稀松平常,毕业后待在家乡,或者子承父业,或者按照父母安排好的路前行,是恋家的孩子,也可能是顾家的孩子,当然也说不定会啃老。

英国脱欧的时候,前排的孩子高喊:怎么能离开欧盟?GDP 是要跌的,伦敦金融城的地位会不保,英国的服务贸易怎么办?后排的孩子幽幽地说:这和我有什么关系?你多久没回家乡了?

虽然是在讲英国的例子,相信很多中国家长也会感同身受。曾几何时,"不能让孩子输在起跑线上"成了驱动每个家长"鸡娃"的主要驱动力。倘若孩子天生就立志前排,为人父母者三呼幸运;如果"不幸"自己的孩子落在了后排,就得使出浑身解数推他前行。

教育的军备竞赛就这样愈演愈烈，演变成另一则寓言故事中的场景：两个在野外徒步的人，突然遇到一头黑熊，一个人拔腿就跑，另一个却低头系鞋带。"你还不快跑，熊来了！"先跑的人大叫。"没关系，我只要跑得比你快一点儿就行了。"教育变成了一场随时随地的排位赛，一场你死我活的零和游戏，每时每刻都需要比身边的人跑得更快。

两则故事合在一起变成了"双减"政策的大背景，望子成龙是父母常情，但他们主要在意的依然是前排和后排的区别，从没有仔细想过只要有排序、有考核，总会有人落在后面，也很难深入思考现有排序与考核的得失。更有甚者，因为排序日益重要，为力争前排而不遗余力，焦虑和内卷侵蚀了太多的精力，耗费了太多的资源，这也是为什么"双减"政策的出台，博得众人喝彩的原因。

其实，早有先贤说过，并不是每个人都能在学业上有所成就，以学业分数来衡量每个孩子，无疑是让其中的很大一部分人"削足适履"，如果以成绩来区分人的聪明和愚笨，在如此多元的社会，更会扼杀无数创新的种子。

管理大师汉迪在写给年轻人的新书《成长第二曲线》中也特别提醒，千万不要把人生看成一场又一场的锦标赛，人生是马拉松，不是短跑比赛，不应用竞赛的视角去看人生，因为如果是这样的话，赢家太少而输家众多。

围绕"双减"的讨论，归根结底要解决的是如何走出全民"囚徒困境"的问题:每个人站在"自以为为孩子好"的立场出发的"鸡娃"努力,以及与教育体制的博弈,却可能演化成全民浪费、教育失衡、人才畸形的三输结局。

本文希望从以下5个层面来破题:因材施教与标准化应试教育之间的矛盾;未来中国需要什么样的人才;如何分流;教育改革除了减负之外,还需要升维;家长的有所为与有所不为。

| 因材施教与标准化应试教育之间的矛盾

随着中国进入中等收入国家的行列,为人父母者中有不少人已经意识到孩子的多样性,希望给孩子因材施教的机会,不希望标准化考试两考定终身(中考分流,高考决定进入几流的大学)。但上大学、上名校,依然是大多数父母的奋斗目标,因为这很大程度上决定着孩子的未来。

自20世纪80年代之后欧美的数据显示,接受高等教育,乃至硕士、博士研究生教育所带来的职业发展和收入增长的红利越来越高,也促进全球对密集式教育的追捧。中国改革开放的历史同样证明,受过大学教育,尤其是名校大学教育的毕业生,未来的收入更可能要高出一大截。

对许多家长而言,进入"985"或"211"大学是大多数孩子未来保持中产生活水平的必须,挤破头也得争取进入。

问题是，尽管屡屡扩招，名校仍然僧多粥少，进入名校也基本上只有考试一途。"双减"值得庆贺，但如果没有办法解决进入名校的问题，竞争丝毫不会减少，只会催生各种"暗度陈仓"的行为，加剧焦虑。

所以要走出教育的"囚徒困境"，就需要理解这种两难：除非有多种道路能让孩子上名校，或者能保障即使不上名校，孩子只要因材施教地发展，仍然能过上中产的生活，否则许多家长仍然会在"鸡娃"的路上"一条道走到黑"。

当然，这一分析是站在都市阶层的立场。发展不均衡，城、乡教育依然存在明显鸿沟，对农村孩子、欠发达地区的孩子而言，高考虽然是独木桥，却依然是一条相对公平的改变人生际遇之路。探讨高考改革——相信这也是很多都市家长希望在"双减"之后看到的——绝不能忽略那些原本教育资源就少，父母能提供给孩子的额外补助也少的一大群人。

未来中国需要什么样的人才？

相比第一个问题，这个问题更具全局性。中国正在经历从制造业向知识经济的大转型、从追赶型经济向创新型经济的大转型。知识经济和创新型经济都需要更多受过高等教育的人才，但知识经济并不等同于白领工作，创新型经济也并不能直接与发明和创业画上等号。

知识经济中，每个人可以调用的知识储备和资源都极大丰富，但需要解决的问题大多是复杂未知的新问题，而这样的问题没有正确的标准答案，靠个人的单兵突进也很难有效果。

应试教育通过大量刷题让孩子对确定性问题、有标准答案的问题产生肌肉记忆，却忘记了时代在飞跃。在数字时代，无论是计算，还是知识性/资讯性的问题，答案都唾手可得，几乎是零成本。难的是学会怎么去使用工具，怎么去查找资源，怎么去重新组合知识，怎么去组成团队、请教专家，怎么去剖析问题，甚至是怎么去问出好问题。

知识经济给各个层级的教育都提出了新课题。记忆背诵型的学习方法要转变为分析思辨型的学习方法，要培养孩子有开阔的视野、开放的心态、不唯权、不唯上、愿意尝试、愿意实验、学会科学思考——没有什么恒久不变的定理，任何议题都需要经历假设、实验、证明/证伪的过程，训练团队合作。

创新也不只是发明。我们需要一流的科研机构和顶尖的科学家，我们同样需要各行各业的创新者。

创新至少可以分为4类。第一类是我们熟知的硅谷式的创新。以乔布斯推出的苹果智能手机为例，它创造出一个巨大的市场，改变全人类工作和生活的习惯。第二类是成熟产品的设计与改进，各种以人为本的创新。中国市场中常见的应用创新就属于这一类。第三类是基于山寨的创新。商业世界中的抄袭很常见，但从做中学，"山寨"之后可以做得更好，能在细分领域内成为领头羊，也是创新，以台积电和富士康为代表。第四类是规模化制造中的创新。以深圳为代表，它拥有多层次的供应商体系、充足的工程师人才，可以迅速按照创新设计把各种不同零部件组合起来，在很短时间和有限条件下规模化生产。

无论是知识经济还是各种不同创新的发展（在中国这4类创新都有鲜活的例子），都需要多样性人才。这就给目前的教育提出了根本性的挑战：我们需要一改应试教育以筛选会考试的人才，或者筛选"聪明"的人才为主要目标的教育体系，转而去探索如何培养和考核多样化人才的教育体系，这当然也需要学校、市场、家庭各方的努力。

首先，需要弱化分数主义和分数排名。理解分数主义，需要了解"信号"理论。"信号"理论强调，无论是考高分还是进名校，其关键不在于教了什么、学了什么，而在于向市场去表达一种"我聪明能干，我会学习"的信号。显然，随着内卷的加剧，这种信号的经济成本、时间成本和社会成本越来越高。

其次，必须正视过度竞争的应试教育体系呈现的一系列问题，这些问题不改变就无助于我们应对未来的挑战。

应试教育给失败以惩罚性的后果，考试失利往往带来巨大的人生转折，没有以退为进的机会，缺乏多元的发展道路。应对未来的挑战，需要鼓励的是尝试和拥抱失败，从失败中吸取教训，而不是给失败贴上无能甚至愚蠢的标签。

应试教育的景象是所有学生为了登山在全力冲刺，而且，所有学生的目标都是同一个山头。对标准化测试的重视导致教育的同质化，这就断了思维重组的可能性。而创新的一个很重要的方面就是"合并式"创新，把两个看似不相关的领域联结起来。多样性带来更大的重组机会，只有当不同学校仅有的核心科目课程相同，其他科目百花齐放的时候，也只有当同一学校的学生可以将不同的学科进行组合，求知若渴，上下求索的时候，整个社会潜在的创造力才能被释放。

第三，创新学习要强调好奇心的作用，鼓励学生自由探索。到达顶峰的路远不止一条，要给学生自由探索的空间和实践。

简言之，面向未来的教育，需要发挥孩子的自主性，鼓励多样性，推动知识的重组，加大对失败的宽容。

如何分流？

同样，即使是知识经济和创新型经济，仍然需要大量不同的劳动者。并不是每个孩子都一定要上大学。何时分流、分流到哪里，这是我们需要深入探索的又一个关键问题。

解答如何分流的问题，仍然可以从未来经济的需求入手。知识经济和创新型经济，不只需要创新人才、领军人才，也需要大量的动手能力强、学习能力强的一线人才。

未来需要什么样的技术工人呢？如果从4类创新的分析维度出发，不难发现，有更多新的技术岗位正在被创建。未来需要的是能与知识经济很好衔接，同时动手能力又特别强的技术工人。很多成熟市场已经发现，实验室里、创新工坊里，最缺的是那些能为科学家、工程师、研究者提供重要辅助工作的技术工人。他们需要能读得懂研究报告、有能力与研究者沟通、能使用更加复杂的机器。

同样，在"人+机器"时代，大量重复劳动会为机器所取代，但是与人沟通的服务型岗位会创建得更多。例如，随着中国老龄化的发展，为老年人提供日常生活和医疗服务的护理岗位需求将激增，远不是机器人可以满足的。同样，以医疗成本占GDP的比例，中国相较于经济合作与发展组织（OECD）成员国家水平仍然有很大差距，可以想象，未来整体医疗行业的增长和远程医疗、虚拟问诊等方面的发展，将创造出大量能利用远程医疗工具、贴近病人提供服务的护理岗位。

沿着这一思路分析下去，除了要在大学完善基础的人才供应链之外，还应大力发展新一代技术岗位的职业培训。职业教育的学生并不需要专业研究的学科素养，但要有坚实的知识储备（至少相当于两年专科，或者美国社区大学的水平），能读懂与专业相关的研究报告，有不断学习的能力，同时有着很强的技能培训、动手能力和与人沟通的能力。

如果从就业人口的视角去审视，研究教育转型的《爱、金钱、孩子》一书中就提出，职业教育的另一重点应帮助大量的技术工人转型。书中引用大量数据证明，之所以欧美产业工人失业之后，虽然在服务业找到了工作，却无法再继续中产生活，起重要作用的是供求关系：如果大量低教育人口涌入市场，低端服务业的工资只可能每况愈下，接近最低工资——想象一下在麦当劳里打短工的人。如果能给他们提供更好的转岗培训，那么进入低端服务业的人数减少，供求关系转变也会推高整体工资水平。

根据对未来市场需求的前瞻判断，在培养技术能力和沟通能力的同时奠定足够的知识储备和学习能力，提升转岗培训，这些都是在高等教育前分流的必要条件。除此之外，还需要做到两点：一方面，推进"共同富裕"，缩小新时代的"脑体差别"——其实未来的分流不再是简单的脑力劳动和体力劳动的区别,更多是研究管理岗位与一线执行岗位的区别;另一方面,则需要消解为人父母者对技术和服务岗位的歧视,确立"合适的才是最好的"的观念,以帮助孩子能找到真正适合自己的发展方向为目标,这样的转变需要家庭和社会的共同努力。

| 教育改革除了减负之外,还需要升维

大城市里小学放学蔚为壮观,交警会为家长车辆临时停放划出几个特定的街区,等待接孩子的家长一层又一层,过马路的家长孩子队伍常常需要交警维持秩序……很难想象,仅仅一代人之前,挂着钥匙上学,孩子独自回家还是常态。如今,接送孩子成了每个工作日的大事,当然这有很多原因,但也是"双减"之外,需要全面审视教育的一个鲜明例子。

除了学业的减负之外,父母要克服过度呵护的安全观。无论中国还是西方,伴随着"虎爸""虎妈"出现的是对孩子安全的过度呵护,家长试图安排好孩子的一切,孩子的一举一动都在家长的掌控之中,一些学校甚至尽可能减少孩子课下在教室以外的活动,怕任何的摔倒跌伤惹来麻烦。

家长对孩子过于呵护、过于注重安全,其实会产生许

多副作用：自主能力弱、心理脆弱、抗打击能力低、缺乏风险意识……这些都会妨碍孩子身心的健康成长。

有心理专家就提出，家长应该让孩子意识到危险的存在，学会管理风险，甚至应该在可控的情况下，让孩子亲身经历小的风险，这才能帮助孩子形成风险意识，更好地应对生活中的危险。

孩子心理问题频发，很多时候是因为他们成了"温室里的花朵"。不能过于担心孩子走弯路，路还是得孩子自己走。家长走过弯路，所以希望孩子能走得直，这个初衷很好，却违反发展规律。年轻的好处就是试错成本低。一切都被安排好的人生，孩子并不一定能从中吸取教训。失败也是一种经历，只要最终能回到正道上，完全可以有所放手。

同样需要家长和教育机构共同努力的是在减负之外的升维。孩子目前普遍缺乏青春期教育，缺乏生命教育，缺乏安全教育。当孩子上大学之后，从父母的呵护和监督下突然获得自由，这3种教育不足的问题一下子会凸显出来。家长和教育机构要在孩子青少年阶段加强这3种教育，让他们学会保护自己的身体，正确对待性/处理性关系，懂得生命珍贵并值得珍惜。

升维的另一个层次是扩大新技术在教育层面的运用，推动因材施教，为未来"人＋机器"的时代做好准备。

最近，元宇宙的概念很火，未来的教育会不会给每个孩子配上一个非游戏角色（NPC，这里特指虚拟助教）？元宇宙，即高度逼真、提供沉浸式体验的虚拟世界，会给未来的教育带来本质的改变。

现有教育最大的挑战之一是不能很好地唤醒孩子的好奇心，抓住孩子的注意力，鼓励孩子之间、孩子与老师、孩子与家长的互动。元宇宙带来了颠覆的机会。元宇宙世界中的教育，首先，会让孩子对学习产生兴趣，一改枯燥单一的说教，变成灵动三维立体的展示，并鼓励他们去探索未知。其次，它也会更大程度地推进因材施教，让每个孩子找到自己的兴趣点，知道遇到问题的时候怎么查找资料、询问专家、解决问题。第三，它也会帮孩子在未来"人与机器"的世界中更清楚人的意义：人的优点是建立联结、产生思想的碰撞、感情的交互，能共情等。而在这种元宇宙教育的世界中，NPC/虚拟助教将扮演重要的角色，推动孩子从正确答案的肌肉记忆向解决复杂问题的创新协作转型。

家长的有所为与有所不为

《爱、金钱、孩子》中提出，过去几十年全球教育的发展，最起码达成了一个共识，那就是父母专断式的教育方式已经落伍了。挑战权威、比较早地形成自己的独立性格，是孩子们适应未来发展的基础能力，家长们应多鼓励。

学会放手很重要，家长不可能包办孩子的一切，更不应该替孩子做决策。社会面临巨大颠覆，尤其是技术带来的快速迭代，即使有前瞻性的父母也没办法保证按照自己的计划教育出来的孩子能适应未来的环境。归根结底，孩子还是要学会在复杂环境中自己去做选择，并为自己的选择负责。当然，我们也需要营造环境，尽可能减少孩子的试错成本。

过度呵护孩子，引起的问题很多。欧美及日本出现的NEET（Youth Neither in Education, Employment or Training, 指既不上学又不工作的年轻人）一族就很有代表性，美国和南欧都有30多岁还没有从家里搬出去的现象，日本更有人数超过100万的"宅在家"什么都不做的年轻人，足不出户，靠啃老过活。关键是，父母老了、病了该怎么办？

归根结底，家长要认清楚自己的角色，需要"有所为，有所不为"。

有所为，体现为父母应培养孩子的自主性和多样性，为了孩子能适应未来而让孩子形成好的品格、好的习惯，学会待人接物的礼节，鼓励其好奇心，同时帮助他掌握应对风险和挑战的能力。

有所不为，则体现在明确家长的角色上。许多家长总是恨不得替孩子在"赛场"上比拼，但实际上在很多阶段，学会放手，让孩子自己去拼，培养孩子的自主性很重要。

为人父母者，要清楚自己最多只是一个教练的角色，学会倾听，学会和孩子一起总结，理解"授人以鱼，不如授人以渔"很关键。

当然，教育改革是一项庞大的系统工程，需要每一方的参与。一方面，需要有足够的投入，包括资金的投入、教师人才的投入，确保新的（而不是工业时代就延续下来的）教育模式可以被开发、被推广；另一方面，要改变教学的文化，从垂直的变成水平的，从灌输式的变成参与式的，从强调个人与个人之间的零和竞争，到鼓励团队协作，这样的文化才能更适应未来的发展，培养孩子具备适应未来未知世界的能力。

最终，无论是前排的孩子，还是后排的孩子，都希望他们成为可爱的孩子，保持好奇心，有努力的方向，找到自己的位置，也期待整个社会不会忽略弱者，而是花更多精力和资源帮助失败者找到前行的路。

六、后工业时代与"Z 世代":
　　如何构建"机会的基础设施"

菲奥娜·希尔是特朗普政府的美国国家安全委员会负责欧洲和俄罗斯事务的高官,她出生在英格兰东北部老矿山的一个普通工人家庭,父亲之前是煤矿矿工,煤矿关闭之后在当地的医院做门房,母亲是医院的护士。希尔是家庭里第一个上大学的人,儿时只记得父亲说,家乡啥机会都没有,想有出息一定得自己出去闯,越远越好。估计,希尔的父亲说这些话的时候,也没想到自己的女儿能成为华盛顿的俄罗斯问题专家,还写了一本关于普京的专著。

当时,希尔也懵懵懂懂,并不知道父亲对自己的期许是为了什么,直到中学时第一次去欧洲交换访学,同行的英国孩子问了她 3 个问题,之后基本就不再搭理她了,这让她意识到,原来世界上还有阶层这回事,而自己处在最底部的阶层,父亲的期许就是希望她实现阶层的跨越。

出生于英国上层社会的孩子相互之间核查身份的 3 个问题很简单:你从哪儿来? 父亲是做什么的? 就读于哪个学校? 每个问题都是判定阶层的关键点。希尔来自不知名的小镇,父亲是门房,学校只是当地默默无闻的公立学校,张嘴还有奇怪的口音。那还是 20 世纪 70 年代末,世界正处在全球化大变革的前夕,希尔后来搭上了变革前阶层跃迁的最后一班快车。

希尔的自传 There Is Nothing for You Here,直译的意思就是"这里对你而言什么机会都没有",从书名就透着贫富分化的无奈。在书中,希尔并不希望以自己的成就烘托出自己的努力程度,虽然对出身于贫困家庭的孩子而言,想要成功努力是必须的。她更希望跳出自己的个人经历(因为她很清楚,类似阶层跃迁的机会已经越来越少了),跳出固有的框架去思考向后工业化时代转型中英、美和苏联的共性,或者找到全人类发展面临挑战的共性。这一共性就是,全球化和技术变革所导致的经济和社会的剧变,产生了巨大的不确定性,但不确定性的分配并不平均,危机中的"危"被底层百姓承担了更高的比例,而机会则为 1% 的富人和知识阶层所享有,最终造成贫富差距拉大。可是,该如何破解呢? 希尔提出,全社会都要思考如何构建"机会的基础设施",以谋求在剧变时代为大多数人兜底,弥合收入和机会的落差。

将希尔的叙事置于中国过去 40 年的变革图景中,颇有一种似曾相识的感觉。中国正在迎击向后工业化时代转型的挑战,如何应对老工业基地锈带的衰落,希尔所提出的"机会的基础设施"值得参详。

与之相应的，清华大学马兆远教授在新书《智造中国》中，从产业发展和升级、制造业大国保持其竞争力和持续提供就业机会的视角，提出了对以教育为核心的"机会的基础设施"的中肯建议；而伊险峰和杨樱合著的《王医生与张医生》提供了一个非常好的中国"锈带"代际跨越的观察样本。

"铁饭碗"再认知

"铁饭碗"这个词常与计划经济中的终生就业保障和单位体制"企业办社会"结合起来，而希尔的自传让我们对铁饭碗有了拓展的认知——不仅提供了工作的确定性，可以延续几代人，而且这一稳定的工作机会是基于大工业生产，基于庞大的制造业，根植于围绕着庞大工厂或者矿山构建的工业城市，这在20世纪80年代之前的英美也很常见。当然"皮之不存，毛将焉附"，去工业化敲响了全球"铁饭碗"的丧钟。

希尔在书中的最大贡献是，她打破了我们对"冷战"双方资本主义和社会主义经济的固有印象，指出两者在实质上存在的共性：无论是苏联以重工业为主的经济的破败，还是英国国有大企业在私有化过程中的衰落，抑或是美国的"铁公基"因为全球化的再分工而将制造业大规模转移到国外，导致传统工业基地沦为"锈带"，其背后有同样的逻辑，即大量制造业稳定的蓝领工作因为全球化的重新分工和产业转移而被肢解了。这一制造业衰落的过程开始于20世纪70年代，极盛于20世纪80年代，完成于20世纪90年代。

后工业时代的新经济带来的是工作岗位和发展机会（这两点有关联性却又有所不同）在时空上的大转移：工作和机会从工业城市集中到大型的枢纽城市，如伦敦和莫斯科，或是美国的东西两岸大城市，与之相对的是老工业区的空洞化——产业凋零和人口流失。新经济也会强化之前已有的阶层固化，因为富裕阶层更容易代际传承，而底层的劳动者如果待在原地基本上没有机会，但要向上发展、有所突破，可依赖的"机会的基础设施"却寥寥无几。

特朗普上台及美国民主的危机，其远因仍然是经济上的，可以追溯到40年前撒切尔夫人与里根当政时期的新自由主义改革。20世纪六七十年代，希尔生活的英格兰东北部煤矿/钢铁厂地区就是这种去工业化的产业转型给社会带来巨大的撕裂的缩影；也是10年后美国锈带出现一系列问题，导致美国红蓝对峙背后根本的原因。

希尔在莫斯科留学时曾经师从匈牙利著名经济学家雅诺什·科尔奈。科尔奈立足苏联的计划经济研究资本主义并给出了独特观察，那些结论在40年后的今天来看仍然振聋发聩：当科技发生变革，全球化带来改变，资本的重心从重工业转移到外包、金融和贸易的全球化的时候，谁来拯救延续了几代的产业工人？换句话说，资本主义的市场逻辑必然导致有赢家有输家，加剧贫富分化，这时就需要政府和社会有所作为，积极应对全球化和技术变革给普罗大众带来的冲击。可惜的是，无论是英美，还是继承苏联大统的俄罗斯，都没有交出一份好的答卷，其结果是社会阶层分化明显，而区域之间的不平等加剧。

需要培养更多工程师

希尔认为，投资教育是"机会的基础设施"的核心，却也承认英美新时代年轻人高等教育的成本太高了。"60后""70后"的英美人，还有机会通过教育实现自己的梦想，因为国家给年轻人求学提供了慷慨的助学金和奖学金，帮助其中的佼佼者真正实现阶层的跃迁。因为后工业的经济转型刚刚开启，这些人只要能取得大学学位，新经济下的工作机会就很充足。

但"80后""90后"乃至"Z世代"则面临完全不同的大环境。里根和撒切尔所主导的新自由主义强调小政府，意味着国家收缩了对教育的投入。美国认为教育是对个人未来的投资，需要自己掏钱，学生贷款变成了仅次于房贷最大的贷款池，存量超过1.6万亿美元，在21世纪的前15

年间就翻了3番,也成为压垮很多年轻人——所谓一毕业就负债累累——的沉重负担。而大学毕业并不意味着就能找到好的工作,学历的军备竞赛迫使学生为了找到更好的工作机会继续就读研究生,时间成本和金钱成本逐年加码。英国略有不同,学生贷款的偿还按其毕业后工资收入的固定比例偿还,收入不高,贷款就不用还。这听起来比美国更人性化,但对穷苦家庭的孩子而言,在人生起跑阶段就需要举债读书,希尔也自问,自己和父母在同样的情况下是否会选择去作为"牛剑""备胎"的苏格兰圣安德鲁斯大学读书,而不是选择学费低得多的社区大学?

大学学费大涨,推动英美左派(无论是英国工党的前领袖科尔宾,还是以参议员桑德斯为代表的美国民主党激进派)提出公立大学免费的建议,认为只有这样才能让贫困家庭的孩子获得同等的机会,而不必为此背负沉重的债务负担。

但显然,他们都没有深入思考后工业时代经济发展与制造业之间的关系。换句话说,他们没有追问:是否后工业经济只有制造业外包到更便宜的国外这一条路径?或者说,后工业时代与制造业能否有机会共存?

英美右派开出的民粹主义药方则直接反对全球化,期望去全球化而自动带来制造业的回流。马兆远在《智造中国》中对英美民粹主义的剖析颇有见地。他认为,美英之所以出现民粹主义，出现只有高中毕业水平的蓝领工人美国梦碎，症结点是高等教育的游戏规则出了问题。美英所面临的挑战在于，它们的大学都侧重于培养会读书、会考试、会写论文的人，从中学就开始通过各种分流淘汰了动手能力强但晚熟或暂时读书不好的孩子，没有给后者以接受高等教育的机会，这其实是人才培养的巨大浪费，也埋下了社会失序的定时炸弹。当然，在这一强调会读书的体制中，富人、知识阶层和拥有丰厚社会关系的人——他们之间有着很大的重合度——有更多机会帮助自己的孩子进步，贫寒子弟则更多属于动手能力强但晚熟或暂时读书不好的一类。

更重要的是，这种不匹配加剧了后工业转型所带来的扭曲。一方面，高等教育制造了大量会读书、会考试、会写论文的高学历毕业生；另一方面，高校本身却无法提供足够多的职位来吸纳人才，华尔街也无法创造更多的岗位，其结果是名校物理学博士去双语学校当老师的现象屡屡出现。高学历人力资源过剩的同时，动手能力强的技术工人和工程师却培养不足，当成熟市场希望再工业化时，面临的却是制造能力凋零的困境。

相比之下，德国在向后工业时代转型的过程中，制造业的表现要好很多，也不会出现蓝领德国梦破碎的社会问题（需要注意的是蓝领在德国的定义有所不同）。德国企业在全球化的同时并没有出现制造业的流失，因为德国的技术工人仍然具备强劲的竞争力。这种竞争力并非体现在劳动力成本低——德国工人的工资在全世界都是名列前茅的——而是动手能力、专业技能、专业知识、沟通能力等全方位的竞争力。

德国之所以能有所不同，与德国独特的教育体系有很大关系。德国是构建拥抱全阶层且提供全面的"机会的基础设施"的好榜样，而拥有这一基础设施的结果，是德国在众多发达国家中贫富分化的问题没有愈演愈烈。

首先，德国从孩子 12 岁时开始分流，但并不会对非学术轨道（技术工人和工程师轨道）的学生歧视或者污名化，强调学业双轨制，在 30 岁之后，技术工人的工资水平与白领相差不多。其次，德国大学并没有特别强调英美大学的排名机制，大学的水平差异不大。第三，技术和学术即使分流了，并非就此泾渭分明，未来还可能有所交叉，非学术轨道的孩子也有深造的机会。

在《智造中国》中，马兆远特别提到英国谢菲尔德大学——一所围绕重振英国制造的百年学府——学习德国经验推出 3 年学徒本科学制的案例。学生第一年做学徒，培训技术工人所需要的各种技能；第二年学习专业理论知识；第三年中一半时间实习实践，另一半时间把工作中遇到的问题带回学习课程里讨论。修满 3 年能获得本科学位，还可以选择继续深造。

如果说投资机会的基础设施是应对后工业转型的抓手的话，马兆远的建议拓宽了思路，仅仅依靠大学扩招，让大学教育平民化是不够的，还需要在中学阶段的分流上下功夫，为技术培训和职业教育去污名化，投资更好的职业教育，为制造业未来的升级而不是外包服务。

这一建议对未来中国制造业的转型尤为重要。

中国制造在迈向中国智造的转型中，需要重新定义高级技术工人和工程师。高级技术工人要能使用复杂的软件，操控精密的设备和仪器，同时善于和人打交道。工程师的要求会更高，应该是会动手的科学家。

这就需要中国的职业教育也好好学习德国的双轨制，消除偏见，打破简单的"分流"壁垒。未来的职业教育需要真正做到基于学校的专业学习与基于企业的实践相结合，在素质教育的基础上精专某项技能，让学生掌握更多"工具"，而不是把学生变成工具。

不彻底的转型

如果说希尔的自传和《智造中国》就后工业时代转型提出了一系列政策层面的思考，《王医生与张医生》则聚焦沈阳铁西区"70后"的两名医生的个人经历，刻画出从大工业制造主导的社会向消费社会、中产社会、房地产主导的经济社会转型的微观样本。当然，聚焦"70后"这一代人，尤其是其专业人士中的翘楚，同时把他们置于一个从工业化向后工业消费经济时代转型尚未完成，贴上东北老工业基地锈带标签的大都市，又能把人与都市的互动描摹清楚。

拿希尔的经历与两位医生的生涯比较，有3点有趣的观察。

首先，和希尔的个人经历类似，由工人阶层向专业人士阶层的跃迁，王医生和张医生这一代"70后"的主要途径是受教育，尤其是上大学。至少在改革开放初期，基础教育是相对公平的，两位医生与本书的作者都毕业于同一所中学，就好像英国的20世纪70年代，地方政府在教育上的投入仍然能支持海外交换生项目，让穷孩子也能很早就跨文化交流。他们都上了大学，而且都是家族里几代人中第一个上大学的人，这就使他们在中国20世纪90年代的转型期中拥有了巨大的发展机会。希尔同样是家里第一个上大学的人，作为"60后"，只比两位医生早10年左右。

其次，他们的经历突显了剧变时代经验社会/熟人社会的解体和中产社会尚未完全建立的转型与断层。恰恰是经验社会与中产社会之间有着巨大的鸿沟，熟人社会和陌生人社会的运作模式完全不同，其同时存在就会引人发出顾此失彼的感叹。

职业训练所需要的长时间培训让两位医生成为幸运儿，

一方面，他们只要努力很快就能成为专业中的翘楚（这当然也是由供求关系决定的，富裕社会需要更多更好的医生）；另一方面，因为转型不彻底，经验社会依然非常重要，他们还没有机会从经验社会之外建立起认识世界的体系。

恰如书中所写，两位医生都成了"不情不愿的荷花式的人物。有的部分出淤泥而不染；有的部分染；有的部分想染却染不上"。

这里就凸显了中外转型的区别：希尔的挑战是完成阶层的跃迁，两位医生却需要参与中产阶层的重新塑造，而恰恰因为传统社会的转型不彻底，这种塑造的完成要留待中国的"Z 世代"登场。

第三，同是"60 后""70 后"，希尔和两位医生却扮演了不同的角色。希尔是最后一代完成跨越的工人阶层，她哀叹的是如果英美的工人阶层陷入阶层固化，民粹主义泛滥会带来巨大的损失。两位医生却是三代人代际跨越的衔接者，相信一代会比一代好的发展趋势："40 后""50 后"是在短缺经济中挣扎的一群人，蜗居带来的有辛酸苦辣，却也有一家人的其乐融融；"70 后""80 后"是衔接短缺与富裕经济的一代人，在短短 30 年完成了向富裕的跨越，所以他们特别能理解改革开放的来之不易，也在两个世界中"如鱼得水"；"90 后""00 后"是新生代，不再会有认知体系的天生缺憾，也从不知道什么是匮乏，无论是物质还是资讯的匮乏。

当然，摆在"Z世代"面前的问题是，能否有足够多的知识工作岗位让他们安居乐业，还是需要他们和全社会都去构建对制造业和技术岗位的全新认知？重构认知的前提是不再用聪明和愚笨、努力和懒惰来评价知识岗位与技术岗位的分流，同时意识到未来制造岗位需要的知识含金量比传统的蓝领工人的要多得多。

《王医生和张医生》还有一层寓意，只有将其置于全球化语境中才更容易理解：在去工业化的"锈带"，无论是美国的中西部，还是英格兰的东北部，如果转型和复兴不成功，能提供大规模就业岗位的就只剩下大医院了。

七、美国是否会和平衰落

在《许倬云说美国》中，旅居美国超过半个世纪的历史学家许倬云分享了他对美国民主制度的演进，美国国民性的演化及贫富差距拉大带来的以特朗普为代表的国家内卷化的深刻分析和思考，也让我们能更清楚地理解美国是一个怎样的霸权。

恰如在书的序言中所提到的，整本书都在探讨一个重要的问题，即美国的衰落。用许倬云先生自己的话说就是："常常感慨如此好的河山，如此多元的人民，何以境况如此日渐败坏……正如美国决策者总是怀疑中国是否能和平崛起，我们也需要担心美国是否会和平衰落！"

美国的衰落，具体表现在3个方面：其一是从建国的民主理想到实操中的金权政治的蜕变；其二是个人主义的立国精神在工业化和城镇化过程中已经迷失了方向，在全球化和技术迭代的今天，更导致了社会的原子化和割裂中产的贫富分化；其三则是美国对外霸权已经越来越没有出路。

美国建国时的分权和制衡的民主理想和制度设计，在经历了200多年的演变之后，逐渐变成无法解决任何"应兴应革"事物的政治僵化，以及日益被财团所把持的金权政治横行。

许倬云把美国的总统制和英国的内阁制做了一番比较，点出了两点缺陷。

第一，总统制的最大软肋是一人治国，而不是党派治国。在美国建国的早期，联邦政府的事务还不多，总统权限还不大的时候，一人治国尚且可以完成，但是当美国已经变成一个超级霸权的时候，以一人的行政专断权来治国就明显会遇到各种困难。

第二，建国理想的权力制衡，在现实中演变成三权之中至少有两权在不断斗争、相互抵消。总统与议会之间的冲突，可能导致总统无法作为，前总统奥巴马之所以除了医改之外一事无成，原因就在于此。所以，美国历史上最有成就的总统，大多都有议员的经历，懂得如何在议会达成妥协。同样，在两党越来越偏激的当下，当众议院和参议院由不同党派控制时，基本上无法推进任何有意义的法案，任何国家大事都在光阴蹉跎之下无法得到解决。

对比英国同样由两个大党所主导的内阁制，就不难发现，内阁制的好处是行政权与立法权相统一，施政容易推行。

美国政治的另一顽疾是金权政治在最近40年发展得越

发不可收拾。按照许倬云的说法，财团和巨富个人尝到自己支持的人当选之后可以得到巨额回报的甜头之后，逐渐发展出一套金钱与权力挂钩的游戏规则。每一次大选都变成了钱与钱之间的肉搏，而美国商业领域内的财富集中，无论是巴菲特式的"滚雪球"，还是最近10年高科技互联网公司的"富可敌国"，都让美国财团对政治的影响力达到了空前的高度。

2020年6月上映的一部由乔恩·斯图尔特自编自导的美国政治讽刺剧《无法抗拒》就对美国金权政治的病入膏肓极尽反讽。

斯图尔特因为主播政治讽刺节目"每日秀"而出名。在《无法抗拒》中，他将美国东西海岸精英与内陆平民之间的裂痕用一种不可思议的方式展现出来。2016年意外输给特朗普的民主党希望在美国内陆大农村找到新一代民主党的代言人，而美国"锈带"威斯康星州一个因为制造业衰落的小镇居民却"将计就计"，投其所好塑造出一位"为民请命"的退休上校，以大农村民主党候选人的身份挑战共和党在位的市长，引发民主、共和两党在首都的选举机器上投入重金，成为全美的媒体事件。

让选举机器没想到的，却是小镇选举竟然是一场骗取政治献金的大骗局。在没有成为全国媒体焦点之前，小镇居民没有任何门路去募集70万美元的重振资金。一旦两党的选举机器启动之后，极短时间内募集的政治献金就超过千万美元，数十倍于小镇的需求。因为美国选举制度允许超级政治行动委员会（Super PAC）的存在，从而让金权政治横行霸道。虽然每个人向候选人的捐献有明确的上限，有钱人却可以无限制地向超级政治行动委员会捐钱，而委员会的花钱行为也不受任何选举法或其他机构的监督，可以在媒体上用钱买来的"口水"将对手淹死。电影中小镇的居民恰恰利用这一漏洞反其道而行之，全美政治机器为超级政治行动委员会筹集的政治献金，既然可以不受监督地花，为什么不能挪用为重振经济的投资呢？

用金权政治的逻辑募集政治献金，来解决饱受产业空洞化之苦的美国内地的实际问题，真是对美国政治体制无效和扭曲的最大的反讽。

许倬云在书中一再提到，美国的立国精神是个人主义，但这种个人主义必须放在新教伦理的约束之下才有意义。在20世纪的工业化和城市化过程中，新教伦理的约束已经不复存在，个人主义就可能变成赤裸裸的谋求私利，也可能演变为"成王败寇"的逻辑，会消解社区和社群的联系。

许倬云把美国阶层的撕裂比喻为"浅水湾"，或者说有一半美国人被推到了边缘。在全球化推动的去工业化过程中，大量的蓝领工人失业，而一直没有被很好地处理的种族问题，尤其是黑人的生存和发展问题，一而再地爆发，最近一次更是在新冠期间引发了全民的抗议浪潮。而这两种边缘化或者阶层对立，有交集又很不同。

以白人为主的蓝领工人还生活在过去，不能理解也不愿面对世界正在发生的变化。特朗普提出的"让美国再次伟大"切中了他们的心坎，他们希望找到未来的方向，推动美国内卷化，把矛盾转向移民。

黑人面临的问题，许倬云认为是缺乏有凝聚力和前瞻性的领袖。他在书中就连续发问：自从马丁·路德·金遇刺身亡之后，南方的黑人族群再没有涌现出一个可以统帅黑人族群的领袖，为什么？南方黑人占总人口的三分之一，为什么在南方各州众议员中的占比却远达不到三分之一？为什么黑人总会被政客所利用？

精明的政客很早就看到黑人作为一个选民团体的利用价值。肯尼迪兄弟并没有推动多少照顾黑人的法案，却在选举中敏锐地观察到黑人的动向，把自己打造成"民权卫士"。类似的戏码一代又一代上演。

许倬云也表达了他对黑人恨其不争的情感，认为黑人在祖上被贩运到新大陆时，就丧失了家庭和家族的纽带，一直到今天仍然缺乏家庭观念，单亲家庭太多，单亲妈妈常常靠社保救济来抚养孩子，让整个族裔的上升动能不足。此外，他也批评黑人文化中积累的那种"得过且过"的想法，无助于黑人在充满竞争的美国社会出头。

无论是白人蓝领工人面临持续的生存压力，还是黑人面临的种族歧视迟迟不能得到有效的解决，都一再凸显出美国社会的危机。一个当年标榜平等的新国家，号称有无限机会的新大陆，却有将近一半的人口，如同大浪淘沙被遗留于过去，被推挤到边缘，而人群之间的对立和撕裂仿佛内战一般。这样的国家有前途么？

特朗普上台后美国最大的变化，是从全球化的主要推手，转向拥抱"美国第一"，且保护主义和排外主义横行。

分析这一变化，许倬云先生提出了一个很新颖的观点。他认为，"二战"后看过世界的退伍老兵是美国推动全球化的主要推手，同样美国在21世纪的单边霸权让美国内卷化成为可能。

"二战"之后一直到20世纪60年代中期，在美国的发展与美国推动的全球化和阶层调和政策的实施中，两代退伍军人扮演了重要角色。每一个曾经看过世界的小兵都带回了自己的经验，审视和质疑原先的美国价值观。

美国阶层在"二战"之后发生了巨大变化，就是因为大量"二战"老兵回国接受高等教育，成为新兴的中产阶级。他们曾经在海外服务，不再是井底之蛙，认识到美国之外的世界。异地风光和文化的趋向刺激他们认真思考美国的价值和生活方式，质疑"美国第一"。

另一本叙述美国经济发展史的书《美国四百年经济史》

也指出,"二战"后的退伍军人推动了战后繁荣,他们经历了战争洗礼之后,已经跳出移民的族群(他们大多数都是移民的后代)而形成了新的美国共识。他们的下一代,也就是婴儿潮的一代美国人已经不再有族群的归属,而婴儿潮一代在经历了越战的洗礼之后,更有力地推动了民权斗争,让美国更进一步。

相比较而言,20世纪初美国对中东的战争——两次伊拉克战争以及对阿富汗和叙利亚的出兵——则完全不同。

"二战"和越战,美国实施的是兵役制,每个人都必须服兵役。虽然在越战时通常会通过抽签的方式来决定谁上前线,富人因此有机会逃避兵役,比如小布什就在父亲的祖荫下以在海岸警卫队服役而逃避上战场,而克林顿则是反叛大学生的代表,直接逃避服兵役,但参战对大多数年轻人而言仍然是比较公平的(虽然越战时,种族歧视还很严重,黑人占全美人口的11%,却占参战士兵的33%)。他们在战争结束之后给美国带来的仍然是全球的视野和全民的参与。

2000年以后,美国的霸权给一般美军士兵就只留下了创伤后应激障碍(PTSD),因为美国从服兵役转变为募兵制,上战场的大多数是内陆穷人家没钱读大学的年轻人。这些人原本就是弱势群体,因为贫穷而冒着成为炮灰的危险上战场,最终却因为现代战争的残酷而留下终身残疾。

而美军深陷中东的泥潭也是其单方面执行霸权的结果。美军擅长大规模的组织战和运动战,最不擅长消耗战。但是在中东,美军陷入的是城市巷战的泥潭。而且美国在中东每次介入战争,几乎都是虎头蛇尾,给当地居民带来巨大伤害,自己却不能善后。

其结果是美国对外霸权战争的参与者不可能像"二战"或者越战的参与者那样有广泛的代表性,也缺乏国际视野,反而会陷入与恐怖分子对立的极端思维,无法在退役之后推动国家向更好的方向改变;而处于"浅水湾"里的美国人却因为生活在过去而坚持"美国至上"的空洞霸权。

许倬云先生在书中透彻地分析了美国衰落的 3 点危机,但该书对美国当下科技的发展,尤其是硅谷的崛起着墨不多,这却是我们分析美国是否会和平衰落不可回避的重要问题。

我们该怎样理解硅谷的崛起、硅谷对美国经济的影响,以及科技创新给美国带来的发展动能?

一方面,可以说硅谷的新贵让我们看到了镀金时代的重演;另一方面,我们却又不得不承认,硅谷仍然有巨大的创新动能,虽然这种动能已经日益蜕变成一种"科技万能主义"的自大。

在新书《性机器人和人工肉》中,记者珍妮·克莱曼就提出,科技快速迭代给人以错觉,以为科技总会带来进步,而社会总是充满问题。这些科技乐观主义者的最大盲点可以归结为一句话:一个新应用就能解决问题(There is an APP for it)。现实可能恰恰是:科技仅仅是在解决"人造的"问题,而回避了真正的问题。比如,如果你真的担心全球变暖(畜牧业是制造温室气体的一大源头),或者真心希望保护动物免受虐待,与其花很多时间和精力去研制人造肉,不如起而行之,自己带头少吃肉。

硅谷制造出的高科技迷思,与美国的政治僵化、阶层分化和单边霸权一样,是美国未来面临的重大挑战。如果美国解决不好这一系列问题,而选择转移矛盾,那我们真要担心美国是否会就此和平衰落!

第五章 · 历史与他乡

八、全球化到了新的十字路口

1991年,苏联濒临解体,计划经济的崩溃打乱了整个生产节奏。乌克兰一家生产取暖油的企业,因为暖冬,取暖油消费不足,厂长竟然想着在附近的森林里挖一个大坑,把油倒入坑里了事。当年12月,乌克兰、俄罗斯、白俄罗斯3个加盟共和国总统在白俄罗斯别洛韦日森林——这个苏联领导人最喜欢的休假胜地密会,为苏联解体之后各国的地位达成协定。此时,乌克兰刚刚宣布独立,俄罗斯总统叶利钦希望通过承认乌克兰的独立,顺水推舟地确立俄罗斯的独立,顺而接管苏联大部分的权力,彻底架空戈尔巴乔夫。

选择苏联解体,允许各个加盟共和国独立,迫在眉睫的经济问题是叶利钦最主要的考虑。苏联如果经济解体,俄罗斯经济就自身难保,能甩掉多少包袱就甩掉多少包袱。垂垂老矣的老大帝国,没什么值得珍惜的。放弃乌克兰这片至关重要的土地〔还不用说乌克兰作为粮仓、工业基地和军事要塞(克里米亚)的重要性,以及在乌克兰东部居住着大量俄罗斯裔居民〕是叶利钦认为俄罗斯应该向内而不再延续苏联向外扩张的一种理想表达。

2014年,俄罗斯吞并克里米亚之后,乌克兰加速了欧洲化进程。从2017年开始,乌克兰人入境欧盟免签(这是俄国人一直争取而不得的待遇),廉价航空连通了乌克兰与许多欧洲大城市,只要30欧元的廉价机票就可以飞到巴塞罗那度周末,几百万乌克兰年轻人都去西欧旅游过,这都是前一代人难以想象的。在此期间,乌克兰大城市的去苏联化大致完成,文化氛围与许多欧洲大城市更接近。乌克兰东部和西部的一些老制造业基地,变成了新兴的IT中心,雇用成千上万年轻程序员。这些变化都体现了欧盟经济的向心力。相反,乌克兰东部宣布独立的两个州,完全依赖莫斯科的输血,战斗频繁、经济凋敝,也让普通老百姓人心向背发生了逆转。

如今,俄乌冲突震撼了整个世界,未来走向如何,很难简单预判。这场战争对全球经济和全球化的走向会影响深远,却是肯定的。《超越乌卡》①对全球化面临的风险和挑战提出了一套思考框架。乌卡(VUCA)是波动性、不切定性、复杂性和模糊性这4个英文词首字母组成的缩略语,也是未来很长一段时间我们面临的外部环境的常态。俄乌冲突就是极端不确定性中飞出的又一只巨大的黑天鹅,让

---

① 本书为作者吴晨于2022年3月出版的书。书名为《超越乌卡:不确定时代的长期主义思考》。——编者注

每个地球人都再次意识到，全球面临的挑战，除了缓解贸易冲突、抗击疫情、应对全球变暖、适应快速的数字化转型之外，还得警惕核武器的灭顶之灾。而这些议题都不是一两个国家，哪怕大国，能单独应对的，需要地球人一起和衷共济。

全球化再次到了十字路口，俄乌冲突会给全球经济和全球化进程带来什么影响？对此，我给出3点判断。

1. 短期内我们将见证"美元武器化"与"大宗商品武器化"的正面冲突。大宗商品价格暴涨、油价今年超过200美元，都是大概率事件。
2. 西方对俄罗斯的制裁，是一场大规模去全球化的压力测试。
3. 俄乌冲突可能是全球秩序演变的一个分水岭，1914年和1939年的教训都殷鉴不远。

"美元武器化"与"大宗商品武器化"的冲突

目前俄罗斯是全球第十一大经济体，GDP体量跟中国广东省差不多。最近几年，中俄贸易发展迅速，双边贸易2021年将近1 500亿美元——仍然只是中美贸易和中欧贸易加起来一年1.5万亿美元的十分之一。

从经济体量上来衡量，俄罗斯的经济实力早已大不如前，整个经济也基本"转型"成为依赖出口石油、天然气等大宗商品的资源国。它是世界上最大的天然气出口国，也是第二大石油出口国，供应了全球近10%的铝和铜，还生产其他多种稀有金属。21世纪第一个10年，是俄罗斯依赖大宗商品超级景气的周期，出口石油带来的财富让人均GDP翻了一番。油价在疫情前的持续低迷，则让俄罗斯经济面临阴霾。

2017年之后，俄罗斯制定了新的财政规定，将达成财政预算平衡的油价设定为略高于每桶40美元，所有高于这一价位的收入都被注入应急储备基金。依赖最近两年油价的大幅反弹，截至2021年2月，俄罗斯坐拥超过6 300亿美元的黄金与外汇储备。

俄乌战争爆发，全球油价接连创出新高，目前已经接近每桶140美元，创2008年以来的历史最高位，业已超过此前分析师预测战争爆发后油价120美元的水平。未来油价走势如何？ 如果冲突持续而无法短期达成停火，西方对俄罗斯经济制裁加剧，特别是美国对俄罗斯石油禁运的话，油价超过200美元是大概率事件，这对全球业已严重的通货膨胀而言，不啻为雪上加霜。

欧洲对俄罗斯天然气的依赖很高，尤其德国，有约一半的天然气从俄罗斯购入。2021年冬天欧洲的天然气需求激增，而俄气决定只少量增加供气，导致天然气价格上涨。

而欧洲天然气主要依赖俄气通过乌克兰境内的天然气管道供应，市场担心重要管道会被战事摧毁，天然气价格很可能因而持续走高。开战后，天然气价格的涨幅已经翻了超过一番。

同样，俄罗斯和乌克兰都是全球小麦出口大国，两国的小麦出口量加起来占全球市场的三成，而乌克兰的小麦种植地很大一部分处于最易被入侵的地区。战争在春播之前开打，可能导致2022年乌克兰小麦大幅减产。因为小麦需求的弹性很小，全球市场小麦的价格在俄乌开战之后已经上涨了近50%。有观察家警告，战争会威胁全球粮食安全，一些贫困国家也可能因为粮价暴涨而发生饥荒。

战争爆发之后，西方加大了对俄罗斯的经济制裁，祭出了之前都没有用过的一系列手段。一方面，首次切断了一些俄罗斯银行接入环球银行金融电讯协会（SWIFT）国际结算系统，对俄罗斯金融体系"断网"；另一方面，冻结俄罗斯央行6 300亿美元外汇储备中存储在西方的部分，总计大约4 000亿美元。

两种做法都是史无前例的经济制裁措施。前者是"美元武器化"的终极模式，后者则是美元金融霸权的秀肌肉。

之所以美元拥有霸权，是因为美元仍然是全球最主要的储备货币和贸易结算货币，任何参与全球经济的银行都无法绕过美元结算，而只要有美元结算就给了美国机构以一定程度的"治外法权"。而美元的武器化,就是美国依赖美元作为全球结算的主要货币的地位对他国实施经济制裁。

美元武器化在制裁伊朗问题上就有明显体现。美国拒绝伊朗银行访问纽约清算所银行同业支付系统(CHIPS),而95%的全球美元交易都必需通过这一系统清算;美国也制裁任何与伊朗进行交易的金融机构,除非这一机构不再希望参与全球美元交易。这一次,美元武器化进一步升级,禁止一些俄罗斯银行接入SWIFT系统。全球有1.1万家银行使用SWIFT做跨境支付,它们每天互相发送3 000万次消息,每天结算超过1.5万亿美元。

而冻结俄罗斯央行在海外的外汇储备资产,迫使俄罗斯央行无法在外汇市场提供必需的美元头寸,从而无法支撑卢布汇率,导致卢布在开战后几天内兑美元贬值近三成,俄罗斯央行紧急上调利率到两位数,同时限制居民兑换美元,限制资金跨境流动,更是美元金融霸权打击一国金融体系的一种赤裸裸的展示。

值得一提的是,西方对俄罗斯的制裁绕过了为俄罗斯油气出口提供金融服务的银行,比如最大的俄罗斯储备银行(Sberbank)就不在断网之列,因为西方还需要保持俄罗斯油气的出口,不希望20世纪70年代两次海湾石油危机的情况重演。

这恰恰是俄罗斯可以要挟西方的砝码。因为西欧对俄罗斯天然气的依赖、面临通货膨胀威胁的欧美各国担心油价上涨过快会引发 50 年前"滞涨"（通货膨胀两位数，同时经济发展停滞）的情形重演，俄罗斯恰恰可以通过在油气问题上做文章，以天然气供应为筹码，要挟西欧，同时在油气价格暴涨的情况下挣得更多收入。

美元霸权与大宗商品霸权的正面碰撞，结果会如何？2022 年 3 月 10 日美国众议院讨论禁止进口俄罗斯石油，将油价从 120 美元直接推高到接近 140 美元，显然冲突可能升级。

| 西方对俄罗斯的制裁，是一场大规模去全球化的压力测试

两者迎面碰撞的结果，就是一场全球范围大规模去全球化的压力测试。

之所以说是一场去全球化的压力测试，是因为除了美元武器化、俄罗斯金融体系"断网"、俄国利用西方对大宗商品的依赖作为筹码要挟之外，这次对俄罗斯的孤立和制裁是全方位立体的，涵盖了全球化的方方面面。

冷战结束后的 30 年，也是俄罗斯全面融入全球化网络的 30 年。俄罗斯企业在海外上市或者在海外发行债券，让

俄罗斯企业加入全球金融体系。俄乌战争不仅让卢布汇率大跌，俄罗斯国内金融市场暴跌，也让海外上市公司股价暴跌，海外债券流动性枯竭。

全球化的另一方面是吸引外国投资，开放国内市场。俄乌开战一周，就已经有一大批西方公司宣布退出俄罗斯市场或者暂停在俄国市场销售，包括苹果、福特、波音、宜家等。西方油气公司也宣布中断与俄罗斯的合作，英国石油公司（BP）就宣布出售其在俄国石油公司19.75%的股份，哪怕这一减持意味着可能遭受250亿美元的损失。西方跨国公司集体退出俄国，是过去30年全球化高歌猛进历史上的第一次"反动"。相比之下，即使美国对伊朗实施严厉的经济制裁，外资仍然会想方设法打开伊朗市场。

全球化也让富人可以在全球进行资产配置，无论是伦敦火爆的房地产市场还是伦敦的金融城，都曾经张开双臂拥抱暴富的俄罗斯寡头，伦敦成了这些人纸醉金迷的第二故乡。这次对俄罗斯的经济制裁也扩大到了与俄罗斯政府有着千丝万缕的寡头身上，资金和资产被冻结只是第一步。

文化和体育则是全球化加深市场连接及人民往来的另一面，而在这一方面，"断网"则表现出一种无差别打击。国际足联和欧足联都禁止俄罗斯队参加任何国际比赛，意味着俄罗斯队无缘2022年的世界杯。享誉盛名的俄罗斯指挥家捷杰耶夫被德国爱乐乐团解雇,因为他不愿意就俄乌战争公开发声。

俄罗斯选择古老地缘政治的热战模式,欧美则祭出了新时代才有的金融战、经济战和文化孤立战。这场立体战还可能因为战事的演进,或者更多平民伤亡,或者更多难民背井离乡而加码,其背后的主要原因是用悍然发动战争的手段侵犯一国神圣不可侵犯之主权,突破了大多数人的底线。

但这样的经济制裁不仅仅是对俄罗斯经济是否会因为去全球化而崩溃的压力测试,也是对全球化本身的压力测试,因为冷战结束后全球化的 3 大基石——全球化的金融体系、全球化的大宗商品市场、全球化的供应链网络,都在遭受前所未有的压力挑战。

全球化的金融体系需要一套保障机制,美元武器化和美元霸权并不是平等公正的机制,有可能被滥用。冻结俄罗斯央行外汇储备和寡头海外资产,到底需要经过什么样的流程,遵循什么样的规则?对俄罗斯经济制裁的扩大化,也引发了人们对全球金融体系缺乏财产安全保护的担心。

大宗商品市场的大涨大跌,会对全球经济带来极大的负面影响,极大地增加乌卡的波动性和不确定性。大宗商品交易商所从事的在全球寻找资源、在全球都能销售的模式，是大宗商品市场保持相对稳定的基石。但去全球化让世界变得越来越分裂，正在改变这种大宗商品市场有效运行的基础，可能给全球经济带来更致命的冲击。

去全球化最大的风险是对全球供应链网络的冲击。俄乌战争再次暴露了全球供应链的脆弱。欧洲好几家汽车厂不得不短期停产，因为乌克兰供应商的配件供应中断。俄罗斯生产电动车的厂家更担心经济制裁会导致电池所需要的特定金属断供。

金融体系、大宗商品市场、供应链，三者又交织起来，相互影响。

对俄罗斯金融机构的制裁，尽管给油气出口留了个小口，却仍然让大多数全球金融机构因为担心第三方风险而对俄罗斯市场避而不及，后续带来的连环效应，值得仔细观察。去全球化压力测试的最坏结果，是世界重新回到冷战前被切割成对峙而不互联互通的两个世界。

俄乌冲突可能是全球秩序演变的一个分水岭

俄乌冲突可能是全球秩序演变的一个分水岭。近代历史上的全球秩序，从英国在工业革命之后主导的全球化1.0，到美国在"二战"之后建立的与苏联争霸的全球秩序，都是排他的秩序，树立共同的敌人才能搁置内部争议、一致对外。

第五章 · 历史与他乡

　　冷战结束后的全球化的秩序貌似是开放包容的秩序，却因为失去了老大帝国这样一个靶子，反而内部矛盾丛生。新自由主义无法解救资本主义的秩序，而美国在推动后冷战的全球化过程中只是强调市场开放和自由贸易，也导致全球化在演进过程中出现了明显的赢家和输家，出现贫富差距拉大、民粹主义横行、全球舆论场撕裂等各种问题。

　　一位苏联官员在苏联解体前的1988年就曾经对美国听众说：我们将对你们做一件糟糕的事情：让你们失去一个敌人。从这个意义上来讲，俄乌冲突可能重新帮助西方树立起一个鲜明的敌人，让西方变得更团结。

　　分水岭的另一层意思是，我们要充分吸取历史教训。

　　《超越乌卡》特别提到了1914年的教训。第一次世界大战爆发在上一次全球化最鼎盛的时代。欧洲列国直接或者间接地统治了全世界近八成的地方，盛况空前。全球金融市场热络，贸易网络紧密，拜100年前的高科技所赐，铁路和轮船让长距离旅行不再是富人的奢侈，商品、货物、金融、人员的往来频密，一片欣欣向荣。

　　但当年经济的繁荣和全球化的深入并没有避免一场大战的爆发。历史当然不会简单重复，但从历史大周期的视角来看，繁荣种下衰退的种子，是历史的相似之处。而"一战"时各国领导者的误判，以及对"先发制人"抓住战略主动权的过度迷信，都是导致战争不断升级、一发不可收拾的原因。1939年的教训更微妙，却也更值得思考。网飞2021年1月拍摄了一部虚构的历史电影《慕尼黑》，引发不少讨论：历史学家对张伯伦绥靖政策的谴责，到底有多少现实意义？

分水岭的第三层意思是，绝对不能用"吃瓜"的心态去看俄乌冲突，大国博弈必然面临系统性竞争。虽然是发生在欧洲的冲突，但对中国未来的发展轨迹而言，冲突如何演进至关重要。《超越乌卡》一再强调"大分流"的风险：这种大分流可能是在人工智能、大数据、5G、云计算、数字货币等诸多新科技领域内构建不兼容的生态体系，更可能是全球自由贸易体系的瓦解。俄乌冲突可能让选边站队变得更加普遍也更加迅猛。

面对地缘短期激烈的冲突，我们更需要拥抱长期主义，如果用《超越乌卡》提出的思维框架，就需要我们跳出当下的冲突，去仔细思考更重要的长期问题：如何持续推动中国的和平崛起？中国在未来的全球化进程中能扮演什么样重要的角色？

历史告诉我们，崛起者与守成者的大国博弈无法避免，这一竞争的胜者一定是这个时代全球战略商品和服务的主导者。显然，俄罗斯已经不再具备为这个时代提供"战略商品和服务"的能力。在各国为应对全球变暖达成共识、减碳成为未来经济发展的主线时，俄罗斯所拥有的拿来作为砝码的油气资源，从中长期来看将不再重要。

特别值得提醒的是，不能因为俄乌冲突导致中国的战略发展方向失焦：中国需要致力于成为这个时代全球战略商品和服务的主导者，而关键的商品和服务一定基于高新科技，涵盖芯片、人工智能、生物技术、通信网络等。中国在这一领域内的持续创新需要继续拥抱全球化，需要合作共赢的外部环境，而不是选边站队的割裂世界。

全球化再次走到了十字路口，好在主动权掌握在包括中国在内的大多数国家手中。